Mark Richard

Fachinformatiker/ Fachinformatikerin Wörterbuch

Inhalt

A/B-Testing

A/B-Testing ist eine Methode zur Vergleichsanalyse, die häufig im Bereich der Webentwicklung, Marketing und Produktentwicklung eingesetzt wird. Ziel ist es, herauszufinden, welche von zwei Varianten einer Webseite oder eines Produkts besser funktioniert, um die Benutzererfahrung oder die Konversionsrate zu optimieren.

- **Grundprinzip**: Bei A/B-Tests wird eine Gruppe von Nutzern zufällig in zwei Segmente aufgeteilt. Eine Gruppe sieht die Originalversion (A) und die andere Gruppe sieht die veränderte Version (B). Die Leistung beider Varianten wird dann anhand vordefinierter Metriken verglichen.

- **Metriken**: Wichtige Kennzahlen für den Vergleich können Klickrate, Verweildauer auf der Seite, Abschlussrate von Käufen oder das Ausfüllen von Formularen sein. Diese Metriken helfen dabei, den Erfolg der getesteten Variante zu bewerten.

- **Testdesign**:
    - ○ **Hypothese**: Bevor der Test beginnt, wird eine Hypothese aufgestellt, die beschreibt, warum die neue Version (B) besser abschneiden sollte.
    - ○ **Variablen**: Es sollte nur eine Variable zwischen den beiden Versionen geändert werden, um sicherzustellen, dass die Ergebnisse eindeutig sind. Beispiele für solche Variablen sind Farben von Buttons, Texte, Bilder oder Layouts.

- **Durchführung**: Der Test wird in der Regel über einen bestimmten Zeitraum durchgeführt, um genügend Daten zu sammeln. Die Dauer hängt von der Anzahl der Besucher und der gewünschten statistischen Signifikanz ab.

- **Analyse**: Nach Abschluss des Tests werden die gesammelten Daten analysiert. Statistische Methoden helfen zu bestimmen, ob die Unterschiede zwischen den beiden Varianten signifikant sind oder ob sie zufällig entstanden sein könnten.

- **Entscheidung**: Basierend auf den Testergebnissen wird entschieden, ob die neue Version implementiert wird oder ob weitere Tests erforderlich sind.

- **Iterativer Prozess**: A/B-Testing ist ein fortlaufender Prozess, der es ermöglicht, kontinuierlich Verbesserungen vorzunehmen. Mehrere Tests können nacheinander durchgeführt werden, um schrittweise die optimale Variante zu finden.

Diese Methode ist besonders wertvoll, da sie datengestützte Entscheidungen ermöglicht, anstatt sich auf Annahmen oder persönliche Meinungen zu verlassen.

Agiles Projektmanagement

Agiles Projektmanagement ist ein flexibles und iteratives Vorgehen zur Planung und Umsetzung von Projekten, das besonders in der Softwareentwicklung Anwendung findet. Es ermöglicht die Anpassung an sich ändernde Anforderungen und fördert die Zusammenarbeit im Team.

Merkmale des agilen Projektmanagements:

- Iterationen: Projekte werden in kurze Zeitabschnitte, sogenannte Sprints oder Iterationen, unterteilt. Jede Iteration hat ein festgelegtes Ziel, das am Ende überprüft wird. Dies ermöglicht ständige Rückmeldungen und Anpassungen.

- Anpassungsfähigkeit: Agile Methoden erlauben es, auf neue Informationen und Änderungen in den Anforderungen schnell zu reagieren. Anstatt einen starren Plan zu verfolgen, wird der Projektverlauf regelmäßig überprüft und angepasst.

- Kundenorientierung: Der Kunde wird aktiv in den Entwicklungsprozess einbezogen. Häufige Feedbackschleifen sorgen dafür, dass die entwickelten Lösungen den Bedürfnissen des Kunden entsprechen.

- Teamarbeit: Agile Teams sind in der Regel klein und interdisziplinär. Jedes Teammitglied bringt unterschiedliche Fähigkeiten ein, was die Problemlösung und Kreativität fördert.

- Transparenz: Der Fortschritt des Projekts wird regelmäßig und offen kommuniziert. Tools wie Kanban-Boards oder Burndown-Charts helfen, den Status der Aufgaben sichtbar zu machen.

- Selbstorganisation: Teams haben die Freiheit, ihre Arbeitsweise selbst zu gestalten. Dies fördert Eigenverantwortung und Motivation, da die Mitglieder aktiv an Entscheidungen teilnehmen.

Gängige Methoden im agilen Projektmanagement:

- Scrum: Eine der bekanntesten agilen Methoden, die durch regelmäßige Meetings, Rollen wie Scrum Master und Product Owner sowie feste Zeitrahmen für Sprints gekennzeichnet ist.

- Kanban: Eine Methode, die den Fokus auf den Fluss der Arbeit legt. Aufgaben werden auf einem Board visualisiert, um Engpässe zu identifizieren und die Effizienz zu steigern.

- Extreme Programming (XP): Fokussiert sich auf technische Praktiken, um die Softwarequalität zu verbessern. Dazu gehören kontinuierliches Testen, Pair Programming und häufige Releases.

Die Implementierung agiler Praktiken kann die Effizienz und Qualität von Projekten steigern, indem sie flexibler auf Veränderungen reagiert und die Zusammenarbeit im Team verbessert.

Algorithmus

Ein Algorithmus ist eine präzise und endliche Abfolge von Anweisungen oder Regeln, die zur Lösung eines Problems oder zur Durchführung einer bestimmten Aufgabe dienen. Diese Anweisungen können in verschiedenen Formaten vorliegen, wie zum Beispiel in natürlicher Sprache, als Flussdiagramm oder in einer Programmiersprache.

1. Merkmale eines Algorithmus:
   - **Eindeutigkeit**: Jede Anweisung muss klar und unmissverständlich sein. Es darf keine Mehrdeutigkeit bestehen, damit der Algorithmus korrekt ausgeführt werden kann.
   - **Endlichkeit**: Ein Algorithmus muss nach einer endlichen Anzahl von Schritten zum Abschluss kommen. Es ist nicht erlaubt, dass ein Algorithmus unendlich lange läuft.
   - **Eingaben**: Ein Algorithmus kann null oder mehr Eingaben erhalten, die als Ausgangspunkt für die Verarbeitung dienen.
   - **Ausgaben**: Nach der Verarbeitung der Eingaben liefert der Algorithmus mindestens eine Ausgabe, die das Ergebnis der Berechnungen darstellt.
   - **Allgemeinheit**: Ein Algorithmus sollte nicht nur für eine spezielle Eingabe funktionieren, sondern für

eine Vielzahl von Eingaben und Situationen anwendbar sein.

2. Arten von Algorithmen:

    o   **Sortieralgorithmen**: Diese Algorithmen ordnen eine Menge von Daten in eine bestimmte Reihenfolge, wie z.B. das Sortieren einer Liste von Zahlen.

    o   **Suchalgorithmen**: Sie dienen dazu, in einer Datenmenge nach einem bestimmten Element zu suchen, beispielsweise das Finden eines Wertes in einer Liste.

    o   **Rekursionsalgorithmen**: Diese verwenden ihre eigene Struktur, um Probleme zu lösen, indem sie sich selbst aufrufen, bis eine Basisbedingung erreicht ist.

3. Anwendungsbereiche:

    o   **Datenverarbeitung**: Algorithmen werden in der Softwareentwicklung zur Verarbeitung von Daten eingesetzt, z.B. bei der Analyse von Datenbanken.

    o   **Künstliche Intelligenz**: In der KI kommen Algorithmen zum Einsatz, um Muster zu erkennen oder Entscheidungen zu treffen.

    o   **Optimierungsprobleme**: Algorithmen helfen dabei, die besten Lösungen aus einer Vielzahl von Möglichkeiten zu finden, wie z.B. in der Logistik oder im Finanzwesen.

4. Beispiel: Ein einfaches Beispiel für einen Algorithmus ist das Rezept zum Backen eines Kuchens. Die Schritte sind klar definiert: Zuerst die Zutaten sammeln, dann die Mischung herstellen, den Teig in eine Form füllen und schließlich backen. Dieses Rezept hat eine eindeutige Struktur, die es ermöglicht, das gewünschte Ergebnis zu erzielen.

Algorithmen sind somit grundlegende Bausteine der Informatik, die in nahezu jedem Softwareprojekt eine zentrale Rolle spielen. Sie ermöglichen die Automatisierung von Prozessen und die effiziente Lösung von Aufgaben.

Anforderungsanalyse

Anforderungsanalyse bezieht sich auf den Prozess, bei dem die Bedürfnisse und Erwartungen der Stakeholder an ein System, ein Produkt oder eine Dienstleistung erfasst, dokumentiert und analysiert werden. Dieser Prozess ist entscheidend, um sicherzustellen, dass das Endergebnis den Anforderungen der Benutzer entspricht und die gewünschten Funktionen erfüllt.

Ziele der Anforderungsanalyse:

- Klärung der Anforderungen: Die Anforderungsanalyse hilft dabei, unklare oder vage Anforderungen zu präzisieren. Dies geschieht durch Gespräche, Workshops und Interviews mit den Stakeholdern.

- Priorisierung: Anforderungen werden nach ihrer Wichtigkeit und Dringlichkeit sortiert. Dies hilft dabei, Ressourcen effizient zu planen und zu nutzen.

- Identifikation von Konflikten: Unterschiedliche Stakeholder können unterschiedliche Anforderungen haben. Die Anforderungsanalyse hilft, diese Konflikte zu erkennen und Lösungen zu finden.

Phasen der Anforderungsanalyse:

1. **Erhebung der Anforderungen:**
   - Interviews: Gespräche mit Nutzern und anderen Stakeholdern, um deren Bedürfnisse zu verstehen.
   - Umfragen: Fragebögen, die an eine größere Gruppe verteilt werden, um quantitative Daten zu sammeln.
   - Beobachtungen: Direkte Beobachtung von Nutzern bei der Arbeit, um deren Anforderungen zu erfassen.
2. **Dokumentation:**

- o Erstellung von Anforderungsdokumenten, die die gesammelten Informationen festhalten. Diese Dokumente können verschiedene Formate haben, wie z.B. Lastenhefte oder Pflichtenhefte.
- o Verwendung von Modellen und Diagrammen, um komplexe Anforderungen visuell darzustellen. Beispiele sind Use-Case-Diagramme oder UML-Diagramme.

3. **Analyse:**
   - o Überprüfung der Anforderungen auf Vollständigkeit, Konsistenz und Realisierbarkeit.
   - o Durchführung von Workshops mit Stakeholdern, um Anforderungen zu diskutieren und zu validieren.

4. **Management:**
   - o Pflege der Anforderungen über den gesamten Lebenszyklus eines Projekts. Änderungen müssen dokumentiert und kommuniziert werden.
   - o Verfolgen von Änderungen, um sicherzustellen, dass alle Beteiligten informiert sind und die Auswirkungen auf das Projekt erkannt werden.

Werkzeuge und Techniken:

- Requirements-Management-Software: Tools wie JIRA, Confluence oder Trello zur Verwaltung und Nachverfolgung von Anforderungen.
- Prototyping: Erstellung von Modellen oder Demos, um Anforderungen zu visualisieren und Feedback von Nutzern zu erhalten.
- Modellierungstechniken: Verwendung von Diagrammen, um Anforderungen zu strukturieren und zu analysieren.

Beteiligte Personen:

- Business Analysten: Fachleute, die die Anforderungsanalyse durchführen und die Kommunikation zwischen Stakeholdern und Entwicklungsteams erleichtern.

- Projektmanager: Verantwortlich für die Planung und Überwachung des Anforderungsprozesses.
- Entwickler: Technische Fachkräfte, die die Anforderungen umsetzen und umsetzen müssen.

Die Anforderungsanalyse ist ein kontinuierlicher Prozess, der während des gesamten Projekts fortgeführt wird. Sie stellt sicher, dass die entwickelten Lösungen den Bedürfnissen der Benutzer entsprechen und die Projektziele erreichen.

Antivirus

Antivirus-Software ist ein Programm, das entwickelt wurde, um Computer vor schädlichen Softwareprogrammen, auch Malware genannt, zu schützen. Malware kann verschiedene Formen annehmen, darunter Viren, Trojaner, Würmer, Spyware und Ransomware. Diese Programme können Daten stehlen, Systeme beschädigen oder unbefugten Zugriff auf Computer und Netzwerke ermöglichen.

Funktionen der Antivirus-Software:

- **Erkennung**: Antivirus-Programme scannen Dateien und Programme auf dem Computer, um bekannte Bedrohungen zu identifizieren. Dabei verwenden sie Datenbanken mit Signaturen, die spezifische Merkmale von Malware enthalten.

- **Entfernung**: Nach der Erkennung kann die Software schädliche Dateien isolieren oder vollständig entfernen. Dies hilft, den Computer zu säubern und potenzielle Schäden zu verhindern.

- **Echtzeitschutz**: Viele Antivirus-Programme bieten einen Echtzeitschutz, der kontinuierlich im Hintergrund läuft.

Dieser Schutz überwacht alle Aktivitäten auf dem Computer und kann Bedrohungen in dem Moment abwehren, in dem sie auftreten.

- **Updates**: Die Bedrohungslandschaft verändert sich ständig, da neue Malware-Varianten entwickelt werden. Antivirus-Software muss regelmäßig aktualisiert werden, um die neuesten Bedrohungen zu erkennen. Diese Updates enthalten oft neue Signaturen und verbesserte Erkennungsmethoden.

- **Zusätzliche Funktionen**: Einige Antivirus-Lösungen bieten zusätzliche Sicherheitsfunktionen wie Firewalls, Phishing-Schutz, VPN-Dienste oder Kindersicherungen. Diese erweitern den Schutz über die bloße Erkennung und Entfernung von Malware hinaus.

Arten von Antivirus-Software:

- **Standalone-Lösungen**: Diese Software wird unabhängig installiert und bietet spezifische Funktionen zum Schutz vor Malware.

- **Integrierte Sicherheitslösungen**: Oft Teil eines umfassenderen Sicherheitspakets, das mehrere Sicherheitsfunktionen in einer Anwendung kombiniert.

- **Cloud-basierte Lösungen**: Diese Software nutzt Cloud-Technologie, um Bedrohungen zu erkennen und zu analysieren. Die Verarbeitung erfolgt auf Servern, wodurch die lokale Systemressourcen entlastet werden.

Wichtige Aspekte der Auswahl:

- **Benutzerfreundlichkeit**: Eine intuitive Benutzeroberfläche erleichtert die Handhabung.

16

- **Leistung**: Die Software sollte den Computer nicht übermäßig verlangsamen.

- **Kompatibilität**: Die Lösung muss mit dem Betriebssystem und anderen installierten Programmen harmonieren.

- **Preis-Leistungs-Verhältnis**: Die Kosten sollten im Verhältnis zu den gebotenen Funktionen stehen.

Antivirus-Software spielt eine zentrale Rolle in der IT-Sicherheit, indem sie dazu beiträgt, Daten und Systeme vor den vielfältigen Bedrohungen zu schützen, die in der digitalen Welt existieren.

Anwendungsentwicklung

Anwendungsentwicklung bezeichnet den Prozess der Erstellung, Pflege und Verbesserung von Softwareanwendungen, die spezifische Anforderungen von Nutzern oder Unternehmen erfüllen. Dieser Bereich ist ein zentraler Bestandteil der Softwareentwicklung und umfasst mehrere Schritte und Techniken.

- **Phasen der Anwendungsentwicklung**
  - **Anforderungsanalyse**: In dieser Phase werden die Bedürfnisse der Nutzer erfasst und dokumentiert. Es wird ermittelt, welche Funktionen die Anwendung erfüllen soll.
  - **Entwurf**: Der Entwurf umfasst die Planung der Softwarearchitektur und des Designs. Hierbei werden technische Details festgelegt, wie die Struktur der Daten und die Benutzeroberfläche.
  - **Implementierung**: In dieser Phase wird der Code geschrieben. Programmierer nutzen Programmiersprachen und Entwicklungsumgebungen, um die geplanten Funktionen umzusetzen.

- ○ **Testen**: Nach der Implementierung erfolgt das Testen der Anwendung. Dabei werden Fehler (Bugs) identifiziert und behoben, um die Funktionalität und Benutzerfreundlichkeit sicherzustellen.
- ○ **Wartung**: Nach der Veröffentlichung der Software ist eine kontinuierliche Wartung erforderlich. Dies beinhaltet das Beheben von Fehlern, das Aktualisieren der Software und das Hinzufügen neuer Funktionen basierend auf Nutzerfeedback.

- **Methoden der Anwendungsentwicklung**
  - ○ **Wasserfallmodell**: Ein linearer Ansatz, bei dem jede Phase nacheinander abgeschlossen wird, bevor die nächste beginnt.
  - ○ **Agile Entwicklung**: Ein flexibler Ansatz, der iterative Zyklen nutzt. Hierbei wird in kurzen Sprints gearbeitet, was eine schnellere Anpassung an Änderungen ermöglicht.
  - ○ **DevOps**: Eine Kombination aus Softwareentwicklung (Dev) und IT-Betrieb (Ops), die eine schnellere Bereitstellung von Software und eine engere Zusammenarbeit fördert.

- **Werkzeuge und Technologien**
  - ○ **Programmiersprachen**: Häufig verwendete Sprachen sind Java, C#, Python und JavaScript.
  - ○ **Entwicklungsumgebungen**: Tools wie Visual Studio, Eclipse oder IntelliJ IDEA unterstützen Programmierer beim Schreiben und Testen von Code.
  - ○ **Datenbanken**: Systeme wie MySQL, PostgreSQL oder MongoDB werden zur Speicherung und Verwaltung von Daten verwendet.

- **Berufliche Perspektiven**
  - ○ Fachinformatiker und Fachinformatikerinnen für Anwendungsentwicklung sind in vielen Branchen gefragt, da Unternehmen auf Softwarelösungen

angewiesen sind, um ihre Geschäftsprozesse zu
optimieren.

o Die Fähigkeit, komplexe Probleme zu lösen und
benutzerfreundliche Anwendungen zu entwickeln,
ist in der digitalen Welt unerlässlich.

Anwendungsentwicklung erfordert technisches Wissen, analytisches
Denken und Kreativität, um Software zu schaffen, die effektiv
funktioniert und den Anforderungen der Nutzer gerecht wird.

Anwendungsintegration

Anwendungsintegration bezeichnet den Prozess, verschiedene
Softwareanwendungen so zu verbinden, dass sie miteinander
kommunizieren und Daten austauschen können. Dies geschieht
häufig in Unternehmen, um die Effizienz zu steigern und die
Zusammenarbeit zwischen verschiedenen Abteilungen zu
verbessern.

- **Ziele der Anwendungsintegration**
  o Erhöhung der Effizienz durch Automatisierung von
  Geschäftsprozessen.
  o Vermeidung von Medienbrüchen, indem Daten
  nahtlos zwischen Anwendungen fließen.
  o Sicherstellung von Datenkonsistenz, sodass alle
  Systeme mit aktuellen Informationen arbeiten.
- **Methoden der Anwendungsintegration**
  o **API (Application Programming Interface)**: Eine
  Schnittstelle, die es ermöglicht, dass Anwendungen
  miteinander kommunizieren. APIs definieren, wie
  Softwarekomponenten interagieren können.
  o **Middleware**: Software, die als Vermittler zwischen
  verschiedenen Anwendungen fungiert. Sie
  ermöglicht die Kommunikation und den
  Datenaustausch zwischen Anwendungen, die

möglicherweise unterschiedliche Technologien verwenden.

- o **Datei- oder Datenbankintegration**: Übertragung von Daten durch Import und Export von Dateien oder durch direkte Datenbankzugriffe.
- **Herausforderungen der Anwendungsintegration**
  - o Unterschiedliche Datenformate: Anwendungen verwenden oft verschiedene Formate, was die Integration erschwert.
  - o Sicherheitsaspekte: Der Austausch von Daten zwischen Anwendungen muss sicher gestaltet werden, um unbefugten Zugriff zu verhindern.
  - o Komplexität der Systeme: In großen Unternehmen gibt es oft viele verschiedene Anwendungen, deren Integration eine sorgfältige Planung erfordert.
- **Beispiele für Anwendungsintegration**
  - o Ein CRM-System (Customer Relationship Management) wird mit einem ERP-System (Enterprise Resource Planning) verbunden, um Kundendaten und Bestellinformationen zu synchronisieren.
  - o Eine E-Commerce-Plattform integriert sich mit einem Versanddienstleister, um Versandinformationen automatisch zu übermitteln.
- **Werkzeuge für Anwendungsintegration**
  - o Integrationsplattformen: Softwarelösungen, die speziell für die Integration von Anwendungen entwickelt wurden, z.B. MuleSoft oder Dell Boomi.
  - o ETL-Tools (Extract, Transform, Load): Diese Werkzeuge helfen dabei, Daten aus verschiedenen Quellen zu extrahieren, sie in ein einheitliches Format zu transformieren und in ein Zielsystem zu laden.

Die Anwendungsintegration ist ein wesentlicher Bestandteil der IT-Architektur in Unternehmen, da sie die Grundlage für eine effiziente und reibungslose Geschäftsabwicklung schafft.

Anwendungsperformance

Anwendungsperformance bezieht sich auf die Effizienz und Geschwindigkeit, mit der Softwareanwendungen ihre Aufgaben erfüllen. Sie ist ein entscheidendes Kriterium für die Benutzerzufriedenheit und die allgemeine Funktionalität einer Anwendung. Eine gute Anwendungsperformance sorgt dafür, dass Benutzer schnell und ohne Unterbrechungen auf die gewünschten Funktionen zugreifen können.

Faktoren, die die Anwendungsperformance beeinflussen:

1. **Ladezeiten**: Die Zeit, die benötigt wird, um eine Anwendung zu starten oder eine Seite zu laden. Lange Ladezeiten können Benutzer frustrieren und dazu führen, dass sie die Anwendung verlassen.

2. **Reaktionszeiten**: Die Zeit, die eine Anwendung benötigt, um auf Benutzeraktionen zu reagieren, wie z.B. das Klicken eines Buttons oder das Eingeben von Daten. Eine kurze Reaktionszeit ist entscheidend für eine positive Benutzererfahrung.

3. **Ressourcennutzung**: Die Menge an Systemressourcen (CPU, RAM, Netzwerkbandbreite), die von einer Anwendung verbraucht wird. Anwendungen, die zu viele Ressourcen benötigen, können die Leistung des gesamten Systems beeinträchtigen.

4. **Datenbankzugriffe**: Die Geschwindigkeit, mit der eine Anwendung auf Datenbanken zugreift und diese abruft. Optimierte Datenbankabfragen sind wichtig, um die Anwendungsperformance zu verbessern.

5. **Netzwerkgeschwindigkeit**: Die Geschwindigkeit der Internetverbindung, die die Ladezeiten und die Reaktionsfähigkeit von web-basierten Anwendungen beeinflusst. Eine langsame Verbindung kann die Performance erheblich verschlechtern.

6. **Skalierbarkeit**: Die Fähigkeit einer Anwendung, mit einer wachsenden Anzahl von Benutzern oder Daten umzugehen, ohne dass die Leistung leidet. Eine gut skalierbare Anwendung bleibt auch bei hoher Auslastung performant.

Optimierung der Anwendungsperformance:

- **Code-Optimierung**: Durch das Reduzieren von überflüssigem Code und das Verwenden effizienter Algorithmen kann die Leistung verbessert werden.

- **Caching**: Das Speichern häufig genutzter Daten im Cache reduziert die Ladezeiten, da nicht jedes Mal auf die Datenbank zugegriffen werden muss.

- **Lasttests**: Diese Tests simulieren eine hohe Benutzeranzahl, um zu prüfen, wie gut die Anwendung unter Druck funktioniert. Sie helfen, Engpässe zu identifizieren.

- **Monitoring**: Die kontinuierliche Überwachung der Anwendungsperformance ermöglicht es, Probleme frühzeitig zu erkennen und zu beheben.

Die Anwendungsperformance ist ein wesentlicher Bestandteil der Softwareentwicklung, da sie direkt die Benutzererfahrung und die

Effektivität der Anwendung beeinflusst. Ein fokussierter Ansatz zur Verbesserung der Performance trägt dazu bei, eine zuverlässige und benutzerfreundliche Anwendung bereitzustellen.

Anwendungsserver

Ein Anwendungsserver ist eine Software- oder Hardware-Plattform, die Anwendungen hostet und deren Ausführung ermöglicht. Er stellt die Infrastruktur zur Verfügung, um verschiedene Softwareanwendungen zu betreiben, insbesondere webbasierte Anwendungen. Diese Server sind häufig Teil einer Client-Server-Architektur und kommunizieren mit Clients, die die Benutzeroberfläche der Anwendung bereitstellen.

Funktionen und Merkmale:

- **Verarbeitung von Anfragen**: Anwendungsserver empfangen Anfragen von Clients, verarbeiten diese und senden die entsprechenden Antworten zurück. Diese Kommunikation erfolgt oft über das HTTP-Protokoll.

- **Geschäftslogik**: Sie implementieren die Geschäftslogik der Anwendungen, die die Kernfunktionalitäten bereitstellt. Dies kann Datenbankzugriffe, Berechnungen oder die Verarbeitung von Benutzereingaben umfassen.

- **Zugriffssteuerung**: Anwendungsserver verwalten die Authentifizierung und Autorisierung von Benutzern. Sie stellen sicher, dass nur berechtigte Benutzer auf bestimmte Funktionen oder Daten zugreifen können.

- **Integration**: Sie ermöglichen die Integration mit anderen Systemen, wie Datenbanken oder externen Diensten, um Daten auszutauschen und die Funktionalität zu erweitern.

- **Skalierbarkeit**: Anwendungsserver können so konfiguriert werden, dass sie eine große Anzahl von gleichzeitigen Benutzern unterstützen. Dies geschieht durch Lastverteilung und die Möglichkeit, zusätzliche Server hinzuzufügen.

- **Sicherheit**: Sie bieten Sicherheitsfunktionen wie Verschlüsselung, um Daten während der Übertragung zu schützen, und schützen vor Bedrohungen wie SQL-Injection oder Cross-Site-Scripting.

- **Wartung und Aktualisierung**: Anwendungsserver erleichtern die Wartung und Aktualisierung von Anwendungen, da Änderungen an der Anwendung zentral auf dem Server vorgenommen werden können, ohne dass jede Client-Anwendung aktualisiert werden muss.

Beispiele für Anwendungsserver sind JBoss, Apache Tomcat und Microsoft IIS. Diese Plattformen unterstützen verschiedene Programmiersprachen und Frameworks, was die Entwicklung und Bereitstellung von Anwendungen erleichtert.

API

Eine API (Application Programming Interface) ist eine Schnittstelle, die es verschiedenen Softwareanwendungen ermöglicht, miteinander zu kommunizieren. Sie definiert, wie Anfragen gestellt und Daten ausgetauscht werden können. APIs sind entscheidend für die Integration von Systemen und die Interoperabilität von Software.

Funktionen einer API:

- **Zugriff auf Funktionen**: APIs ermöglichen den Zugriff auf spezifische Funktionen einer Anwendung oder eines Dienstes. Zum Beispiel kann eine Wetter-API Informationen über das aktuelle Wetter bereitstellen.

- **Datenübertragung**: APIs regeln, wie Daten zwischen Systemen übermittelt werden. Dies geschieht häufig in Form von JSON (JavaScript Object Notation) oder XML (Extensible Markup Language).

- **Authentifizierung**: Viele APIs erfordern eine Authentifizierung, um sicherzustellen, dass nur berechtigte Benutzer oder Anwendungen Zugriff auf die Daten haben. Dies kann durch API-Schlüssel oder OAuth-Token geschehen.

- **Versionierung**: APIs können in verschiedenen Versionen existieren, um Änderungen und Verbesserungen zu ermöglichen, ohne bestehende Integrationen zu beeinträchtigen. Dies hilft, die Kompatibilität mit älteren Anwendungen aufrechtzuerhalten.

- **Dokumentation**: Eine gute API wird mit umfassender Dokumentation geliefert, die erklärt, wie die API verwendet werden kann, welche Endpunkte zur Verfügung stehen und welche Parameter erforderlich sind.

Typen von APIs:

- **Web-APIs**: Diese APIs sind über das Internet zugänglich und verwenden HTTP-Protokolle. Beispiele sind RESTful APIs und SOAP (Simple Object Access Protocol).

- **Bibliotheks-APIs**: Diese APIs sind in Programmbibliotheken eingebettet und bieten Funktionen, die direkt in einer Anwendung verwendet werden können.

- **Betriebssystem-APIs**: Diese APIs ermöglichen den Zugriff auf Betriebssystemfunktionen, wie z.B. Dateisystemoperationen oder Netzwerkkommunikation.

Einsatzbereiche:

- **Datenintegration**: APIs werden häufig verwendet, um Daten zwischen verschiedenen Anwendungen oder Systemen auszutauschen, beispielsweise zwischen einem CRM-System und einer Buchhaltungssoftware.

- **Erweiterung von Funktionen**: Entwickler können APIs nutzen, um bestehende Anwendungen um zusätzliche Funktionen zu erweitern, indem sie externe Dienste integrieren, wie z.B. Zahlungsabwicklung oder Social-Media-Interaktionen.

- **Microservices**: In modernen Softwarearchitekturen werden Microservices häufig über APIs miteinander verbunden, sodass verschiedene Teile einer Anwendung unabhängig voneinander entwickelt und skaliert werden können.

Die Nutzung von APIs ist in der Softwareentwicklung weit verbreitet und ermöglicht eine flexible und modulare Herangehensweise an die Programmierung und Systemintegration.

Backend

Backend bezeichnet den Teil einer Softwareanwendung, der für die Verarbeitung von Daten und Logik verantwortlich ist. Es ist der Bereich, der für die Benutzer nicht direkt sichtbar ist, aber die Funktionalität der Anwendung steuert. Das Backend umfasst verschiedene Komponenten und Technologien, die zusammenarbeiten, um Daten zu speichern, zu verarbeiten und bereitzustellen.

1. **Server**
   - Der Server ist ein Computer oder ein System, das Anfragen von Clients (z.B. Webbrowsern)

26

entgegennimmt und darauf reagiert. Er führt die Anwendungslogik aus und kommuniziert mit der Datenbank.

2. **Datenbanken**
   - Datenbanken sind strukturierte Sammlungen von Daten, die zur Speicherung und Verwaltung von Informationen verwendet werden. Sie ermöglichen es, Daten effizient zu speichern, abzurufen und zu aktualisieren. Zu den häufig verwendeten Datenbankmanagementsystemen gehören MySQL, PostgreSQL und MongoDB.

3. **Programmiersprachen**
   - Für die Entwicklung des Backends kommen verschiedene Programmiersprachen zum Einsatz. Häufig verwendete Sprachen sind:
     - Python: Beliebt für seine Einfachheit und Lesbarkeit.
     - Java: Bekannt für seine Robustheit und Plattformunabhängigkeit.
     - PHP: Oft verwendet für Webanwendungen, insbesondere in Verbindung mit Content-Management-Systemen.
     - Ruby: Geschätzt für seine Eleganz und Produktivität.

4. **Frameworks**
   - Frameworks sind vorgefertigte Software-Bibliotheken, die Entwicklern helfen, Anwendungen schneller und effizienter zu erstellen. Beispiele sind:
     - Django (für Python)
     - Spring (für Java)
     - Laravel (für PHP)

5. **API (Application Programming Interface)**
   - Eine API ist eine Schnittstelle, die es verschiedenen Softwareanwendungen ermöglicht, miteinander zu kommunizieren. Im Backend werden APIs häufig

verwendet, um Daten zwischen dem Server und den Clients auszutauschen. REST und GraphQL sind gängige Architekturen für APIs.

6. **Sicherheit**

    o   Sicherheit ist ein wesentlicher Aspekt im Backend. Dazu gehören Maßnahmen wie Authentifizierung (Überprüfung der Identität von Benutzern) und Autorisierung (Festlegung, welche Benutzer auf welche Ressourcen zugreifen dürfen). Verschlüsselung von Daten und die Sicherstellung, dass keine sensiblen Informationen offengelegt werden, sind ebenfalls wichtig.

7. **Hosting**

    o   Das Backend wird auf Servern gehostet, die die Anwendung rund um die Uhr verfügbar machen. Cloud-Dienste wie AWS, Microsoft Azure oder Google Cloud bieten flexible und skalierbare Lösungen für das Hosting von Backend-Anwendungen.

8. **Skalierung**

    o   Skalierung bezieht sich auf die Fähigkeit, die Anwendung an steigende Benutzerzahlen oder Datenmengen anzupassen. Dies kann durch vertikale Skalierung (stärkere Server) oder horizontale Skalierung (mehr Server) erreicht werden.

Backend-Entwicklung erfordert Kenntnisse in den oben genannten Bereichen sowie ein Verständnis für Softwarearchitektur und -design, um robuste, effiziente und wartbare Anwendungen zu erstellen.

Bandwidth

Bandwidth beschreibt die maximale Datenübertragungsrate eines Netzwerks oder einer Verbindung. Sie gibt an, wie viele Daten innerhalb eines bestimmten Zeitraums übertragen werden können, typischerweise gemessen in Bits pro Sekunde (bps). Bandwidth ist ein entscheidender Faktor für die Leistung von Netzwerken, da sie bestimmt, wie schnell Informationen zwischen Geräten, Servern und Nutzern fließen können.

Typen von Bandwidth:

- **Kanalbandbreite**: Bezieht sich auf die Bandwidth eines spezifischen Kommunikationskanals, wie z.B. einer Internetverbindung oder eines WLAN-Signals. Diese Bandwidth wird durch physikalische und technische Eigenschaften des Übertragungsmediums beeinflusst.

- **Nutzbandbreite**: Die tatsächlich verfügbare Bandwidth für den Nutzer, die von der Kanalbandbreite abweichen kann. Faktoren wie Netzwerküberlastung, Hardwarebeschränkungen oder Protokoll-Overhead können die Nutzbandbreite verringern.

Faktoren, die Bandwidth beeinflussen:

- **Netzwerktopologie**: Die Struktur des Netzwerks, ob es sich um ein sternförmiges, ringförmiges oder maschenförmiges Design handelt, hat Einfluss auf die Bandwidth.

- **Hardware**: Router, Switches und Netzwerkkarten haben spezifische Bandwidth-Beschränkungen, die die Gesamtleistung des Netzwerks beeinflussen.

- **Protokolle**: Die verwendeten Kommunikationsprotokolle, wie TCP/IP, können die Effizienz der Datenübertragung und damit die Bandwidth beeinflussen.

- **Umgebungseinflüsse**: Interferenzen durch andere elektronische Geräte, physische Barrieren oder die

Entfernung zwischen den Geräten können die Bandwidth verringern.

Anwendungen der Bandwidth:

- **Streaming-Dienste**: Hohe Bandwidth ist erforderlich, um Videos in hoher Qualität ohne Unterbrechungen zu streamen.

- **Online-Gaming**: Eine schnelle und stabile Bandwidth ist entscheidend für ein flüssiges Spielerlebnis.

- **Cloud-Dienste**: Die Bandwidth beeinflusst, wie schnell Daten in die Cloud hochgeladen oder von dort heruntergeladen werden können.

Die Messung der Bandwidth erfolgt oft durch spezielle Tools, die die Übertragungsrate unter realen Bedingungen testen. Diese Tests helfen, die tatsächliche Leistung eines Netzwerks zu bewerten und notwendige Anpassungen vorzunehmen.

Benutzerakzeptanztest

Benutzerakzeptanztest (UAT) ist eine Methode zur Bewertung, ob ein System oder eine Anwendung den Anforderungen und Erwartungen der Endbenutzer entspricht. Dieser Test erfolgt in der Regel nach der Entwicklungs- und Testphase und vor der endgültigen Bereitstellung des Produkts.

Ziele des Benutzerakzeptanztests: - Feststellen, ob die Anwendung die funktionalen Anforderungen erfüllt. - Überprüfen der Benutzerfreundlichkeit und der Benutzeroberfläche. - Sammeln von Feedback zur Verbesserung der Anwendung vor der endgültigen Veröffentlichung.

Ablauf des Benutzerakzeptanztests: 1. **Planung**: - Definition der Testziele und -kriterien. - Auswahl der Testbenutzer, die repräsentativ für die Zielgruppe sind. - Erstellung von Testfällen, die verschiedene Nutzungsszenarien abdecken.

2. **Durchführung**:
   - Testbenutzer führen die festgelegten Szenarien in einer kontrollierten Umgebung durch.
   - Beobachtungen und Aufzeichnungen über die Interaktion der Benutzer mit dem System.
   - Erfassung von Problemen, Fehlern und Verbesserungsvorschlägen.

3. **Auswertung**:
   - Analyse der gesammelten Daten und Feedbacks.
   - Identifikation von kritischen Problemen, die behoben werden müssen.
   - Dokumentation der Ergebnisse, um Entscheidungsträger über die Akzeptanz des Systems zu informieren.

4. **Nachbereitung**:
   - Implementierung von Änderungen basierend auf dem Feedback.
   - Gegebenenfalls erneute Tests, um sicherzustellen, dass Anpassungen erfolgreich waren.

Bedeutung der Benutzerakzeptanztests: - Validierung, dass das Produkt tatsächlich die Bedürfnisse der Benutzer erfüllt. - Minimierung von Risiken, die durch unzureichende Benutzerakzeptanz entstehen könnten. - Stärkung des Vertrauens der Benutzer in das System, indem ihre Meinungen und Erfahrungen in den Entwicklungsprozess einfließen.

UAT ist ein entscheidender Schritt im Softwareentwicklungsprozess, da er sicherstellt, dass die Software nicht nur technisch funktioniert, sondern auch von den tatsächlichen Benutzern akzeptiert wird.

Benutzermanagement

Benutzermanagement bezieht sich auf die Verwaltung von Benutzerkonten in IT-Systemen oder Anwendungen. Dies umfasst verschiedene Aufgaben, die sicherstellen, dass Benutzer korrekt identifiziert, authentifiziert und autorisiert werden, um auf bestimmte Ressourcen zugreifen zu können.

1. Benutzerkonten
   - Erstellung: Festlegung von Benutzername, Passwort und anderen relevanten Informationen.
   - Verwaltung: Aktualisierung von Benutzerdaten, z. B. bei Namensänderungen oder Rollenwechseln.
   - Deaktivierung/Löschung: Entfernen von Konten, die nicht mehr benötigt werden, um Sicherheitsrisiken zu minimieren.

2. Authentifizierung
   - Verfahren zur Überprüfung der Identität eines Benutzers. Dazu gehören:
     - Passwortbasierte Authentifizierung: Benutzer geben ein Passwort ein, um Zugang zu erhalten.
     - Zwei-Faktor-Authentifizierung (2FA): Neben dem Passwort wird ein weiterer Identitätsnachweis, wie ein SMS-Code, verwendet.

3. Autorisierung
   - Festlegung, welche Ressourcen ein Benutzer nach erfolgreicher Authentifizierung nutzen darf. Dies erfolgt durch:
     - Rollenzuweisung: Benutzer werden Rollen zugeordnet, die bestimmte Rechte und Zugriffslevel definieren.
     - Berechtigungen: Detaillierte Einstellungen, die festlegen, welche Aktionen ein Benutzer

durchführen kann, z. B. Lesen, Schreiben oder Löschen von Daten.

4. Benutzergruppen
   - Bildung von Gruppen, um die Verwaltung von Benutzerrechten zu vereinfachen. Anstatt einzelnen Benutzern Rechte zuzuweisen, können Gruppen erstellt werden, die dann spezifische Berechtigungen erhalten.

5. Protokollierung und Überwachung
   - Dokumentation von Benutzeraktivitäten für Sicherheits- und Audit-Zwecke. Dies umfasst:
     - Anmeldeversuche: Protokollierung erfolgreicher und fehlgeschlagener Anmeldungen.
     - Änderungen an Benutzerkonten: Nachverfolgung von Änderungen, die an Benutzerinformationen oder Berechtigungen vorgenommen werden.

6. Sicherheitsrichtlinien
   - Definition von Regeln und Verfahren für den Umgang mit Benutzerkonten, um Sicherheitsstandards einzuhalten. Dazu gehören:
     - Passwortanforderungen: Vorgaben zur Komplexität und Häufigkeit der Passwortänderungen.
     - Zugriffskontrollen: Richtlinien, die den Zugang zu sensiblen Daten regeln.

7. Benutzer-Support
   - Unterstützung der Benutzer bei Fragen oder Problemen im Zusammenhang mit ihrem Konto. Dies kann die Bereitstellung von Hilfe bei der Passwortwiederherstellung oder der Beantwortung von Anfragen zur Nutzung von Systemen umfassen.

Die Implementierung eines effektiven Benutzermanagements trägt zur Sicherheit und Effizienz in IT-Systemen bei, indem sie sicherstellt, dass nur autorisierte Benutzer Zugriff auf bestimmte Informationen und Funktionen haben.

Benutzeroberfläche

Die Benutzeroberfläche (UI) ist der Teil eines Software- oder Hardware-Systems, mit dem der Nutzer interagiert. Sie umfasst alle visuellen und funktionalen Elemente, die dem Anwender ermöglichen, mit dem System zu kommunizieren und es zu steuern.

1. Komponenten der Benutzeroberfläche
   o **Grafische Elemente**: Dazu gehören Schaltflächen, Menüs, Textfelder und Icons. Diese Elemente sind oft visuell gestaltet, um die Benutzerfreundlichkeit zu erhöhen.
   o **Layout**: Die Anordnung der grafischen Elemente auf dem Bildschirm hat Einfluss darauf, wie intuitiv die Bedienung ist. Ein gut strukturiertes Layout führt den Nutzer durch die Anwendung.
   o **Interaktive Elemente**: Diese ermöglichen die Eingabe von Daten durch den Nutzer, beispielsweise über Tastaturen, Touchscreens oder Mäuse. Interaktive Elemente reagieren auf Aktionen des Nutzers, wie Klicken oder Wischen.
2. Typen von Benutzeroberflächen
   o **Graphische Benutzeroberfläche (GUI)**: Nutzt visuelle Elemente wie Fenster, Symbole und Menüs. Diese Art der Oberfläche ist weit verbreitet in Desktop-Anwendungen und mobilen Apps.
   o **Textbasierte Benutzeroberfläche**: Hierbei erfolgt die Interaktion über Texteingaben in einer Kommandozeile. Diese Form der Benutzeroberfläche ist in vielen technischen und administrativen Umgebungen zu finden.

- o **Sprachgesteuerte Benutzeroberfläche**: Nutzer geben Befehle durch gesprochene Sprache. Diese Technologie wird zunehmend in Smartphones und Smart-Home-Geräten eingesetzt.
3. Gestaltung der Benutzeroberfläche
    - o **Usability**: Die Benutzeroberfläche sollte einfach zu bedienen sein. Eine hohe Usability bedeutet, dass die Nutzer schnell lernen, wie die Anwendung funktioniert, und sie effizient verwenden können.
    - o **Ästhetik**: Ein ansprechendes Design kann die Nutzererfahrung verbessern. Farben, Schriftarten und Grafiken sollten harmonisch aufeinander abgestimmt sein.
    - o **Zugänglichkeit**: Die Benutzeroberfläche sollte für alle Nutzer zugänglich sein, einschließlich Menschen mit Behinderungen. Dies umfasst die Berücksichtigung von Farbkontrasten, Schriftgrößen und alternativen Eingabemethoden.
4. Benutzererfahrung (UX)
    - o Die Benutzeroberfläche ist ein zentraler Bestandteil der Benutzererfahrung. UX bezieht sich auf die Gesamtheit der Eindrücke und Erfahrungen, die ein Nutzer mit einem Produkt hat. Eine gut gestaltete Benutzeroberfläche trägt zu einer positiven Benutzererfahrung bei.
5. Testing und Feedback
    - o Die Benutzeroberfläche wird oft durch Tests mit echten Nutzern evaluiert. Diese Tests helfen, Schwächen zu identifizieren und Verbesserungspotenziale aufzuzeigen. Feedback von Nutzern ist entscheidend für die kontinuierliche Verbesserung der Benutzeroberfläche.

Die Benutzeroberfläche spielt eine zentrale Rolle in der Interaktion zwischen Mensch und Maschine und beeinflusst maßgeblich, wie effektiv und angenehm die Nutzung eines Systems ist.

Big Data

Big Data bezeichnet extrem große und komplexe Datensätze, die mit herkömmlichen Datenverarbeitungsmethoden nicht effizient verarbeitet oder analysiert werden können. Diese Daten können sowohl strukturiert als auch unstrukturiert sein und stammen aus verschiedenen Quellen, wie z.B. sozialen Medien, Sensoren, Transaktionen oder Log-Dateien. Die Analyse von Big Data ermöglicht es, Muster, Trends und Zusammenhänge zu erkennen, die für Unternehmen und Organisationen von Wert sind.

Merkmale von Big Data:

- **Volumen**: Die schiere Menge an Daten. Datenmengen können von Terabytes bis Petabytes reichen und übersteigen die Kapazitäten traditioneller Datenbanken.

- **Vielfalt**: Daten kommen in unterschiedlichen Formaten, einschließlich Text, Bilder, Videos und Audio. Sie können strukturiert (z.B. in Datenbanken) oder unstrukturiert (z.B. E-Mails, Social-Media-Beiträge) sein.

- **Velocity**: Die Geschwindigkeit, mit der Daten erzeugt und verarbeitet werden. Datenströme können in Echtzeit oder nahezu in Echtzeit anfallen, was schnelle Reaktionen erfordert.

- **Variabilität**: Die unterschiedlichen Geschwindigkeiten und Formate, in denen Daten anfallen. Diese Variabilität kann die Verarbeitung und Analyse erschweren.

- **Wahrhaftigkeit**: Die Qualität und Genauigkeit der Daten. Big Data kann ungenaue oder fehlerhafte Informationen enthalten, die die Analyse beeinflussen.

Anwendungen von Big Data:

- **Business Intelligence**: Unternehmen nutzen Big Data, um fundierte Entscheidungen zu treffen, Markttrends zu analysieren und Kundenverhalten zu verstehen.

- **Gesundheitswesen**: Die Analyse großer Datensätze von Patienteninformationen kann zu besseren Diagnosen, personalisierten Behandlungen und effizienteren Abläufen führen.

- **Finanzen**: Banken und Finanzinstitute verwenden Big Data zur Betrugserkennung, Risikobewertung und zur Optimierung von Anlageentscheidungen.

- **Marketing**: Unternehmen personalisieren ihre Werbung und Angebote, indem sie das Verhalten und die Vorlieben ihrer Kunden analysieren.

Technologien und Werkzeuge:

- **Datenbanken**: NoSQL-Datenbanken (z.B. MongoDB, Cassandra) sind für die Speicherung und den Zugriff auf unstrukturierte Daten geeignet.

- **Datenverarbeitung**: Hadoop und Apache Spark sind Frameworks zur Verarbeitung großer Datenmengen.

- **Datenanalyse**: Tools wie R, Python und spezialisierte Software (z.B. Tableau, Power BI) helfen bei der Analyse und Visualisierung von Daten.

- **Cloud-Computing**: Cloud-Dienste bieten skalierbare Ressourcen zur Speicherung und Verarbeitung von Big Data.

Herausforderungen:

- **Datensicherheit**: Der Schutz sensibler Informationen vor unbefugtem Zugriff und Datenmissbrauch ist entscheidend.

- **Datenintegration**: Die Zusammenführung von Daten aus verschiedenen Quellen kann komplex sein und erfordert geeignete Strategien.

- **Komplexität der Analyse**: Die Analyse großer und vielfältiger Datensätze erfordert spezialisierte Kenntnisse und Methoden.

- **Ethische Fragestellungen**: Die Nutzung von Daten wirft Fragen zur Privatsphäre und zur Einwilligung der betroffenen Personen auf.

Blockchain

Blockchain ist eine dezentrale Technologie zur Speicherung und Verwaltung von Daten. Sie besteht aus einer Kette von Blöcken, die jeweils Transaktionen oder Informationen enthalten. Diese Blöcke sind durch kryptografische Hash-Funktionen miteinander verbunden, wodurch die Integrität der Daten gewährleistet wird.

Funktionsweise: - Jeder Block enthält einen Zeitstempel, Transaktionsdaten und den Hash des vorherigen Blocks. Dies schafft eine chronologische Reihenfolge der Daten und verhindert, dass Informationen nachträglich verändert werden. - Die dezentrale Natur bedeutet, dass die Daten nicht auf einem einzelnen Server gespeichert sind. Stattdessen wird eine Kopie der gesamten Blockchain auf vielen verschiedenen Computern (Knoten) gespeichert. Dadurch wird die Anfälligkeit für Datenmanipulation und Ausfälle verringert.

Kryptografie: - Die Hash-Funktion wandelt die Daten eines Blocks in eine eindeutige Zeichenfolge um. Selbst kleinste Änderungen an den

Daten führen zu einem völlig anderen Hash, was Manipulationen sofort erkennbar macht. - Digitale Signaturen werden verwendet, um die Identität der Transaktionsinitiatoren zu bestätigen und sicherzustellen, dass nur autorisierte Personen Änderungen vornehmen können.

Konsensmechanismen: - Damit alle Knoten im Netzwerk übereinstimmen, wie die Blockchain aussieht, werden Konsensmechanismen eingesetzt. Beispiele sind Proof of Work (PoW) und Proof of Stake (PoS). Diese Mechanismen stellen sicher, dass nur gültige Transaktionen zur Blockchain hinzugefügt werden.

Anwendungsbereiche: - Kryptowährungen: Die bekannteste Anwendung ist Bitcoin, das auf Blockchain-Technologie basiert. Es ermöglicht Peer-to-Peer-Transaktionen ohne zentrale Autorität. - Smart Contracts: Das sind selbstausführende Verträge, die automatisch ausgeführt werden, wenn bestimmte Bedingungen erfüllt sind. Sie erweitern die Funktionalität der Blockchain über einfache Transaktionen hinaus. - Supply Chain Management: Blockchain kann zur Verfolgung von Produkten in der Lieferkette verwendet werden, um Transparenz und Rückverfolgbarkeit zu gewährleisten.

Herausforderungen: - Skalierbarkeit: Bei steigender Anzahl von Transaktionen kann die Verarbeitungsgeschwindigkeit sinken. Das bedeutet, dass das Netzwerk möglicherweise nicht alle Transaktionen in Echtzeit verarbeiten kann. - Energieverbrauch: Insbesondere Proof of Work erfordert erheblichen Rechenaufwand und damit hohe Energiekosten. - Regulierung: Die rechtlichen Rahmenbedingungen für Blockchain-Anwendungen sind in vielen Ländern noch unklar, was die Integration in bestehende Systeme erschwert.

Die Struktur und die Sicherheitsmechanismen der Blockchain-Technologie machen sie zu einer vielversprechenden Lösung für eine Vielzahl von Anwendungen.

Business Intelligence

Business Intelligence (BI) bezieht sich auf Technologien, Strategien und Anwendungen, die Unternehmen dabei unterstützen, Daten zu sammeln, zu analysieren und in umsetzbare Informationen umzuwandeln. Ziel ist es, fundierte Entscheidungen zu treffen und die Effizienz sowie die Wettbewerbsfähigkeit zu steigern.

1. Datenquelle
   - BI-Systeme nutzen verschiedene Datenquellen, wie Datenbanken, Cloud-Dienste, Excel-Tabellen oder externe APIs.
   - Die Daten können strukturiert (z. B. in relationalen Datenbanken) oder unstrukturiert (z. B. Textdokumente) sein.
2. Datenintegration
   - Der Prozess der Datenintegration umfasst das Zusammenführen und Bereinigen von Daten aus unterschiedlichen Quellen.
   - ETL (Extract, Transform, Load) ist ein gängiger Prozess, bei dem Daten extrahiert, transformiert und in ein Zielsystem geladen werden.
3. Datenanalyse
   - BI-Tools bieten verschiedene Methoden zur Analyse von Daten, darunter statistische Analysen, Datenvisualisierung und Datenmodellierung.
   - Die Analyse hilft dabei, Muster, Trends und Anomalien in den Daten zu erkennen.
4. Reporting
   - Reporting-Tools ermöglichen die Erstellung von Berichten, Dashboards und Visualisierungen, die die Ergebnisse der Datenanalysen ansprechend darstellen.
   - Die Berichte können in Echtzeit aktualisiert werden, um aktuelle Informationen bereitzustellen.
5. Entscheidungsfindung

- Die gewonnenen Erkenntnisse werden genutzt, um strategische Entscheidungen zu treffen, z. B. in den Bereichen Marketing, Vertrieb, Finanzen oder Produktion.
- BI unterstützt Unternehmen dabei, die richtigen Fragen zu stellen und die relevanten Daten zur Beantwortung zu analysieren.

6. Benutzerfreundlichkeit
   - Moderne BI-Tools sind oft benutzerfreundlich gestaltet, sodass auch Mitarbeiter ohne tiefgehende technische Kenntnisse diese nutzen können.
   - Drag-and-Drop-Funktionen und intuitive Benutzeroberflächen erleichtern den Zugang zu komplexen Datenanalysen.

7. Echtzeit-Datenverarbeitung
   - Viele BI-Systeme ermöglichen die Verarbeitung und Analyse von Daten in Echtzeit.
   - Dies ist besonders wichtig für Unternehmen, die schnell auf Marktveränderungen reagieren müssen.

8. Sicherheitsaspekte
   - Bei der Nutzung von BI-Systemen ist der Schutz sensibler Daten von großer Bedeutung.
   - Zugriffsrechte und Datenschutzrichtlinien müssen implementiert werden, um unbefugten Zugriff zu verhindern.

Durch die Anwendung von Business Intelligence können Unternehmen ihre Daten effektiver nutzen, um strategische Vorteile zu erzielen und ihre Geschäftsprozesse kontinuierlich zu optimieren.

Change Management

Change Management umfasst die Planung, Durchführung und Überwachung von Veränderungen innerhalb einer Organisation. Ziel ist es, sicherzustellen, dass Veränderungen effektiv implementiert werden und die gewünschten Ergebnisse erzielt werden.

Planung - Identifikation von Veränderungen: Erkennen, welche Veränderungen notwendig sind, z.B. Einführung neuer Technologien oder Prozessoptimierungen. - Zieldefinition: Festlegen, was mit der Veränderung erreicht werden soll, wie Effizienzsteigerung oder Kostensenkung. - Stakeholder-Analyse: Bestimmen, wer von der Veränderung betroffen ist und wer Einfluss darauf hat. Dazu gehören Mitarbeiter, Kunden und Management.

Durchführung - Kommunikation: Informieren aller Beteiligten über die geplanten Veränderungen, deren Gründe und den Ablauf. Transparente Kommunikation fördert das Verständnis und die Akzeptanz. - Schulung: Bereitstellung von Trainings und Ressourcen, um Mitarbeiter auf neue Systeme oder Prozesse vorzubereiten. - Implementierung: Die eigentliche Umsetzung der Veränderungen, oft in Phasen, um Anpassungen vornehmen zu können.

Überwachung - Feedback: Sammeln von Rückmeldungen von Mitarbeitern und anderen Stakeholdern, um zu verstehen, wie die Veränderungen aufgenommen werden. - Erfolgskontrolle: Überprüfen, ob die gesetzten Ziele erreicht wurden, z.B. durch Kennzahlen oder Leistungsindikatoren. - Anpassung: Bei Bedarf Änderungen an der Vorgehensweise vornehmen, um die gewünschten Ergebnisse zu erzielen.

Ein wesentlicher Bestandteil ist das Management von Widerständen. Oft gibt es Bedenken oder Ängste der Mitarbeiter bezüglich Veränderungen. Strategien zur Überwindung dieser Widerstände sind erforderlich, um eine positive Einstellung zu fördern und die Umsetzung zu erleichtern.

Change Management ist ein kontinuierlicher Prozess, der nicht nur einmalig stattfindet, sondern regelmäßig überprüft und angepasst werden muss, um langfristige Erfolge zu gewährleisten.

Client-Server-Modell

Das Client-Server-Modell beschreibt eine Architektur für Computeranwendungen, bei der die Arbeit zwischen einem Server und mehreren Clients aufgeteilt wird. Dieses Modell ist grundlegend für viele Netzwerkanwendungen und wird häufig in der Softwareentwicklung verwendet.

1. Definition der Komponenten
   - **Client**: Ein Client ist ein Computer oder ein Programm, das Anfragen an den Server sendet. Clients können Desktop-Computer, Laptops, Smartphones oder andere Geräte sein. Sie stellen in der Regel die Benutzeroberfläche bereit, über die der Benutzer mit der Anwendung interagiert.
   - **Server**: Ein Server ist ein Computer oder ein Programm, das Anfragen von Clients bearbeitet und entsprechende Antworten zurücksendet. Server bieten verschiedene Dienste an, wie Datenbankzugriffe, Dateiübertragungen oder Webinhalte.
2. Funktionsweise
   - Der Client sendet eine Anfrage an den Server über ein Netzwerk, typischerweise das Internet oder ein lokales Netzwerk.
   - Der Server empfängt die Anfrage, verarbeitet sie und sendet die erforderlichen Daten oder Ergebnisse zurück an den Client.
   - Der Client empfängt die Antwort und zeigt die Daten dem Benutzer an.
3. Typen von Servern
   - **Webserver**: Stellt Webseiten bereit und verarbeitet HTTP-Anfragen.
   - **Datenbankserver**: Speichert und verwaltet Daten und ermöglicht Clients den Zugriff über Datenbankabfragen.

- o **Dateiserver**: Bietet Speicherplatz für Dateien und ermöglicht Clients den Zugriff und die Verwaltung dieser Dateien.

4. Vorteile des Client-Server-Modells

- o **Zentrale Verwaltung**: Server können zentral verwaltet und gewartet werden, was die Administration erleichtert.
- o **Ressourcenteilung**: Clients müssen nicht alle notwendigen Ressourcen oder Daten lokal speichern, was Speicherplatz spart.
- o **Skalierbarkeit**: Neue Clients können einfach hinzugefügt werden, ohne dass die Serverarchitektur grundlegend verändert werden muss.

5. Herausforderungen

- o **Netzwerkabhängigkeit**: Die Kommunikation zwischen Client und Server ist auf eine stabile Netzwerkverbindung angewiesen. Bei Netzwerkproblemen kann es zu Ausfällen oder Verzögerungen kommen.
- o **Sicherheit**: Die Übertragung von Daten zwischen Client und Server muss geschützt werden, um unbefugten Zugriff oder Datenverlust zu vermeiden.
- o **Lastverteilung**: Bei vielen Clients kann der Server überlastet werden, was zu Leistungseinbußen führt. Lastverteilungstechniken sind notwendig, um die Anfragen gleichmäßig zu verteilen.

6. Anwendungsbeispiele

- o **E-Mail-Programme**: Clients wie Outlook oder Thunderbird kommunizieren mit einem Mailserver, um E-Mails zu senden und zu empfangen.
- o **Webanwendungen**: Browser fungieren als Clients, die Informationen von Webservern abrufen und anzeigen.

o   **Datenbankanwendungen**: Anwendungen, die auf
    Datenbanken zugreifen, nutzen das Client-Server-
    Modell, um Daten zu speichern und abzurufen.

Das Client-Server-Modell ist eine grundlegende Struktur, die in
vielen modernen Anwendungen und Diensten verwendet wird. Es
ermöglicht eine effiziente Kommunikation und Ressourcennutzung
in vernetzten Umgebungen.

Cloud Computing

Cloud Computing bezeichnet die Bereitstellung von IT-Ressourcen
über das Internet. Anstatt Hardware und Software lokal auf eigenen
Geräten zu installieren und zu verwalten, können Benutzer auf diese
Ressourcen zugreifen, die in Rechenzentren von Drittanbietern
gespeichert sind. Diese Ressourcen umfassen Server, Speicher,
Datenbanken, Netzwerke, Software und Analysen.

Wesentliche Merkmale:

- **Ressourcenteilung**: Mehrere Benutzer können die gleichen
  physischen Ressourcen nutzen, wobei jeder Benutzer eine
  isolierte Umgebung hat. Dies ermöglicht eine effiziente
  Nutzung von Hardware.

- **Skalierbarkeit**: Die IT-Ressourcen können je nach Bedarf
  schnell angepasst werden. Unternehmen können Ressourcen
  hinzufügen oder reduzieren, ohne in neue Hardware
  investieren zu müssen.

- **Zugänglichkeit**: Benutzer können von überall auf der Welt
  auf die Cloud-Dienste zugreifen, solange eine
  Internetverbindung besteht. Dies fördert die Flexibilität und
  Mobilität.

- **Zahlungsmodelle**: Cloud-Dienste werden häufig im Pay-as-you-go-Modell angeboten. Benutzer zahlen nur für die Ressourcen, die sie tatsächlich nutzen, was Kosten spart.

- **Automatisierung und Wartung**: Anbieter kümmern sich um die Wartung, Updates und Sicherheit der Infrastruktur. Dies entlastet die internen IT-Teams der Unternehmen von Routineaufgaben.

Klassifikationen des Cloud Computing:

- **Infrastructure as a Service (IaaS)**: Bereitstellung von virtuellen Maschinen, Speicher und Netzwerkinfrastruktur. Benutzer können ihre eigenen Anwendungen und Betriebssysteme installieren.

- **Platform as a Service (PaaS)**: Bereitstellung einer Plattform, auf der Entwickler Anwendungen erstellen und bereitstellen können, ohne sich um die zugrunde liegende Infrastruktur kümmern zu müssen.

- **Software as a Service (SaaS)**: Bereitstellung von Softwareanwendungen über das Internet. Benutzer greifen über einen Webbrowser auf die Software zu, ohne sie lokal installieren zu müssen.

Einsatzmöglichkeiten:

- **Datenspeicherung**: Unternehmen können Daten sicher in der Cloud speichern, ohne eigene Server betreiben zu müssen.

- **Entwicklung und Test**: Entwickler können Anwendungen schnell in der Cloud erstellen und testen, ohne lokale Ressourcen zu beanspruchen.

- **Datensicherung und Wiederherstellung**: Cloud-Dienste bieten einfache Optionen für Datensicherung und Notfallwiederherstellung, um Datenverlust zu vermeiden.

- **Kollaboration**: Teams können in Echtzeit an Projekten arbeiten, indem sie Dokumente und Anwendungen in der Cloud teilen.

Sicherheitsaspekte:

- **Datenschutz**: Anbieter müssen sicherstellen, dass die Daten der Benutzer geschützt sind und die geltenden Datenschutzgesetze eingehalten werden.

- **Zugriffsmanagement**: Benutzer sollten nur auf die Ressourcen zugreifen können, die sie benötigen. Dies wird durch Authentifizierung und Autorisierung gewährleistet.

- **Backup und Recovery**: Regelmäßige Backups sind notwendig, um Datenverlust zu vermeiden. Anbieter sollten auch Strategien für die Wiederherstellung nach einem Ausfall haben.

Cloud-Speicher

Cloud-Speicher bezeichnet eine Technologie, die es ermöglicht, Daten über das Internet auf externen Servern zu speichern, anstatt sie lokal auf einem Computer oder einem anderen physischen Speichermedium abzulegen. Diese Daten können von verschiedenen Geräten und Standorten aus abgerufen werden, solange eine Internetverbindung besteht.

Wesentliche Merkmale:

- **Zugänglichkeit**: Benutzer können auf ihre Daten von überall zugreifen, was die Flexibilität erhöht. Dies ist besonders vorteilhaft für mobile Arbeitsumgebungen oder für die Zusammenarbeit in Teams, die an verschiedenen Orten arbeiten.

- **Skalierbarkeit**: Cloud-Speicherlösungen bieten die Möglichkeit, den Speicherplatz je nach Bedarf zu erweitern oder zu reduzieren. Unternehmen können schnell auf wachsende Datenanforderungen reagieren, ohne in zusätzliche Hardware investieren zu müssen.

- **Datensicherheit**: Cloud-Anbieter implementieren verschiedene Sicherheitsmaßnahmen, um die Daten ihrer Kunden zu schützen. Dazu gehören Verschlüsselung, Zugriffskontrollen und regelmäßige Backups. Nutzer sollten sich jedoch auch der Risiken bewusst sein, die mit der Speicherung sensibler Daten in der Cloud verbunden sind.

- **Kosteneffizienz**: Durch die Nutzung von Cloud-Speicher entfallen hohe Investitionen in physische Hardware und deren Wartung. Stattdessen zahlen Benutzer oft nur für den tatsächlich genutzten Speicherplatz, was die Kosten transparent und planbar macht.

- **Zusammenarbeit**: Viele Cloud-Speicherlösungen bieten Funktionen, die die Zusammenarbeit zwischen Benutzern erleichtern. Mehrere Personen können gleichzeitig auf Dokumente zugreifen, diese bearbeiten und Änderungen in Echtzeit verfolgen.

- **Datenmanagement**: Cloud-Speicherlösungen bieten oft Tools zur Organisation und Verwaltung von Daten. Nutzer können Ordnerstrukturen anlegen, Dateien taggen und Suchfunktionen nutzen, um Informationen schnell zu finden.

- **Backup und Wiederherstellung**: Cloud-Speicher ermöglicht automatisierte Backups, wodurch das Risiko eines Datenverlusts verringert wird. Im Falle eines Hardwareausfalls oder eines anderen Problems können Daten schnell und einfach wiederhergestellt werden.

Anwendungen:

- **Persönliche Nutzung**: Privatpersonen nutzen Cloud-Speicher häufig für die Sicherung von Fotos, Dokumenten und anderen persönlichen Daten.

- **Unternehmensnutzung**: Unternehmen setzen Cloud-Speicher für die Speicherung von Geschäftsdaten, Projekten und zur Unterstützung von Remote-Arbeit ein.

Cloud-Speicher ist ein zentraler Bestandteil moderner IT-Infrastrukturen und wird in vielen Bereichen eingesetzt, von der persönlichen Datenaufbewahrung bis hin zur Verwaltung großer Unternehmensdatenmengen.

Code-Review

Code-Review bezeichnet den Prozess, bei dem der Quellcode eines Softwareprojekts von einem oder mehreren Teammitgliedern überprüft wird. Ziel ist es, die Qualität des Codes zu verbessern, Fehler zu identifizieren und sicherzustellen, dass die Programmierstandards eingehalten werden.

- **Ziele des Code-Reviews**
  - **Fehlererkennung**: Durch das Überprüfen des Codes können Bugs oder logische Fehler aufgespürt werden, bevor sie in das Hauptprojekt integriert werden.

- o **Qualitätssicherung**: Die Einhaltung von Standards und Best Practices wird überprüft, was zu einem einheitlichen und wartbaren Code führt.
- o **Wissenstransfer**: Teammitglieder können voneinander lernen, indem sie unterschiedliche Ansätze und Lösungen diskutieren.
- o **Verbesserung der Code-Architektur**: Durch die Diskussion über Designentscheidungen können bessere Architekturentscheidungen getroffen werden.
- **Ablauf eines Code-Reviews**
  - o **Vorbereitung**: Der Entwickler, der den Code geschrieben hat, bereitet den Code für die Überprüfung vor, oft durch Erstellen eines Pull-Requests in einem Versionskontrollsystem.
  - o **Durchsicht**: Die Reviewer analysieren den Code, indem sie ihn Zeile für Zeile durchgehen. Dabei wird auf Lesbarkeit, Logik und Effizienz geachtet.
  - o **Feedback geben**: Reviewer hinterlassen Kommentare, Vorschläge oder Fragen direkt im Code oder im Pull-Request. Dies kann sowohl positives Feedback als auch konstruktive Kritik umfassen.
  - o **Anpassungen**: Der ursprüngliche Entwickler berücksichtigt das Feedback und nimmt gegebenenfalls Anpassungen am Code vor.
  - o **Abschluss**: Nach der Überprüfung und den notwendigen Änderungen wird der Code in das Hauptprojekt integriert.
- **Methoden des Code-Reviews**
  - o **Peer-Review**: Kollegen überprüfen den Code. Dies fördert den Austausch und das Lernen im Team.
  - o **Pair Programming**: Zwei Entwickler arbeiten gemeinsam an einem Codeabschnitt, wobei einer schreibt und der andere direkt Feedback gibt.

- o **Automatisierte Reviews**: Tools analysieren den Code automatisch auf bestimmte Standards oder Fehler, können jedoch nicht alle Aspekte der Qualität prüfen.
- **Werkzeuge für Code-Reviews**
  - o **Versionskontrollsysteme**: Systeme wie Git ermöglichen es, Änderungen nachzuvollziehen und Pull-Requests zu erstellen.
  - o **Code-Review-Tools**: Plattformen wie GitHub, GitLab oder Bitbucket bieten integrierte Funktionen für Code-Reviews, um den Prozess zu erleichtern.
  - o **Static Code Analysis Tools**: Diese Werkzeuge überprüfen den Code auf potenzielle Probleme, ohne ihn auszuführen.
- **Best Practices für Code-Reviews**
  - o **Klare Richtlinien**: Definierte Standards und Kriterien helfen, den Fokus während der Überprüfung zu behalten.
  - o **Konstruktives Feedback**: Kritik sollte immer mit dem Ziel der Verbesserung formuliert werden.
  - o **Regelmäßige Reviews**: Häufige Überprüfungen fördern eine kontinuierliche Verbesserung und verhindern, dass sich Probleme anhäufen.
  - o **Fokus auf kleine Codeabschnitte**: Kleinere Änderungen sind leichter zu überprüfen und führen zu besseren Ergebnissen.

Code-Reviews sind ein zentraler Bestandteil des Softwareentwicklungsprozesses und tragen zur Verbesserung der Codequalität, zur Reduzierung von Fehlern und zur Förderung des Teamwissens bei.

Containerisierung

Containerisierung bezeichnet eine Methode der Virtualisierung, die es ermöglicht, Softwareanwendungen und deren Abhängigkeiten in isolierten Einheiten, den sogenannten Containern, zu verpacken. Diese Container sind leichtgewichtig und können auf verschiedenen Systemen ausgeführt werden, ohne dass es zu Komplikationen mit der Umgebung kommt.

- **Container vs. Virtuelle Maschinen**:
  - Container teilen sich den gleichen Betriebssystem-Kernel, während virtuelle Maschinen eine vollständige Betriebssysteminstanz benötigen.
  - Dies führt zu einem geringeren Ressourcenverbrauch bei Containern, was sie schneller und effizienter macht.
- **Isolation**:
  - Container bieten eine isolierte Umgebung für Anwendungen. Jede Anwendung läuft unabhängig von anderen, wodurch Konflikte und Abhängigkeiten vermieden werden.
  - Diese Isolation erleichtert das Testen und Bereitstellen von Software, da die Anwendungen in einer konsistenten Umgebung laufen.
- **Portabilität**:
  - Container können auf unterschiedlichen Plattformen und in verschiedenen Cloud-Umgebungen eingesetzt werden.
  - Dies vereinfacht die Migration von Anwendungen zwischen Entwicklungs-, Test- und Produktionsumgebungen.
- **Skalierbarkeit**:
  - Container können schnell erstellt, gestartet und gestoppt werden. Dies ermöglicht eine einfache Skalierung von Anwendungen je nach Bedarf.

- Bei einem Anstieg der Nutzerzahlen können zusätzliche Container gestartet werden, ohne dass die gesamte Infrastruktur verändert werden muss.
- **Microservices-Architektur**:
  - Containerisierung unterstützt das Konzept der Microservices, bei dem Anwendungen aus kleinen, unabhängigen Diensten bestehen.
  - Jeder Dienst kann in einem eigenen Container laufen, was die Wartbarkeit und Weiterentwicklung der Software verbessert.
- **Orchestrierung**:
  - Werkzeuge wie Kubernetes oder Docker Swarm werden verwendet, um Container zu verwalten.
  - Diese Orchestrierungstools automatisieren das Starten, Stoppen und Skalieren von Containern, was den Betrieb komplexer Anwendungen vereinfacht.
- **Entwicklungs- und Betriebsprozesse**:
  - Containerisierung fördert DevOps-Praktiken, indem sie die Zusammenarbeit zwischen Entwicklern und Betriebsteams verbessert.
  - Durch die Bereitstellung identischer Umgebungen für Entwicklung, Test und Produktion wird die Fehleranfälligkeit reduziert.

Die Containerisierung hat die Art und Weise revolutioniert, wie Software entwickelt, bereitgestellt und betrieben wird. Sie ermöglicht eine flexible, effiziente und skalierbare Handhabung von Anwendungen in modernen IT-Umgebungen.

Content Management System

Ein Content Management System (CMS) ist eine Softwareanwendung, die es Nutzern ermöglicht, digitale Inhalte zu erstellen, zu verwalten und zu veröffentlichen, ohne dass tiefgehende technische Kenntnisse erforderlich sind. CMS werden häufig für Websites, Blogs, Online-Shops und andere digitale Plattformen verwendet.

Funktionen eines CMS:

- **Benutzeroberfläche**: Eine intuitive grafische Benutzeroberfläche ermöglicht es Nutzern, Inhalte einfach zu bearbeiten. Oft sind WYSIWYG-Editoren (What You See Is What You Get) integriert, die das Bearbeiten von Texten und Bildern ähnlich wie in Textverarbeitungsprogrammen gestalten.

- **Inhaltsverwaltung**: Nutzer können Texte, Bilder, Videos und andere Medien hochladen und organisieren. Inhalte können in verschiedenen Formaten gespeichert werden, z.B. als Artikel, Seiten oder Beiträge.

- **Vorlagen und Design**: CMS bieten meist eine Auswahl an Vorlagen oder Themes, die das Aussehen der Website bestimmen. Diese Vorlagen sind anpassbar, sodass Nutzer das Design entsprechend ihrer Anforderungen verändern können.

- **Benutzerverwaltung**: Mehrere Nutzer können mit unterschiedlichen Berechtigungen auf das System zugreifen. Administratoren können Rollen vergeben, die definieren, wer Inhalte erstellen, bearbeiten oder veröffentlichen kann.

- **Versionierung**: Viele CMS speichern frühere Versionen von Inhalten, was es ermöglicht, Änderungen nachzuvollziehen und bei Bedarf auf eine vorherige Version zurückzugreifen.

- **SEO-Optimierung**: Funktionen zur Suchmaschinenoptimierung sind oft integriert. Nutzer können Meta-Tags, Beschreibungen und andere

Einstellungen anpassen, um die Sichtbarkeit in
Suchmaschinen zu verbessern.

- **Plugins und Erweiterungen**: Die Funktionalität eines CMS
  kann durch Plugins oder Module erweitert werden. Diese
  Zusatzprogramme bieten spezifische Features, wie z.B.
  Kontaktformulare, Kalender oder E-Commerce-Funktionen.

- **Multimedia-Integration**: Ein CMS ermöglicht die
  Einbindung von verschiedenen Medienformaten,
  einschließlich Bildern, Videos und Audiodateien. Dies trägt
  zur Bereicherung des Inhalts bei.

- **Mehrsprachigkeit**: Viele Systeme unterstützen die
  Erstellung mehrsprachiger Inhalte, was für internationale
  Websites von Bedeutung ist.

- **Sicherheit**: Sicherheitsmechanismen sind wichtig, um die
  Website vor Angriffen zu schützen. Regelmäßige Updates
  und Sicherheits-Patches sind Teil der Wartung eines CMS.

Beispiele für bekannte Content Management Systeme sind
WordPress, Joomla, Drupal und TYPO3. Jedes dieser Systeme hat
eigene Stärken und Schwächen, die je nach den spezifischen
Anforderungen eines Projekts abgewogen werden sollten.

Continuous Delivery

Continuous Delivery (CD) bezeichnet eine Software-
Entwicklungspraxis, die darauf abzielt, Softwareänderungen jederzeit
in eine produktive Umgebung zu überführen. Dies geschieht durch
automatisierte Prozesse, die sicherstellen, dass die Software stets in
einem betriebsbereiten Zustand ist. Hier sind die wesentlichen
Merkmale und Bestandteile von Continuous Delivery:

- **Automatisierung**: Der gesamte Prozess von der Entwicklung bis zur Bereitstellung wird automatisiert. Dazu gehören das Testen, das Erstellen von Softwarepaketen und das Bereitstellen auf Servern. Automatisierte Tests überprüfen, ob neue Änderungen die bestehenden Funktionen nicht beeinträchtigen.

- **Versionierung**: Jede Änderung im Code wird versioniert. Das bedeutet, dass bei jeder neuen Version der Software genau nachverfolgt werden kann, welche Änderungen vorgenommen wurden. Dies erleichtert die Fehlerbehebung und das Zurücksetzen auf frühere Versionen.

- **Integration**: Continuous Delivery ist eng mit Continuous Integration (CI) verbunden. Bei CI werden Änderungen am Code regelmäßig in ein gemeinsames Repository integriert, wo sie automatisch getestet werden. Dies reduziert Konflikte und stellt sicher, dass der Code stabil bleibt.

- **Deployment-Pipeline**: Eine Deployment-Pipeline ist ein automatisierter Workflow, der alle Schritte von der Codeänderung bis zur Bereitstellung umfasst. Sie besteht aus mehreren Phasen, die jeweils spezifische Tests und Validierungen durchführen, bevor die Software bereitgestellt wird.

- **Feedback-Schleifen**: Schnelles Feedback ist ein zentrales Element. Entwickler erhalten umgehend Rückmeldungen über den Zustand der Software nach jeder Änderung. Diese Rückmeldungen helfen, Probleme schnell zu identifizieren und zu beheben.

- **Kultur der Zusammenarbeit**: Continuous Delivery fördert eine Kultur, in der Entwickler, Tester und Operations-Teams eng zusammenarbeiten. Diese Zusammenarbeit verbessert die Kommunikation und das Verständnis der Anforderungen und Herausforderungen.

- **Risiko-Management**: Durch die kontinuierliche Bereitstellung können Risiken besser gemanagt werden. Kleinere, häufigere Änderungen sind einfacher zu testen und zu überwachen als große, seltene Releases. Dies reduziert die Wahrscheinlichkeit von Fehlern und erhöht die Systemstabilität.

- **Skalierbarkeit**: Continuous Delivery unterstützt die Skalierung von Anwendungen und Infrastruktur. Neue Funktionen können schnell bereitgestellt werden, ohne dass umfangreiche Planungen oder große Releases notwendig sind.

Die Implementierung von Continuous Delivery erfordert geeignete Werkzeuge und Technologien, die die Automatisierung und Integration unterstützen. Dazu gehören Build-Tools, Testautomatisierungsframeworks und Deployment-Tools.

Continuous Integration

Continuous Integration (CI) beschreibt einen Prozess in der Softwareentwicklung, bei dem Entwickler regelmäßig ihren Code in ein gemeinsames Repository integrieren. Dies geschieht häufig mehrmals am Tag. Ziel ist es, die Qualität des Codes zu verbessern und Fehler frühzeitig zu erkennen.

- **Automatisierte Tests**
  - Bei jeder Code-Integration werden automatisierte Tests ausgeführt. Diese Tests überprüfen, ob der neue Code mit dem bestehenden Code funktioniert und keine neuen Fehler einführt.

- Tests können verschiedene Formen annehmen, wie Unit-Tests, Integrationstests oder End-to-End-Tests.

- **Build-Prozess**
  - Nach der Integration des Codes erfolgt der Build-Prozess. Hierbei wird der gesamte Code in ein ausführbares Programm umgewandelt.
  - Ein erfolgreicher Build bedeutet, dass der Code fehlerfrei kompiliert wurde und die Tests bestanden hat.

- **Versionskontrollsysteme**
  - Continuous Integration nutzt Versionskontrollsysteme wie Git. Entwickler arbeiten an Branches, die dann in den Hauptzweig (Main/Master) integriert werden.
  - Durch die Verwendung eines Versionskontrollsystems wird die Nachverfolgbarkeit von Änderungen erleichtert.

- **Fehlererkennung**
  - Durch die häufige Integration und die automatisierten Tests können Fehler schnell entdeckt und behoben werden. Dies verringert die Wahrscheinlichkeit, dass Fehler bis zur Auslieferung des Produkts unentdeckt bleiben.

- **Feedback-Schleifen**
  - Entwickler erhalten zeitnah Feedback über den Zustand ihrer Änderungen. Bei einem fehlerhaften Build oder fehlgeschlagenen Tests wird sofort eine Benachrichtigung gesendet.
  - Dies fördert eine Kultur der schnellen Reaktion und kontinuierlichen Verbesserung.

- **Integration in den Entwicklungsprozess**
  - CI ist oft Teil eines größeren Prozesses, der auch Continuous Delivery (CD) oder Continuous Deployment umfasst. Diese Prozesse automatisieren die Bereitstellung von Software in Test- oder Produktionsumgebungen.

- o CI ist somit ein zentraler Bestandteil moderner agiler Entwicklungsmethoden.
- **Vorteile**
  - o Reduzierung von Integrationsproblemen durch häufige und kleine Änderungen.
  - o Höhere Softwarequalität durch automatisierte Tests.
  - o Schnellere Bereitstellung neuer Funktionen und Bugfixes.

Die Implementierung von Continuous Integration erfordert spezifische Tools und Praktiken, um eine reibungslose Integration und Tests zu gewährleisten. Entwickler müssen sich mit diesen Tools vertraut machen, um den CI-Prozess effektiv zu nutzen.

Cryptography

Cryptography ist die Wissenschaft und Technik der Verschlüsselung von Informationen. Sie wird verwendet, um Daten vor unbefugtem Zugriff zu schützen und die Integrität sowie die Vertraulichkeit von Informationen zu gewährleisten. Dies geschieht durch mathematische Algorithmen, die Daten in eine Form umwandeln, die für Dritte unverständlich ist.

1. Grundlagen der Kryptographie
   - o Symmetrische Kryptographie: Bei dieser Methode verwenden Sender und Empfänger denselben Schlüssel zur Ver- und Entschlüsselung von Nachrichten. Beispiele sind der Advanced Encryption Standard (AES) und der Data Encryption Standard (DES).
   - o Asymmetrische Kryptographie: Hierbei kommen zwei verschiedene Schlüssel zum Einsatz – ein öffentlicher Schlüssel, der für alle zugänglich ist, und ein privater Schlüssel, der geheim bleibt. RSA

(Rivest-Shamir-Adleman) ist ein bekanntes Beispiel für asymmetrische Kryptographie.

2. Hauptziele der Kryptographie
   o Vertraulichkeit: Informationen sollen nur von den autorisierten Personen gelesen werden können.
   o Integrität: Die Daten dürfen nicht unbemerkt verändert werden. Hash-Funktionen, wie SHA-256, helfen dabei, Datenintegrität zu überprüfen.
   o Authentifizierung: Die Identität der Kommunikationspartner muss verifiziert werden. Digitale Signaturen sind ein Mittel zur Authentifizierung.
   o Non-Repudiation: Eine Partei kann nicht bestreiten, eine bestimmte Nachricht gesendet oder empfangen zu haben. Dies wird durch digitale Signaturen erreicht.

3. Anwendungen der Kryptographie
   o Sichere Kommunikation: Anwendungen wie E-Mail-Verschlüsselung (z.B. PGP) und VPNs (Virtual Private Networks) nutzen Kryptographie, um Daten während der Übertragung zu schützen.
   o Datenverschlüsselung: Festplattenverschlüsselung und sichere Cloud-Dienste verwenden kryptographische Methoden, um Daten vor unbefugtem Zugriff zu schützen.
   o Digitale Währungen: Kryptowährungen wie Bitcoin nutzen Kryptographie, um Transaktionen zu sichern und die Schaffung neuer Einheiten zu kontrollieren.

4. Herausforderungen in der Kryptographie
   o Schlüsselmanagement: Die sichere Generierung, Verteilung und Speicherung von Schlüsseln ist entscheidend für die Sicherheit.
   o Quantenkryptographie: Die Entwicklung von Quantencomputern könnte bestehende kryptographische Systeme gefährden, weshalb neue

Ansätze, wie post-quantum Kryptographie, erforscht werden.

5. Zukunft der Kryptographie
    o Fortschritte in der mathematischen Theorie und der Computertechnologie könnten neue kryptographische Methoden hervorbringen.
    o Die Integration von künstlicher Intelligenz in kryptographische Systeme könnte deren Sicherheit und Effizienz weiter verbessern.

Data Lake

Ein Data Lake ist ein zentraler Speicherort, der große Mengen an strukturierten und unstrukturierten Daten in ihrem ursprünglichen Format aufnimmt. Im Gegensatz zu traditionellen Datenbanken, die Daten in fest definierten Schemas speichern, ermöglicht ein Data Lake die Speicherung von Daten ohne vorherige Strukturierung. Dies bietet Flexibilität, da Daten in verschiedenen Formaten, wie Text, Bilder, Videos oder Protokolldateien, gespeichert werden können.

Merkmale eines Data Lakes:

- **Datenvielfalt**: Er unterstützt verschiedene Datenarten, einschließlich strukturierter Daten (z.B. Datenbanken), semi-strukturierter Daten (z.B. XML, JSON) und unstrukturierter Daten (z.B. Dokumente, Multimedia).

- **Skalierbarkeit**: Data Lakes sind darauf ausgelegt, horizontale Skalierung zu ermöglichen, sodass sie bei wachsenden Datenmengen einfach erweitert werden können.

- **Kosteneffizienz**: Die Speicherung in einem Data Lake ist oft kostengünstiger als in traditionellen Datenbanken, da standardisierte und kostengünstige Speicherlösungen genutzt werden.

- **Datenzugriff**: Benutzer können auf die Daten mit verschiedenen Analysewerkzeugen zugreifen, um Erkenntnisse zu gewinnen. Dies umfasst BI-Tools, Machine Learning-Algorithmen und Datenvisualisierungstechniken.

- **Echtzeit-Analysen**: Data Lakes ermöglichen die Verarbeitung und Analyse von Daten in Echtzeit, was für zeitkritische Anwendungen von Vorteil ist.

- **Datenaufbereitung**: Vor der Analyse können Daten transformiert und bereinigt werden, um die Qualität und Relevanz der Informationen zu verbessern.

- **Sicherheits- und Zugriffsmanagement**: Trotz der offenen Struktur bieten moderne Data Lakes Mechanismen zur Sicherstellung der Datensicherheit und des Zugriffsmanagements, um unbefugten Zugriff zu verhindern.

Anwendungsgebiete:

- **Big Data-Analysen**: Unternehmen nutzen Data Lakes, um große Datenmengen zu speichern und zu analysieren, um Muster und Trends zu erkennen.

- **Maschinelles Lernen**: Die Speicherung von Rohdaten ermöglicht es, diese für Machine Learning-Modelle zu verwenden, ohne dass vorherige Datenaufbereitungen notwendig sind.

- **Echtzeit-Datenverarbeitung**: Data Lakes unterstützen die Verarbeitung von Streaming-Daten, z.B. von IoT-Geräten, um sofortige Analysen durchzuführen.

- **Archivierung**: Sie dienen auch als Archiv für historische Daten, die für spätere Analysen oder zur Einhaltung von Vorschriften benötigt werden.

Die Implementierung eines Data Lakes erfordert eine sorgfältige Planung hinsichtlich der Datenorganisation, der Zugriffsrechte und der verwendeten Technologien, um sicherzustellen, dass die Daten effektiv genutzt werden können.

Data Warehouse

Ein Data Warehouse ist eine zentrale Sammlung von Daten, die aus verschiedenen Quellen stammen und für analytische Zwecke aufbereitet werden. Es dient dazu, große Mengen an strukturierten und unstrukturierten Informationen zu speichern, um sie für Berichte, Analysen und Entscheidungsfindungen nutzbar zu machen.

Datenintegration: - Daten aus unterschiedlichen Quellen wie Datenbanken, ERP-Systemen, CRM-Systemen und externen Quellen werden in das Data Warehouse integriert. - ETL-Prozesse (Extract, Transform, Load) sind entscheidend, um die Daten zu extrahieren, sie in ein einheitliches Format zu bringen und sie in das Data Warehouse zu laden.

Datenmodellierung: - Daten werden in einem strukturierten Format organisiert, häufig in Form von Stern- oder Schneeflockenschemas. - Dies erleichtert das Verständnis und die Analyse der Daten, indem sie in logische Gruppen unterteilt werden.

Datenqualität: - Die Qualität der Daten wird überprüft, um sicherzustellen, dass sie korrekt, vollständig und konsistent sind. - Fehlerhafte oder doppelte Daten werden bereinigt, um die Zuverlässigkeit der Analysen zu gewährleisten.

Benutzerzugriff: - Benutzer, wie Analysten oder Entscheidungsträger, können auf die Daten zugreifen und Abfragen durchführen. - Tools zur Datenvisualisierung und Business Intelligence werden häufig verwendet, um die Daten in verständlicher Form darzustellen.

Leistung und Skalierbarkeit: - Data Warehouses sind so konzipiert, dass sie große Datenmengen effizient verarbeiten können. - Sie sind skalierbar, was bedeutet, dass sie mit dem Wachstum der Datenmenge und den Anforderungen des Unternehmens mitwachsen können.

Sicherheit: - Der Zugriff auf sensible Daten wird durch Sicherheitsmaßnahmen wie Benutzerrechte und Datenverschlüsselung geschützt. - Regelmäßige Sicherheitsaudits helfen, potenzielle Schwachstellen zu identifizieren und zu beheben.

Anwendungsgebiete: - Data Warehouses werden in verschiedenen Branchen eingesetzt, um Trends zu identifizieren, Marktanalysen durchzuführen und strategische Entscheidungen zu treffen. - Sie unterstützen Unternehmen dabei, datenbasierte Entscheidungen zu treffen, die auf umfassenden Analysen basieren.

Datenanalyse

Datenanalyse bezeichnet den Prozess der systematischen Untersuchung von Daten, um relevante Informationen zu extrahieren, Muster zu erkennen und fundierte Entscheidungen zu treffen. Dieser Prozess umfasst mehrere Schritte und Methoden, die in verschiedenen Bereichen wie Wirtschaft, Forschung und Technik Anwendung finden.

1. Datensammlung
   - Daten können aus verschiedenen Quellen stammen, z. B. Datenbanken, Umfragen, Sensoren oder Webscraping.
   - Die Qualität der gesammelten Daten ist entscheidend für die spätere Analyse.

Unvollständige oder fehlerhafte Daten können zu falschen Schlüssen führen.

2. Datenaufbereitung
   - Rohdaten werden oft in ein nutzbares Format umgewandelt. Dies beinhaltet das Bereinigen von Daten (z. B. das Entfernen von Duplikaten oder fehlerhaften Einträgen) und das Transformieren (z. B. das Umwandeln von Text in Zahlen).
   - Die Daten können auch aggregiert werden, um eine Übersicht über größere Datenmengen zu erhalten.

3. Datenanalyse-Techniken
   - Deskriptive Analyse: Diese Technik beschreibt die grundlegenden Merkmale der Daten durch Kennzahlen wie Mittelwert, Median oder Standardabweichung.
   - Diagnostische Analyse: Hier wird untersucht, warum bestimmte Ereignisse aufgetreten sind. Dies geschieht häufig durch das Erstellen von Korrelationen zwischen Variablen.
   - Prädiktive Analyse: Diese Methode verwendet historische Daten, um zukünftige Trends oder Ereignisse vorherzusagen. Hier kommen oft statistische Modelle oder Machine Learning zum Einsatz.
   - Preskriptive Analyse: Diese Analyse gibt Empfehlungen, wie auf bestimmte Situationen reagiert werden sollte, basierend auf den Erkenntnissen aus der Datenanalyse.

4. Visualisierung
   - Die Ergebnisse der Analyse werden oft durch Grafiken, Diagramme oder Dashboards visualisiert. Dies erleichtert das Verständnis und die Kommunikation der Erkenntnisse an Stakeholder.
   - Wichtige Visualisierungswerkzeuge sind z. B. Diagramme, Heatmaps oder interaktive Dashboards.

5. Interpretation und Entscheidungsfindung

- Die gewonnenen Erkenntnisse müssen interpretiert werden, um praktische Maßnahmen abzuleiten. Dies erfordert das Verständnis des Kontextes, in dem die Daten gesammelt wurden.
- Entscheidungen basierend auf Datenanalyse sollten immer kritisch hinterfragt werden, da Daten nicht alle Aspekte einer Situation abdecken können.

6. Dokumentation und Reporting
   - Alle Schritte der Datenanalyse sollten dokumentiert werden, um Transparenz zu gewährleisten und den Prozess nachvollziehbar zu machen.
   - Regelmäßige Berichte helfen, die Ergebnisse der Analyse zu kommunizieren und die Fortschritte zu verfolgen.

Datenanalyse ist ein kontinuierlicher Prozess, der Anpassungen und Verbesserungen erfordert, um den sich ändernden Anforderungen und Technologien gerecht zu werden.

Datenbackup

Datenbackup bezeichnet den Prozess der Sicherung von Daten, um sie vor Verlust, Beschädigung oder unbefugtem Zugriff zu schützen. Dieser Vorgang ist essenziell für die Datenintegrität in Unternehmen und privaten Haushalten.

Arten von Datenbackups:

- Vollständige Sicherung: Alle Daten werden in einem einzigen Backup gespeichert. Dies hat den Vorteil, dass im Falle eines Datenverlustes alle Informationen auf einmal wiederhergestellt werden können. Der Nachteil ist der hohe Speicherbedarf und die längere Zeit, die für die Durchführung benötigt wird.

- Inkrementelle Sicherung: Nur die Daten, die seit der letzten Sicherung geändert wurden, werden gesichert. Dies spart Speicherplatz und Zeit, da nicht alle Daten erneut gesichert werden müssen. Bei der Wiederherstellung müssen jedoch alle vorherigen Backups in der richtigen Reihenfolge kombiniert werden.

- Differenzielle Sicherung: Hierbei werden alle Änderungen seit der letzten vollständigen Sicherung gesichert. Das heißt, im Vergleich zur inkrementellen Sicherung müssen weniger Backups für die Wiederherstellung berücksichtigt werden, was den Prozess vereinfacht.

Speichermedien für Backups:

- Externe Festplatten: Diese bieten eine kostengünstige Möglichkeit, große Datenmengen zu sichern und sind einfach zu transportieren.

- Netzwerkspeicher (NAS): Ein NAS-System ermöglicht mehreren Benutzern den Zugriff auf gesicherte Daten über ein Netzwerk. Es bietet oft zusätzliche Funktionen wie RAID für Datensicherheit.

- Cloud-Speicher: Diese Lösung ermöglicht es, Daten online zu sichern. Der Zugriff kann von überall erfolgen, solange eine Internetverbindung besteht. Die Sicherheit und Verfügbarkeit der Daten obliegt dem Anbieter.

Backup-Strategien:

- Regelmäßige Sicherungen: Die Häufigkeit der Backups sollte festgelegt werden, um sicherzustellen, dass die Daten aktuell sind. Dies kann täglich, wöchentlich oder monatlich erfolgen, abhängig von der Art der Daten und dem Änderungsrhythmus.

- Automatisierung: Durch die Automatisierung des Backup-Prozesses wird sichergestellt, dass regelmäßig Sicherungen durchgeführt werden, ohne dass manuell eingegriffen werden muss.

- Überprüfung der Backups: Regelmäßige Tests der Wiederherstellung sind notwendig, um sicherzustellen, dass die gesicherten Daten im Ernstfall auch tatsächlich wiederhergestellt werden können.

Datenmanagement und Sicherheit:

- Verschlüsselung: Um die Sicherheit der gesicherten Daten zu erhöhen, können diese verschlüsselt werden. Dies schützt die Informationen vor unbefugtem Zugriff, selbst wenn die Backup-Daten in falsche Hände geraten.

- Zugriffsrechte: Es sollten klare Richtlinien für den Zugriff auf Backup-Daten festgelegt werden, um sicherzustellen, dass nur autorisierte Personen Zugriff haben.

Die Implementierung einer effektiven Backup-Strategie ist entscheidend, um die Verfügbarkeit und Integrität von Daten in verschiedenen Szenarien zu gewährleisten.

Datenbank

Eine Datenbank ist ein strukturiertes System zur Speicherung, Verwaltung und Abfrage von Daten. Sie ermöglicht es, große Mengen von Informationen effizient zu organisieren und zu bearbeiten.

Typen von Datenbanken: - **Relationale Datenbanken**: Diese nutzen Tabellen, um Daten zu speichern. Jede Tabelle besteht aus Zeilen und Spalten. Die Beziehungen zwischen den Tabellen werden durch

Schlüssel hergestellt. Ein Beispiel ist MySQL. - **NoSQL-Datenbanken**: Diese sind flexibler und können unterschiedliche Datenformate speichern, wie Dokumente, Schlüssel-Wert-Paare oder Graphen. Beispiele sind MongoDB und Cassandra. - **Objektorientierte Datenbanken**: Diese speichern Daten in Form von Objekten, ähnlich wie in objektorientierten Programmiersprachen. Sie ermöglichen eine direkte Abbildung von realen Objekten in die Datenbank.

Wichtige Komponenten einer Datenbank: - **Datenbankmanagementsystem (DBMS)**: Software, die zur Erstellung, Verwaltung und Abfrage von Datenbanken verwendet wird. Es ermöglicht Benutzern, Daten zu speichern, abzurufen und zu manipulieren. - **Datenmodell**: Definiert die Struktur, die Regeln und die Beziehungen der Daten. Typische Modelle sind das relationale Modell, das dokumentenorientierte Modell und das graphbasierte Modell. - **Abfragesprache**: Eine Sprache, die verwendet wird, um Daten aus der Datenbank abzurufen oder zu bearbeiten. SQL (Structured Query Language) ist die bekannteste Abfragesprache für relationale Datenbanken.

Datenbankoperationen: - **CRUD-Operationen**: Diese umfassen die grundlegenden Funktionen, die auf Daten angewendet werden können: Create (Erstellen), Read (Lesen), Update (Aktualisieren) und Delete (Löschen). - **Transaktionen**: Eine Gruppe von Operationen, die als eine Einheit ausgeführt werden. Entweder werden alle Operationen erfolgreich abgeschlossen oder keine. Dies gewährleistet die Datenintegrität.

Datenbankdesign: - **Normalisierung**: Ein Prozess, um Datenredundanz zu minimieren und die Datenintegrität zu verbessern. Dabei wird die Datenstruktur so optimiert, dass jede Information nur einmal gespeichert wird. - **Indizes**: Strukturen, die die Abfragegeschwindigkeit erhöhen, indem sie den Zugriff auf Daten beschleunigen. Sie funktionieren ähnlich wie ein Inhaltsverzeichnis in einem Buch.

Sicherheitsaspekte: - **Zugriffssteuerung**: Bestimmt, welche Benutzer auf welche Daten zugreifen dürfen. Dies geschieht häufig durch Benutzerrollen und Berechtigungen. - **Verschlüsselung**: Schützt

Daten vor unbefugtem Zugriff, indem sie in einen unleserlichen Format umgewandelt werden.

Datenbanken sind ein zentrales Element in der Softwareentwicklung und spielen eine entscheidende Rolle in vielen Anwendungen, von kleinen Webseiten bis hin zu großen Unternehmenssystemen.

Datenbankabfrage

Eine Datenbankabfrage ist ein Prozess, bei dem gezielt Informationen aus einer Datenbank abgerufen werden. Dies geschieht in der Regel durch die Verwendung einer speziellen Sprache, die als Abfragesprache bezeichnet wird. Die am häufigsten verwendete Abfragesprache ist SQL (Structured Query Language).

Arten von Datenbankabfragen:

- **Selektive Abfragen**: Diese Art von Abfrage wird eingesetzt, um bestimmte Daten aus einer Tabelle auszuwählen. Beispielsweise kann eine Abfrage erstellt werden, um alle Kunden zu finden, die in einer bestimmten Stadt wohnen.

- **Aggregierte Abfragen**: Hierbei werden Daten zusammengefasst, um zusammenfassende Informationen zu erhalten, wie etwa die Anzahl der Kunden oder den durchschnittlichen Umsatz. Funktionen wie COUNT, SUM und AVG kommen häufig zum Einsatz.

- **Verknüpfte Abfragen**: Diese Abfragen kombinieren Daten aus mehreren Tabellen. Dabei werden Beziehungen zwischen den Tabellen genutzt, um umfassendere Informationen zu erhalten. Ein Beispiel wäre eine Abfrage, die Kundeninformationen und Bestelldaten miteinander verknüpft.

- **Aktualisierungsabfragen**: Diese werden verwendet, um bestehende Daten in der Datenbank zu ändern. Beispielsweise kann eine Abfrage erstellt werden, um die Adresse eines Kunden zu aktualisieren.

- **Löschabfragen**: Hierbei werden Daten aus der Datenbank entfernt. Eine Abfrage könnte beispielsweise alle Bestellungen löschen, die älter als ein Jahr sind.

Aufbau einer Datenbankabfrage:

- **SELECT**: Dieser Befehl gibt an, welche Spalten aus der Tabelle abgerufen werden sollen. Beispielsweise SELECT Name, Adresse FROM Kunden.

- **FROM**: Hier wird die Tabelle angegeben, aus der die Daten abgerufen werden.

- **WHERE**: Mit dieser Klausel können Bedingungen festgelegt werden, um die Ergebnisse weiter einzuschränken. Beispielsweise WHERE Stadt = 'Berlin'.

- **ORDER BY**: Mit dieser Klausel kann die Sortierung der Ergebnisse festgelegt werden, z.B. nach dem Namen oder dem Datum.

- **JOIN**: Dieser Befehl wird verwendet, um Daten aus mehreren Tabellen miteinander zu verbinden.

Datenbankabfragen sind ein zentrales Element der Datenbankverwaltung und ermöglichen effiziente Datenanalysen sowie die gezielte Informationsbeschaffung. Sie sind für die Entwicklung von Anwendungen und die Datenverarbeitung in Unternehmen unerlässlich.

Datenbankdesign

Datenbankdesign bezieht sich auf den Prozess der Planung und Strukturierung von Datenbanken, um sicherzustellen, dass Daten effizient gespeichert, verwaltet und abgerufen werden können. Es umfasst mehrere Schritte und Konzepte:

1. **Anforderungsanalyse**
   - Identifikation der Daten, die gespeichert werden sollen.
   - Verständnis der Beziehungen zwischen den verschiedenen Datenelementen.
   - Erhebung der Anforderungen von Benutzern und Anwendungen, die auf die Daten zugreifen.

2. **Datenmodellierung**
   - Erstellung eines konzeptionellen Modells, das die Daten und deren Beziehungen visuell darstellt.
   - Verwendung von Modellen wie Entity-Relationship-Diagrammen (ER-Diagrammen), um Entitäten (Datenobjekte) und deren Attribute sowie die Beziehungen zwischen ihnen darzustellen.

3. **Logisches Design**
   - Umwandlung des konzeptionellen Modells in ein logisches Modell, das spezifische Datentypen und -strukturen definiert.
   - Definition von Tabellen, Spalten, Datentypen und Schlüsseln innerhalb des Datenbanksystems.

4. **Physisches Design**
   - Planung, wie die Daten physisch auf Speichermedien organisiert werden.
   - Berücksichtigung von Faktoren wie Indexierung, Partitionierung und Speicherplatzoptimierung.
   - Auswahl des passenden Datenbankmanagementsystems (DBMS) basierend auf den Anforderungen.

5. **Normalisierung**

- o Prozess der Datenorganisation, um Redundanz zu vermeiden und die Integrität der Daten zu gewährleisten.
- o Aufteilung von Daten in mehrere Tabellen, um sicherzustellen, dass jede Tabelle nur für eine bestimmte Entität zuständig ist.

6. **Implementierung**
   - o Erstellung der Datenbankstruktur im gewählten DBMS.
   - o Einfügen von Testdaten zur Validierung der Struktur und der Beziehungen.

7. **Wartung und Optimierung**
   - o Regelmäßige Überprüfung und Anpassung des Datenbankdesigns, um auf veränderte Anforderungen reagieren zu können.
   - o Analyse von Abfrageperformance und gegebenenfalls Anpassung von Indizes oder Datenstrukturen zur Verbesserung der Effizienz.

Das Ziel des Datenbankdesigns besteht darin, eine strukturierte, flexible und leistungsfähige Datenbank zu schaffen, die den Anforderungen der Benutzer gerecht wird und eine einfache Wartung und Erweiterung ermöglicht.

Datenbankmanagementsystem

Ein Datenbankmanagementsystem (DBMS) ist eine Software, die die Erstellung, Verwaltung und Nutzung von Datenbanken ermöglicht. Es stellt eine Schnittstelle zwischen den Benutzern oder Anwendungen und der Datenbank selbst dar. Durch ein DBMS können Daten effizient gespeichert, abgerufen und bearbeitet werden.

Funktionen eines DBMS:

- **Datenorganisation**: Das DBMS organisiert Daten in Tabellen, die aus Zeilen und Spalten bestehen. Jede Zeile repräsentiert einen Datensatz, und jede Spalte steht für ein Attribut des Datensatzes.

- **Datenintegrität**: Ein DBMS sorgt dafür, dass die Daten korrekt und konsistent sind. Es implementiert Regeln, die verhindern, dass ungültige Daten eingegeben werden. Beispielsweise können Datentypen definiert werden, um sicherzustellen, dass nur bestimmte Werte in ein Feld eingegeben werden.

- **Datenzugriff**: Benutzer oder Anwendungen können über Abfragesprachen wie SQL (Structured Query Language) auf die Daten zugreifen. Mit SQL lassen sich Daten abfragen, hinzufügen, ändern oder löschen.

- **Sicherheit**: Ein DBMS bietet Funktionen zur Benutzerverwaltung, die den Zugriff auf Daten steuern. Administratoren können Berechtigungen festlegen, um zu bestimmen, wer welche Daten sehen oder bearbeiten darf.

- **Datenbackup und -wiederherstellung**: Ein DBMS ermöglicht das Erstellen von Sicherungskopien der Daten, um sie im Falle eines Datenverlusts wiederherstellen zu können. Dies ist entscheidend, um die Verfügbarkeit und Integrität der Daten zu gewährleisten.

- **Transaktionsmanagement**: Ein DBMS unterstützt Transaktionen, die eine Gruppe von Operationen darstellen, die als Einheit ausgeführt werden. Wenn eine Transaktion fehlschlägt, sorgt das DBMS dafür, dass alle Änderungen zurückgerollt werden, um die Datenbank in einen konsistenten Zustand zurückzubringen.

- **Mehrbenutzerzugriff**: Ein DBMS ermöglicht mehreren Benutzern den gleichzeitigen Zugriff auf die Datenbank. Es verwaltet Konflikte, die auftreten können, wenn mehrere Benutzer gleichzeitig versuchen, die gleichen Daten zu ändern.

Arten von Datenbankmanagementsystemen:

- **Relationale DBMS (RDBMS)**: Diese Systeme speichern Daten in Tabellenform und verwenden Beziehungen zwischen den Tabellen. Beispiele sind MySQL, PostgreSQL und Oracle Database.

- **NoSQL-Datenbanken**: Diese Systeme sind für unstrukturierte oder semi-strukturierte Daten ausgelegt und bieten flexiblere Datenmodelle. Beispiele sind MongoDB und Cassandra.

- **Objektorientierte DBMS**: Diese Systeme speichern Daten in Form von Objekten, ähnlich wie in objektorientierten Programmiersprachen.

Anwendungsbereiche:

- **Unternehmensanwendungen**: Datenbanken werden in verschiedenen Unternehmensanwendungen eingesetzt, um Daten über Kunden, Produkte und Transaktionen zu verwalten.

- **Webanwendungen**: Viele Webanwendungen nutzen Datenbanken, um Benutzerdaten, Inhalte und andere Informationen zu speichern und abzurufen.

- **Wissenschaftliche Anwendungen**: In der Forschung werden Datenbanken verwendet, um große Mengen an Daten zu speichern und zu analysieren.

Ein DBMS ist ein zentrales Werkzeug für die Verwaltung von Daten in vielen verschiedenen Bereichen und ermöglicht es Organisationen, ihre Daten effektiv zu nutzen.

Datenbankoptimierung

Datenbankoptimierung bezeichnet den Prozess, der darauf abzielt, die Leistung einer Datenbank zu verbessern. Dies geschieht durch verschiedene Maßnahmen, die sowohl die Effizienz der Datenbankabfragen als auch die Speichernutzung betreffen.

1. **Ziele der Datenbankoptimierung**
   - **Leistungssteigerung**: Schnelleres Abrufen und Speichern von Daten.
   - **Ressourcennutzung**: Minimierung des Verbrauchs von CPU, Arbeitsspeicher und Speicherplatz.
   - **Skalierbarkeit**: Sicherstellung, dass die Datenbank auch bei steigenden Datenmengen und Benutzerzahlen effizient bleibt.
2. **Maßnahmen zur Optimierung**
   - **Indexierung**: Erstellung von Indizes auf häufig abgefragten Spalten, um den Zugriff auf Daten zu beschleunigen. Indizes wirken wie ein Inhaltsverzeichnis und ermöglichen schnellere Suchvorgänge.
   - **Abfrageoptimierung**: Analyse und Anpassung von SQL-Abfragen, um die Ausführungszeit zu verkürzen. Dazu gehört das Vermeiden von unnötigen Joins oder Subabfragen.
   - **Datenmodellierung**: Strukturierung der Datenbank durch Normalisierung oder Denormalisierung, um Redundanzen zu vermeiden oder die Abfragegeschwindigkeit zu erhöhen.

- ○ **Caching**: Speicherung von häufig abgerufenen Daten im Arbeitsspeicher, um wiederholte Zugriffe auf die Festplatte zu reduzieren.
- ○ **Partitionierung**: Aufteilung von großen Tabellen in kleinere, besser verwaltbare Teile, um die Leistung bei Abfragen zu verbessern.

3. **Werkzeuge und Techniken**
- ○ **Profiling-Tools**: Software, die die Leistung von Datenbankabfragen überwacht und Schwachstellen aufzeigt.
- ○ **Lasttests**: Simulation von Benutzeranfragen, um die Reaktionszeit und die Stabilität der Datenbank unter Last zu bewerten.
- ○ **Monitoring**: Kontinuierliche Überwachung der Datenbankleistung, um Engpässe frühzeitig zu erkennen.

4. **Herausforderungen**
- ○ **Komplexität der Daten**: Unterschiedliche Datentypen und -strukturen erfordern maßgeschneiderte Ansätze.
- ○ **Änderungen im Benutzerverhalten**: Anpassungen an der Datenbank müssen regelmäßig vorgenommen werden, um den sich ändernden Anforderungen gerecht zu werden.
- ○ **Technologische Entwicklungen**: Neue Technologien und Standards können bestehende Optimierungsstrategien beeinflussen und erfordern kontinuierliches Lernen.

Datenbankoptimierung ist ein fortlaufender Prozess, der regelmäßige Anpassungen und Überprüfungen erfordert, um die bestmögliche Leistung zu gewährleisten.

Datenintegrität

Datenintegrität bezeichnet die Genauigkeit, Konsistenz und Verlässlichkeit von Daten über ihren gesamten Lebenszyklus hinweg. Dieser Begriff ist besonders relevant in der Informatik und Datenbankverwaltung, da fehlerhafte oder manipulierte Daten zu falschen Entscheidungen und Ergebnissen führen können.

1. Definitionen
   - **Genauigkeit**: Daten müssen korrekt und präzise sein. Fehlerhafte Eingaben oder fehlerhafte Berechnungen können die Genauigkeit beeinträchtigen.
   - **Konsistenz**: Daten müssen in verschiedenen Datenbanken oder Systemen übereinstimmen. Inkonsistente Daten können Verwirrung stiften und die Nutzung erschweren.
   - **Verlässlichkeit**: Daten sollten zuverlässig sein, was bedeutet, dass sie bei wiederholten Abfragen die gleichen Ergebnisse liefern.

2. Arten von Datenintegrität
   - **Physische Integrität**: Sicherstellung, dass die Daten in ihrer physischen Form (z.B. auf Festplatten) nicht beschädigt sind. Dies beinhaltet Backup-Strategien und Redundanz.
   - **Logische Integrität**: Bezieht sich auf die Korrektheit der Daten in Bezug auf definierte Regeln und Standards. Beispielsweise müssen Datenbankeinträge bestimmten Datentypen und -formaten entsprechen.
   - **Referentielle Integrität**: Gewährleistet, dass Beziehungen zwischen verschiedenen Datensätzen korrekt sind. Wenn ein Datensatz gelöscht wird, müssen alle Verweise auf diesen Datensatz ebenfalls aktualisiert oder entfernt werden.

3. Maßnahmen zur Sicherstellung der Datenintegrität

- **Eingangsvalidierung**: Überprüfung von Daten bei der Eingabe, um sicherzustellen, dass nur gültige und korrekte Daten in das System gelangen.
- **Regelmäßige Audits**: Durchführung von Überprüfungen und Tests, um die Datenintegrität zu gewährleisten. Dies kann durch manuelle Prüfungen oder automatisierte Systeme geschehen.
- **Zugriffskontrollen**: Einschränkung des Zugriffs auf Daten, um unbefugte Änderungen zu verhindern. Nur autorisierte Benutzer sollten Daten ändern können.
- **Transaktionsmanagement**: Verwendung von Transaktionen in Datenbanksystemen, um sicherzustellen, dass alle Teile eines Prozesses erfolgreich abgeschlossen werden oder im Falle eines Fehlers zurückgesetzt werden.

4. Bedeutung in der Praxis
   - In Unternehmen beeinflusst die Datenintegrität die Entscheidungsfindung, da falsche Daten zu fehlerhaften Analysen führen können.
   - In der Softwareentwicklung ist es entscheidend, dass Anwendungen mit korrekten und konsistenten Daten arbeiten, um die Benutzererfahrung nicht zu beeinträchtigen.
   - In regulierten Branchen, wie dem Gesundheitswesen oder der Finanzwirtschaft, ist die Einhaltung von Standards zur Datenintegrität gesetzlich vorgeschrieben.

Datenintegrität ist ein fundamentales Konzept in der Informatik, das sicherstellt, dass Daten während ihrer gesamten Lebensdauer verlässlich und korrekt bleiben.

Datenklassifizierung

Datenklassifizierung bezeichnet den Prozess, Daten in verschiedene
Kategorien oder Klassen zu unterteilen, um deren Handhabung,
Schutz und Nutzung zu optimieren. Dieser Prozess wird oft im
Kontext von Informationssicherheit, Datenmanagement und
Compliance durchgeführt.

Kategorien der Datenklassifizierung:

1. **Öffentliche Daten**
   - Informationen, die für jedermann zugänglich sind.
   - Beispiele: Marketingmaterialien, Pressemitteilungen.
2. **Interne Daten**
   - Daten, die innerhalb einer Organisation verwendet
     werden, aber nicht für die Öffentlichkeit bestimmt
     sind.
   - Beispiele: interne Richtlinien, Betriebsanleitungen.
3. **Vertrauliche Daten**
   - Informationen, die nur von bestimmten Personen
     oder Gruppen innerhalb der Organisation
     eingesehen werden dürfen.
   - Beispiele: Mitarbeiterdaten, Finanzinformationen.
4. **Streng vertrauliche Daten**
   - Daten, deren unbefugte Offenlegung zu erheblichen
     Schäden führen könnte.
   - Beispiele: geheime Unternehmensstrategien,
     Patientendaten im Gesundheitswesen.

Prozess der Datenklassifizierung:

- **Identifikation**: Erkennen, welche Daten vorhanden sind und
  welche Informationen sie enthalten.
- **Kategorisierung**: Zuordnung der Daten zu den definierten
  Klassen basierend auf festgelegten Kriterien.
- **Kennzeichnung**: Sichtbare Markierung der Daten, um deren
  Klassifizierung zu verdeutlichen.

- **Zugriffssteuerung**: Festlegung von Zugriffsrechten basierend auf der Klassifizierung, um sicherzustellen, dass nur autorisierte Personen Zugriff auf vertrauliche oder streng vertrauliche Daten erhalten.
- **Überwachung und Anpassung**: Regelmäßige Überprüfung der Klassifizierungsrichtlinien und Anpassung an neue Anforderungen oder Bedrohungen.

Vorteile der Datenklassifizierung:

- **Schutz sensibler Informationen**: Verringerung des Risikos von Datenlecks und unbefugtem Zugriff.
- **Effiziente Datenverwaltung**: Erleichterung der Datenorganisation und -nutzung.
- **Compliance**: Sicherstellung, dass gesetzliche und regulatorische Anforderungen eingehalten werden.

Technologien zur Unterstützung der Datenklassifizierung:

- **Datenmanagement-Tools**: Softwarelösungen, die bei der Identifikation und Kategorisierung von Daten helfen.
- **Verschlüsselung**: Schutz von vertraulichen Daten durch Verschlüsselungstechniken.
- **Zugriffskontrollsysteme**: Technologien, die den Zugriff auf Daten basierend auf deren Klassifizierung steuern.

Die Datenklassifizierung ist ein wesentlicher Bestandteil eines umfassenden Informationssicherheitsmanagements und trägt dazu bei, Organisationen vor Datenverlust und rechtlichen Konsequenzen zu schützen.

Datenkompression

Datenkompression bezeichnet den Prozess, bei dem die Größe von Daten reduziert wird, um Speicherplatz zu sparen oder die

Übertragungszeit zu verkürzen. Dies geschieht durch verschiedene Techniken, die entweder verlustfrei oder verlustbehaftet sein können.

Verlustfreie Kompression - Bei der verlustfreien Kompression bleibt die Originaldatenstruktur vollständig erhalten. Nach der Dekompression erhält man die exakten ursprünglichen Daten zurück. - Beispiele für verlustfreie Kompression sind: - ZIP-Format: Häufig verwendet für die Archivierung und den Versand von Dateien. - PNG: Ein Bildformat, das verlustfreie Kompression anwendet und oft für Grafiken und Logos verwendet wird.

Verlustbehaftete Kompression - Bei der verlustbehafteten Kompression werden einige Daten verworfen, um die Dateigröße erheblich zu reduzieren. Dies ist besonders nützlich für Multimedia-Dateien, wo die Qualitätseinbußen oft nicht wahrnehmbar sind. - Beispiele für verlustbehaftete Kompression sind: - JPEG: Ein weit verbreitetes Bildformat, das besonders für Fotografien geeignet ist. Es reduziert die Dateigröße erheblich, indem es Details entfernt, die für das menschliche Auge weniger wichtig sind. - MP3: Ein Audioformat, das die Dateigröße von Musikstücken verringert, indem es Frequenzen entfernt, die für die meisten Menschen nicht hörbar sind.

Kompressionsalgorithmen - Verschiedene Algorithmen werden verwendet, um Daten zu komprimieren. - Beispiele sind: - Huffman-Codierung: Ein Verfahren, das häufig in verlustfreien Komprimierungsalgorithmen vorkommt. Es nutzt die Häufigkeit von Zeichen, um kürzere Codes für häufigere Zeichen zu erstellen. - Lempel-Ziv-Welch (LZW): Ein Algorithmus, der in Formaten wie GIF und TIFF verwendet wird. Er erstellt eine Tabelle von Datenmustern und ersetzt diese durch kürzere Codes.

Anwendungsgebiete - Datenkompression findet Anwendung in verschiedenen Bereichen: - Webseitengestaltung: Komprimierte Bilder und Skripte verbessern die Ladezeiten von Webseiten. - Datenübertragung: Komprimierte Daten können schneller über Netzwerke übertragen werden, was Bandbreite spart. - Speicherung: Komprimierte Daten benötigen weniger Speicherplatz auf Festplatten oder in der Cloud.

Vor- und Nachteile - Vorteile: - Reduzierung des Speicherbedarfs. - Schnellere Datenübertragung. - Nachteile: - Verlustbehaftete Kompression kann die Qualität der Daten beeinträchtigen. - Kompression und Dekompression benötigen Rechenressourcen, was zu einer höheren CPU-Auslastung führen kann.

Datenmanagement

Datenmanagement umfasst alle Aktivitäten, die notwendig sind, um Daten effizient zu sammeln, zu speichern, zu verarbeiten und zu nutzen. Dieser Prozess spielt eine zentrale Rolle in verschiedenen Bereichen, insbesondere in der Informationstechnologie und in Unternehmen.

- **Datenerfassung**: Hierbei handelt es sich um die Sammlung von Daten aus verschiedenen Quellen. Dies kann manuell oder automatisiert geschehen. Beispiele sind das Erfassen von Informationen über Kunden, Produkte oder Geschäftsprozesse.

- **Datenorganisation**: Nach der Erfassung müssen die Daten strukturiert werden. Dies geschieht häufig durch die Verwendung von Datenbanken, in denen Daten in Tabellen organisiert sind. Eine klare Struktur hilft dabei, die Daten leicht zu finden und zu verwalten.

- **Datenspeicherung**: Die Speicherung bezieht sich auf den Ort, an dem die Daten aufbewahrt werden. Dies kann lokal auf Servern, in der Cloud oder in hybriden Systemen geschehen. Die Wahl der Speichermethode beeinflusst die Zugänglichkeit und Sicherheit der Daten.

- **Datenverarbeitung**: Hierbei handelt es sich um die Umwandlung von Rohdaten in nützliche Informationen. Dies kann durch verschiedene Techniken wie Datenanalyse, Datenmodellierung oder maschinelles Lernen erfolgen. Ziel ist es, aus den Daten Erkenntnisse zu gewinnen.

- **Datensicherheit**: Der Schutz von Daten vor unbefugtem Zugriff, Verlust oder Zerstörung ist entscheidend. Dies umfasst Maßnahmen wie Verschlüsselung, Zugriffskontrollen und regelmäßige Backups.

- **Datenqualität**: Die Qualität der Daten spielt eine wichtige Rolle für die Entscheidungsfindung. Hochwertige Daten sind genau, vollständig und aktuell. Regelmäßige Prüfungen und Bereinigungen sind notwendig, um die Datenqualität zu gewährleisten.

- **Datenarchivierung**: Alte oder nicht mehr benötigte Daten sollten archiviert werden, um Speicherplatz zu sparen und die Effizienz zu erhöhen. Die Archivierung muss so erfolgen, dass die Daten bei Bedarf leicht wiederhergestellt werden können.

- **Datenanalyse**: Die Analyse von Daten ermöglicht es, Muster und Trends zu erkennen. Dies unterstützt Unternehmen dabei, fundierte Entscheidungen zu treffen und ihre Strategien anzupassen.

- **Compliance**: Unternehmen müssen sicherstellen, dass sie gesetzliche Vorgaben und Richtlinien zum Datenschutz einhalten. Dies betrifft insbesondere den Umgang mit personenbezogenen Daten.

- **Datenintegration**: Dies umfasst die Zusammenführung von Daten aus verschiedenen Quellen, um eine umfassende Sicht auf die Informationen zu erhalten. Integrationstechniken wie ETL (Extract, Transform, Load) sind häufig erforderlich.

Die effektive Umsetzung dieser Aspekte des Datenmanagements trägt dazu bei, dass Unternehmen ihre Daten optimal nutzen können, um Wettbewerbsvorteile zu erzielen und ihre Ziele zu erreichen.

Datenmigration

Datenmigration bezeichnet den Prozess, bei dem Daten von einem System, einer Plattform oder einem Format in ein anderes übertragen werden. Dies kann notwendig werden, wenn Unternehmen ihre IT-Infrastruktur modernisieren, Software aktualisieren oder auf Cloud-Dienste umsteigen.

- **Ziele der Datenmigration**
  - Verbesserung der Performance: Alte Systeme können ineffizient sein, sodass eine Migration zu schnelleren und leistungsfähigeren Lösungen führt.
  - Kostensenkung: Durch den Umstieg auf effizientere Systeme lassen sich oft Betriebskosten reduzieren.
  - Integration neuer Funktionen: Moderne Systeme bieten zusätzliche Funktionen, die in alten Systemen nicht verfügbar sind.
- **Arten der Datenmigration**
  - **Storage Migration**: Übertragung von Daten zwischen Speichersystemen, z.B. von einer Festplatte zu einem Cloud-Speicher.
  - **Database Migration**: Wechsel von einer Datenbanktechnologie zu einer anderen, z.B. von MySQL zu PostgreSQL.
  - **Application Migration**: Verschiebung von Anwendungen in die Cloud oder auf eine andere Plattform.
  - **Cloud Migration**: Übertragung von Daten und Anwendungen in eine Cloud-Umgebung.

- **Phasen der Datenmigration**
    - **Planung**: Analyse der bestehenden Daten und Systeme, Festlegung der Ziele und Auswahl der geeigneten Tools.
    - **Datenextraktion**: Abrufen der Daten aus dem Quellsystem. Dies kann durch spezielle Software oder Skripte erfolgen.
    - **Datenbereinigung**: Überprüfung und Bereinigung der Daten von Fehlern oder Duplikaten, um die Qualität sicherzustellen.
    - **Datenübertragung**: Übertragung der bereinigten Daten in das Zielsystem. Hierbei können verschiedene Methoden wie Batch- oder Echtzeitübertragung genutzt werden.
    - **Datenvalidierung**: Sicherstellen, dass die Daten korrekt und vollständig im Zielsystem angekommen sind. Dies erfolgt durch Tests und Abgleiche mit den Originaldaten.
    - **Nachbearbeitung**: Implementierung von Prozessen zur regelmäßigen Überprüfung und Anpassung der Daten.
- **Herausforderungen bei der Datenmigration**
    - Datenkompatibilität: Unterschiede zwischen den Datenformaten oder -strukturen der Quell- und Zielsysteme können Probleme verursachen.
    - Ausfallzeiten: Während der Migration kann es zu Unterbrechungen im Betrieb kommen, die minimiert werden müssen.
    - Sicherheitsrisiken: Der Transfer sensibler Daten kann Sicherheitslücken aufweisen, die es zu berücksichtigen gilt.
- **Werkzeuge und Technologien**
    - ETL-Tools (Extract, Transform, Load): Software, die Daten extrahiert, transformiert und in das Zielsystem lädt.

- Datenbankmanagementsysteme (DBMS): Systeme zur Verwaltung von Datenbanken, die oft auch Migrationswerkzeuge beinhalten.
- Cloud-Dienste: Anbieter wie AWS, Azure oder Google Cloud bieten spezifische Lösungen zur Migration in ihre Plattformen.

Die erfolgreiche Durchführung einer Datenmigration erfordert sorgfältige Planung, präzise Ausführung und umfassende Tests, um sicherzustellen, dass die Datenintegrität und -verfügbarkeit gewährleistet sind.

Datenmodell

Ein Datenmodell ist eine abstrakte Darstellung von Daten und deren Beziehungen in einem bestimmten Kontext. Es dient dazu, die Struktur, die Organisation und die Zusammenhänge der Daten zu definieren, um sie effizient zu speichern, abzurufen und zu verarbeiten.

Typen von Datenmodellen:

- **Konzeptionelles Datenmodell**:
    - Beschreibt die wichtigsten Datenobjekte und deren Beziehungen auf einer hohen Ebene.
    - Verwendet oft Entity-Relationship-Diagramme (ER-Diagramme) zur Visualisierung.
    - Fokus auf den Anforderungen der Benutzer und der Geschäftsanwendung.
- **Logisches Datenmodell**:
    - Detaillierte Beschreibung der Daten unabhängig von der physikalischen Implementierung.
    - Definiert Attribute der Entitäten und deren Datentypen.

- o Beinhaltet Normalisierungsprozesse zur Vermeidung von Redundanzen.
- **Physisches Datenmodell**:
  - o Beschreibt, wie die Daten tatsächlich in der Datenbank gespeichert werden.
  - o Beinhaltet technische Details wie Tabellenstrukturen, Indizes und Partitionierung.
  - o Optimiert für Leistung und Effizienz der Datenbankabfragen.

Wichtige Komponenten eines Datenmodells:

- **Entitäten**:
  - o Repräsentieren Objekte oder Konzepte, die im Datenmodell erfasst werden.
  - o Beispiele sind Kunden, Produkte oder Bestellungen.
- **Attribute**:
  - o Beschreiben die Eigenschaften oder Merkmale von Entitäten.
  - o Zum Beispiel kann ein Kunde Attribute wie Name, Adresse und Telefonnummer haben.
- **Beziehungen**:
  - o Definieren, wie Entitäten miteinander verknüpft sind.
  - o Arten von Beziehungen können Eins-zu-eins, Eins-zu-viele oder Viele-zu-viele sein.
- **Constraints (Einschränkungen)**:
  - o Regeln, die sicherstellen, dass die Datenintegrität gewahrt bleibt.
  - o Beispiele sind Primärschlüssel, die eine eindeutige Identifikation von Datensätzen gewährleisten, und Fremdschlüssel, die Beziehungen zwischen Entitäten festlegen.

Anwendungsbereiche:

- **Datenbankdesign**:

- Grundlage für die Erstellung von relationalen Datenbanken.
- Hilft bei der Planung und Organisation von Daten, um zukünftige Abfragen und Analysen zu erleichtern.

- **Softwareentwicklung**:
  - Dient als Referenz für Entwickler, um die Datenstruktur in Anwendungen zu implementieren.
  - Unterstützt bei der Kommunikation zwischen verschiedenen Stakeholdern, wie Entwicklern, Datenbankadministratoren und Endbenutzern.

Ein durchdachtes Datenmodell erleichtert die Verwaltung von Daten und verbessert die Effizienz bei der Datenverarbeitung. Es reduziert Fehlerquellen und trägt zu einer besseren Datenqualität bei.

Datenverschlüsselung

Datenverschlüsselung bezeichnet den Prozess, bei dem Informationen so umgewandelt werden, dass sie nur von autorisierten Personen gelesen oder verstanden werden können. Dies erfolgt durch mathematische Algorithmen, die die Daten in eine unlesbare Form überführen, die oft als "Ciphertext" bezeichnet wird. Nur Personen, die im Besitz eines speziellen Schlüssels sind, können die ursprünglichen Daten wiederherstellen, was als "Entschlüsselung" bekannt ist.

Arten der Datenverschlüsselung:

- Symmetrische Verschlüsselung:
  - Bei dieser Methode wird derselbe Schlüssel sowohl für die Verschlüsselung als auch für die Entschlüsselung verwendet.
  - Die Sicherheit hängt von der Geheimhaltung des Schlüssels ab.

- Beispiele: AES (Advanced Encryption Standard), DES (Data Encryption Standard).
- Asymmetrische Verschlüsselung:
  - Hier kommen zwei unterschiedliche Schlüssel zum Einsatz: ein öffentlicher Schlüssel, der für die Verschlüsselung verwendet wird, und ein privater Schlüssel, der für die Entschlüsselung benötigt wird.
  - Der öffentliche Schlüssel kann von jedem genutzt werden, während der private Schlüssel geheim bleibt.
  - Beispiele: RSA (Rivest-Shamir-Adleman), ECC (Elliptic Curve Cryptography).

Anwendungsgebiete:

- Datensicherheit:
  - Verschlüsselung schützt sensible Daten, wie persönliche Informationen, Finanzdaten oder vertrauliche Unternehmensdaten, vor unbefugtem Zugriff.
- Kommunikation:
  - E-Mails, Chats und andere Kommunikationsformen können durch Verschlüsselung gesichert werden, sodass nur die vorgesehenen Empfänger die Inhalte lesen können.
- Datenspeicherung:
  - Daten auf Festplatten, USB-Sticks oder Cloud-Diensten können verschlüsselt werden, um sie vor Diebstahl oder Missbrauch zu schützen.

Schlüsselaustausch: - Bei der symmetrischen Verschlüsselung muss der Schlüssel sicher zwischen den Kommunikationspartnern ausgetauscht werden, was eine Herausforderung darstellen kann. - Bei der asymmetrischen Verschlüsselung kann der öffentliche Schlüssel problemlos verteilt werden, während der private Schlüssel geheim bleibt.

Kollisionssicherheit: - Bei der Erstellung von Hashwerten, die oft in Kombination mit der Verschlüsselung verwendet werden, ist es wichtig, dass zwei unterschiedliche Datenmengen nicht den gleichen Hashwert erzeugen können. Dies verhindert Manipulationen.

Zertifikate: - Digitale Zertifikate, die von einer vertrauenswürdigen Drittpartei (Zertifizierungsstelle) ausgestellt werden, können verwendet werden, um die Identität von Kommunikationspartnern zu bestätigen und die Sicherheit der verschlüsselten Verbindung zu erhöhen.

Datenverschlüsselung ist ein zentraler Bestandteil der IT-Sicherheit und spielt eine entscheidende Rolle beim Schutz von Informationen in der digitalen Welt.

Datenvisualisierung

Datenvisualisierung bezeichnet die grafische Darstellung von Daten und Informationen, um Muster, Trends und Beziehungen in Datensätzen zu erkennen. Diese Methode unterstützt Nutzer dabei, komplexe Datenmengen verständlich und anschaulich zu präsentieren.

- Ziel der Datenvisualisierung
  - Erleichterung des Verständnisses von Daten
  - Förderung der Analyse und Interpretation von Informationen
  - Unterstützung bei der Entscheidungsfindung
- Arten der Datenvisualisierung
  - Diagramme: Balkendiagramme, Liniendiagramme, Kreisdiagramme
  - Karten: Geografische Karten zur Darstellung von räumlichen Daten
  - Infografiken: Kombination aus Text und visuellen Elementen zur Erklärung von Themen

- o Dashboards: Interaktive Oberflächen, die verschiedene Visualisierungen kombinieren
- Werkzeuge und Software
  - o Microsoft Excel: Häufig verwendet für einfache Diagramme und Grafiken
  - o Tableau: Spezialisiert auf interaktive Datenvisualisierungen
  - o Power BI: Bietet umfassende Analyse- und Visualisierungsfunktionen
  - o D3.js: JavaScript-Bibliothek zur Erstellung dynamischer und interaktiver Visualisierungen im Web
- Best Practices
  - o Auswahl der richtigen Visualisierungsform: Abhängig von der Art der Daten und der beabsichtigten Botschaft
  - o Klarheit und Einfachheit: Vermeidung von überladenen Grafiken
  - o Verwendung von Farben und Formen zur Hervorhebung wichtiger Informationen
  - o Berücksichtigung der Zielgruppe: Anpassung der Visualisierung an die Bedürfnisse und das Verständnis der Nutzer
- Herausforderungen
  - o Datenqualität: Ungenaue oder unvollständige Daten können zu falschen Schlussfolgerungen führen
  - o Überinterpretation: Gefahr, aus Daten mehr herauszulesen als tatsächlich vorhanden ist
  - o Technische Fähigkeiten: Nutzer müssen oft mit speziellen Softwarelösungen umgehen können

Datenvisualisierung ist ein effektives Werkzeug, um aus großen Datenmengen sinnvolle Informationen zu extrahieren und diese verständlich zu kommunizieren.

Datenwiederherstellung

Datenwiederherstellung bezeichnet den Prozess, bei dem verlorene, beschädigte oder unzugängliche Daten von Speichermedien oder Systemen zurückgeholt werden. Dieser Vorgang ist besonders relevant, wenn Daten durch verschiedene Ursachen verloren gehen, wie etwa Hardwarefehler, Softwareprobleme, menschliche Fehler oder Malware-Angriffe.

Ursachen für Datenverlust: - Hardwarefehler: Defekte Festplatten, Stromausfälle oder physische Schäden an Speichermedien können Daten unzugänglich machen. - Softwareprobleme: Fehlerhafte Updates, fehlerhafte Anwendungen oder Viren können Daten beschädigen oder löschen. - Menschliche Fehler: Unabsichtliches Löschen von Dateien oder falsche Handhabung von Speichermedien führen häufig zu Verlusten. - Naturkatastrophen: Feuer, Überschwemmungen oder andere Katastrophen können physische Datenträger zerstören.

Methoden der Datenwiederherstellung: 1. Logische Wiederherstellung: - Bei der logischen Wiederherstellung wird versucht, die Daten durch Softwarelösungen zurückzuholen. Hierbei werden Dateisysteme analysiert, um verlorene Daten zu rekonstruieren. - Tools zur logischen Wiederherstellung können oft selbstständig eingesetzt werden, setzen jedoch grundlegende Kenntnisse über Dateisysteme und Datenstrukturen voraus.

2.   Physische Wiederherstellung:
     o   Diese Methode wird angewendet, wenn das Speichermedium physisch beschädigt ist, beispielsweise bei defekten Festplatten.
     o   Physische Wiederherstellung erfordert spezielle Laborbedingungen und Fachkenntnisse, da sie oft die Öffnung des Speichermediums umfasst und der Zugriff auf die Platten direkt erfolgen muss.

Vorbereitung auf die Datenwiederherstellung: - Regelmäßige Backups: Eine der effektivsten Methoden, um Datenverlust vorzubeugen, ist die regelmäßige Sicherung der Daten. Backups sollten an einem separaten Ort gespeichert werden. - Dokumentation: Eine sorgfältige Dokumentation von Systemen und Prozessen erleichtert die Wiederherstellung, da sie Informationen über die Struktur und die Datenorganisation liefert.

Risiken und Herausforderungen: - Datenintegrität: Bei der Wiederherstellung kann es vorkommen, dass nicht alle Daten in ihrer ursprünglichen Form zurückgeholt werden können. - Zeitaufwand: Der Prozess kann je nach Umfang des Datenverlusts und der gewählten Methode zeitintensiv sein. - Kosten: Professionelle Datenwiederherstellungsdienste können teuer sein, besonders bei physischer Wiederherstellung.

Die Datenwiederherstellung ist ein komplexer Prozess, der technisches Wissen und Erfahrung erfordert, um erfolgreich durchgeführt zu werden.

Debugging

Debugging bezeichnet den Prozess der Identifikation, Analyse und Behebung von Fehlern oder Bugs in Softwareanwendungen. Dieser Vorgang ist ein zentraler Bestandteil der Softwareentwicklung und stellt sicher, dass Programme zuverlässig und fehlerfrei funktionieren.

Definition von Fehlern (Bugs): - **Syntaxfehler**: Fehler in der Programmierung, die auftreten, wenn der Code gegen die Regeln der Programmiersprache verstößt. Diese Fehler verhindern oft, dass das Programm überhaupt ausgeführt wird. - **Logikfehler**: Fehler, die auftreten, wenn der Code syntaktisch korrekt ist, jedoch nicht das gewünschte Ergebnis liefert. Diese Fehler sind oft schwer zu erkennen, da das Programm ohne Absturz weiterläuft. - **Laufzeitfehler**: Fehler, die während der Ausführung des Programms auftreten, häufig aufgrund unerwarteter Eingaben oder Zustände, die nicht ausreichend behandelt wurden.

Phasen des Debugging: 1. **Fehleridentifikation**: - Beobachtung von unerwartetem Verhalten der Software. - Nutzung von Fehlermeldungen oder Log-Dateien zur ersten Analyse.

2. **Analyse**:
   - Nachverfolgen des Codes, um die Ursache des Problems zu finden.
   - Verwendung von Debugging-Tools, die das Programm in einer kontrollierten Umgebung ausführen und den Zustand der Variablen sowie den Programmfluss anzeigen.

3. **Behebung**:
   - Anpassung des Codes, um den Fehler zu korrigieren.
   - Testen der Änderungen, um sicherzustellen, dass der Fehler behoben wurde und keine neuen Probleme entstanden sind.

4. **Dokumentation**:
   - Festhalten der gefundenen Fehler und der durchgeführten Änderungen für zukünftige Referenz.
   - Erstellung von Testfällen, um ähnliche Fehler in der Zukunft zu vermeiden.

Werkzeuge und Techniken: - **Debugging-Tools**: Software wie GDB (GNU Debugger) oder IDEs (z.B. Visual Studio, Eclipse), die Funktionen wie Breakpoints, Step-Through-Debugging und Variablenüberwachung bieten. - **Logging**: Einfügen von Log-Ausgaben im Code, um den Programmfluss und die Werte von Variablen zu bestimmten Zeitpunkten zu verfolgen. - **Unit-Tests**: Automatisierte Tests, die einzelne Komponenten des Codes überprüfen und helfen, Fehler frühzeitig zu erkennen.

Strategien für effektives Debugging: - **Reproduzieren des Fehlers**: Den genauen Zustand und die Eingaben nachstellen, die zum Fehler geführt haben. - **Hypothesenbildung**: Annahmen über mögliche Ursachen aufstellen und diese systematisch überprüfen. -

Schrittweise Analyse: Den Code schrittweise durchgehen und den Zustand der Anwendung an jedem Punkt überprüfen.

Debugging ist ein iterativer Prozess, der oft Geduld und eine systematische Herangehensweise erfordert. Es ist eine Fähigkeit, die durch Übung und Erfahrung verbessert wird und für die Entwicklung qualitativ hochwertiger Software unerlässlich ist.

DevOps

DevOps beschreibt eine Kombination aus Softwareentwicklung (Development) und IT-Betrieb (Operations), die darauf abzielt, die Zusammenarbeit und Kommunikation zwischen diesen beiden Bereichen zu verbessern. Ziel ist es, die Softwareentwicklung und den Betrieb effizienter und schneller zu gestalten, um qualitativ hochwertige Software bereitzustellen.

Kernkonzepte:

- **Kollaboration**: DevOps fördert die enge Zusammenarbeit zwischen Entwicklern und Betriebsteams. Dies geschieht durch regelmäßige Meetings, gemeinsame Tools und eine offene Kommunikationskultur.

- **Automatisierung**: Viele Prozesse, wie das Testen, das Bereitstellen von Software und das Monitoring, werden automatisiert. Dadurch werden menschliche Fehler reduziert und die Effizienz gesteigert.

- **Continuous Integration (CI)**: Dies ist ein Prozess, bei dem Codeänderungen regelmäßig in ein gemeinsames Repository integriert werden. Automatisierte Tests überprüfen den neuen Code, um sicherzustellen, dass er keine bestehenden Funktionen beeinträchtigt.

- **Continuous Delivery (CD)**: Hierbei handelt es sich um die Fähigkeit, Software jederzeit in einer produktionsbereiten Version bereitzustellen. Dies geschieht durch automatisierte Tests und Bereitstellungsprozesse, die sicherstellen, dass die Software stabil ist.

- **Monitoring und Feedback**: Nach der Bereitstellung wird die Software überwacht, um sicherzustellen, dass sie ordnungsgemäß funktioniert. Feedback von Nutzern und Systemen fließt in zukünftige Entwicklungszyklen ein, um kontinuierliche Verbesserungen zu ermöglichen.

- **Kultur**: DevOps fördert eine Kultur des kontinuierlichen Lernens und der Verbesserung. Teams sind ermutigt, neue Technologien und Methoden auszuprobieren, um ihre Prozesse zu optimieren.

Vorteile:

- **Schnellere Bereitstellung**: Durch die Automatisierung und die enge Zusammenarbeit können Softwareprodukte schneller entwickelt und bereitgestellt werden.

- **Höhere Qualität**: Regelmäßige Tests und Feedbackschleifen führen zu einer höheren Softwarequalität und einer besseren Nutzererfahrung.

- **Bessere Reaktionsfähigkeit**: Teams können schneller auf Änderungen im Markt oder auf Nutzeranforderungen reagieren, was zu einer höheren Wettbewerbsfähigkeit führt.

- **Effiziente Ressourcennutzung**: Durch Automatisierung und optimierte Prozesse werden Ressourcen effektiver genutzt, was Kosten spart.

Die Implementierung von DevOps erfordert oft einen kulturellen Wandel innerhalb der Organisation, da traditionelle Silos zwischen Entwicklung und Betrieb abgebaut werden müssen. Die Einführung geeigneter Werkzeuge und Technologien unterstützt diesen Prozess und ermöglicht eine bessere Integration der verschiedenen Teammitglieder.

Domain Name System

Das Domain Name System (DNS) ist ein hierarchisches System zur Namensauflösung im Internet. Es übersetzt menschenlesbare Domainnamen, wie zum Beispiel www.beispiel.de, in IP-Adressen, die von Computern zur Identifizierung und Kommunikation verwendet werden.

- **Struktur des DNS**
  - Das DNS ist in Zonen unterteilt. Jede Zone enthält Informationen über eine bestimmte Domain und deren Subdomains.
  - An der Spitze des Systems steht die Root-Zone, gefolgt von Top-Level-Domains (TLDs) wie .com, .de, .org, etc.
  - Unter den TLDs befinden sich Second-Level-Domains, die häufig den Namen eines Unternehmens oder einer Organisation repräsentieren (z.B. beispiel in beispiel.de).
- **Funktionsweise**
  - Bei der Eingabe einer URL in einen Webbrowser wird eine Anfrage an einen DNS-Server gesendet.
  - Der DNS-Server sucht in seiner Datenbank nach der zugehörigen IP-Adresse.
  - Wenn die Adresse nicht im Cache des Servers vorhanden ist, wird die Anfrage an andere DNS-Server weitergeleitet, bis die IP-Adresse gefunden wird.

- Die ermittelte IP-Adresse wird zurück an den anfragenden Computer gesendet, der dann eine Verbindung zum Zielserver herstellen kann.
- **DNS-Servertypen**
  - **Authoritative DNS-Server**: Diese Server enthalten die endgültigen Informationen für eine Domain und sind für die Verwaltung der DNS-Einträge verantwortlich.
  - **Recursive DNS-Server**: Diese Server übernehmen die Aufgabe, DNS-Anfragen zu bearbeiten, indem sie die erforderlichen Informationen von verschiedenen DNS-Servern abrufen.
- **DNS-Einträge**
  - **A-Eintrag**: Verknüpft einen Domainnamen mit einer IPv4-Adresse.
  - **AAAA-Eintrag**: Verknüpft einen Domainnamen mit einer IPv6-Adresse.
  - **CNAME-Eintrag**: Leitet einen Domainnamen zu einem anderen Domainnamen weiter.
  - **MX-Eintrag**: Bestimmt, welche Mailserver für den Empfang von E-Mails für die Domain zuständig sind.
- **Sicherheit im DNS**
  - DNS kann Ziel von Angriffen, wie DNS-Spoofing oder DDoS-Attacken, werden. Technologien wie DNSSEC (Domain Name System Security Extensions) bieten zusätzliche Sicherheit, indem sie die Integrität und Authentizität von DNS-Daten überprüfen.
- **Verwendung**
  - Das DNS ist nicht nur für Webadressen relevant, sondern auch für E-Mail-Server und andere Netzwerkdienste. Es ermöglicht eine einfache Navigation im Internet, ohne dass Benutzer sich IP-Adressen merken müssen.

E-Commerce

E-Commerce bezeichnet den Kauf und Verkauf von Waren und Dienstleistungen über das Internet. Dieser Bereich umfasst verschiedene Geschäftsmodelle und Technologien, die den elektronischen Handel ermöglichen.

1. Geschäftsmodelle im E-Commerce
   o B2C (Business-to-Consumer): Unternehmen verkaufen direkt an Endverbraucher. Beispiele sind Online-Shops wie Amazon oder Zalando.
   o B2B (Business-to-Business): Unternehmen handeln mit anderen Unternehmen. Hierbei handelt es sich oft um größere Aufträge und langfristige Geschäftsbeziehungen.
   o C2C (Consumer-to-Consumer): Privatpersonen verkaufen direkt an andere Privatpersonen, häufig über Plattformen wie eBay oder Kleinanzeigen.
   o C2B (Consumer-to-Business): Verbraucher bieten ihre Produkte oder Dienstleistungen Unternehmen an, wie es bei Plattformen für Freiberufler der Fall ist.

2. Technologien und Plattformen
   o Online-Shops: Diese Websites ermöglichen es Nutzern, Produkte auszuwählen, in den Warenkorb zu legen und den Kauf abzuschließen.
   o Marktplätze: Plattformen, die verschiedenen Anbietern die Möglichkeit geben, ihre Produkte zu präsentieren, wie eBay oder Amazon Marketplace.
   o Mobile Commerce: Der Einkauf über mobile Geräte, einschließlich Apps und mobile optimierte Websites.
   o Social Commerce: Der Verkauf über soziale Netzwerke, beispielsweise über Facebook Shops oder Instagram Shopping.

3. Zahlungsarten
   o Kreditkarte: Eine der gängigsten Zahlungsmethoden im E-Commerce.

- PayPal: Ein Online-Zahlungsdienst, der schnelle und sichere Zahlungen ermöglicht.
- Sofortüberweisung: Eine direkte Banküberweisung, die sofort verarbeitet wird.
- Kryptowährungen: Digitale Währungen wie Bitcoin, die zunehmend in E-Commerce-Transaktionen verwendet werden.

4. Logistik und Versand
   - Lagerhaltung: Die Verwaltung von Beständen, um sicherzustellen, dass Produkte verfügbar sind.
   - Versanddienstleister: Unternehmen, die den Transport von Waren zu den Kunden übernehmen, wie DHL oder UPS.
   - Retourenmanagement: Die Abwicklung von Rücksendungen, die für die Kundenzufriedenheit entscheidend ist.

5. Marketingstrategien
   - Suchmaschinenoptimierung (SEO): Techniken, um die Sichtbarkeit eines Online-Shops in Suchmaschinen zu erhöhen.
   - Social Media Marketing: Nutzung von sozialen Netzwerken zur Promotion von Produkten und zur Interaktion mit Kunden.
   - E-Mail-Marketing: Versenden von Newslettern oder Angeboten an eine Liste von Abonnenten.

6. Rechtliche Aspekte
   - Datenschutz: Einhaltung von Gesetzen, die den Schutz personenbezogener Daten der Nutzer regeln, wie die DSGVO in Europa.
   - Fernabsatzgesetz: Regelungen, die den Online-Verkauf betreffen, einschließlich Widerrufsrecht und Informationspflichten.

E-Commerce hat die Art und Weise, wie Geschäfte abgewickelt werden, revolutioniert und bietet sowohl Unternehmen als auch

Verbrauchern zahlreiche Vorteile, darunter eine größere Auswahl, Bequemlichkeit und oft niedrigere Preise.

Einsatzplanung

Einsatzplanung bezeichnet den Prozess, bei dem Ressourcen, wie Personal, Maschinen und Materialien, so organisiert werden, dass sie optimal für die Erreichung von Unternehmenszielen eingesetzt werden. Dies ist besonders relevant in der IT-Branche, wo Projekte oft zeitkritisch und ressourcenintensiv sind.

1. Zielsetzung
    o Festlegung der spezifischen Ziele, die erreicht werden sollen, z.B. die Entwicklung einer Software innerhalb eines bestimmten Zeitrahmens.
    o Priorisierung der Aufgaben nach Dringlichkeit und Wichtigkeit.
2. Ressourcenidentifikation
    o Erfassung aller verfügbaren Ressourcen, einschließlich:
        ▪ Personal: Qualifikationen, Verfügbarkeiten, und Erfahrungen der Mitarbeiter.
        ▪ Technische Mittel: Hardware, Software und Infrastruktur.
        ▪ Zeit: Deadlines und verfügbare Arbeitsstunden.
3. Zuweisung von Aufgaben
    o Verteilung der Aufgaben an die entsprechenden Mitarbeiter basierend auf deren Fähigkeiten und Verfügbarkeiten.
    o Berücksichtigung von Teamdynamik und individuellen Stärken.
4. Zeitmanagement

- Erstellung eines Zeitplans, der die Dauer der einzelnen Aufgaben und deren Abhängigkeiten berücksichtigt.
- Festlegung von Meilensteinen zur Überwachung des Fortschritts.

5. Monitoring und Anpassung
   - Regelmäßige Überprüfung des Fortschritts im Vergleich zum Plan.
   - Anpassung der Einsatzplanung bei unerwarteten Veränderungen, wie z.B. Verzögerungen oder Ressourcenengpässen.

6. Kommunikation
   - Sicherstellung, dass alle Beteiligten über ihre Aufgaben und den aktuellen Stand des Projekts informiert sind.
   - Förderung eines offenen Austausches, um Probleme frühzeitig zu erkennen und zu lösen.

7. Dokumentation
   - Erfassung aller relevanten Informationen, um eine Nachvollziehbarkeit und Analyse nach Abschluss des Projekts zu ermöglichen.
   - Nutzung von Tools zur Unterstützung der Planung und Dokumentation.

Einsatzplanung ist ein kontinuierlicher Prozess, der Anpassungen erfordert, um den Erfolg eines Projekts zu gewährleisten. Sie fördert die effiziente Nutzung von Ressourcen und trägt zur Erreichung der Projektziele bei.

Entwicklerwerkzeuge

Entwicklerwerkzeuge sind Softwareanwendungen oder -dienste, die Programmierern und Softwareentwicklern bei der Erstellung, dem Testen und der Wartung von Software helfen. Diese Werkzeuge unterstützen verschiedene Aspekte des Entwicklungsprozesses und können in verschiedene Kategorien eingeteilt werden.

- **Code-Editoren und IDEs (Integrierte Entwicklungsumgebungen)**
  - o Code-Editoren sind einfache Programme, in denen Entwickler Quellcode schreiben können. Sie bieten grundlegende Funktionen wie Syntax-Hervorhebung und Autovervollständigung.
  - o IDEs sind umfassendere Lösungen, die zusätzlich zu einem Code-Editor auch Funktionen wie Debugging, Versionskontrolle und Projektmanagement beinhalten. Beispiele sind Visual Studio, Eclipse und IntelliJ IDEA.
- **Versionskontrollsysteme**
  - o Diese Systeme ermöglichen es Entwicklern, Änderungen am Code zu verfolgen, verschiedene Versionen zu verwalten und mit anderen Entwicklern zusammenzuarbeiten. Git ist eines der bekanntesten Versionskontrollsysteme und wird häufig in Kombination mit Plattformen wie GitHub oder GitLab verwendet.
- **Debugging-Tools**
  - o Debugger helfen dabei, Fehler im Code zu finden und zu beheben. Sie ermöglichen es Entwicklern, den Code Schritt für Schritt auszuführen, Variablenwerte zu überwachen und den Programmfluss zu analysieren.
- **Build-Tools**
  - o Diese Werkzeuge automatisieren den Prozess des Kompilierens von Quellcode in ausführbare Programme. Sie verwalten Abhängigkeiten und führen Tests durch. Beispiele sind Maven, Gradle und Ant.
- **Testwerkzeuge**

- Testwerkzeuge unterstützen den Testprozess von Software, um sicherzustellen, dass sie wie gewünscht funktioniert. Dazu gehören Unit-Tests, Integrationstests und End-to-End-Tests. Frameworks wie JUnit und Selenium werden häufig verwendet.

- **Performance-Analysetools**
  - Diese Werkzeuge helfen dabei, die Leistung von Softwareanwendungen zu überwachen und zu optimieren. Sie identifizieren Engpässe und ineffiziente Codeabschnitte. Beispiele sind JProfiler und New Relic.

- **Dokumentationswerkzeuge**
  - Diese Werkzeuge erleichtern die Erstellung und Verwaltung von Dokumentationen für Softwareprojekte. Sie unterstützen die Generierung von API-Dokumentationen und Benutzerhandbüchern, häufig in Form von Markdown oder HTML.

- **Container- und Virtualisierungstechnologien**
  - Container wie Docker ermöglichen es Entwicklern, Anwendungen und ihre Abhängigkeiten in isolierten Umgebungen zu verpacken. Dies fördert die Konsistenz zwischen Entwicklungs-, Test- und Produktionsumgebungen. Virtualisierungstechnologien wie VMware oder VirtualBox bieten ähnliche Funktionen auf einer anderen Ebene.

- **Cloud-Dienste und Plattformen**
  - Cloud-basierte Entwicklungswerkzeuge bieten Infrastruktur und Dienste, die Entwicklern helfen, Anwendungen zu erstellen, zu testen und bereitzustellen. Beispiele sind AWS, Microsoft Azure und Google Cloud Platform.

Entwicklerwerkzeuge sind entscheidend für die Effizienz und Qualität der Softwareentwicklung. Sie unterstützen den gesamten

Lebenszyklus einer Anwendung, von der ersten Idee bis zur Bereitstellung und darüber hinaus.

Entwicklungsframeworks

Entwicklungsframeworks sind strukturierte Sammlungen von Werkzeugen, Bibliotheken und Best Practices, die Softwareentwicklern helfen, Anwendungen effizienter zu erstellen. Sie bieten eine Basis, auf der Entwickler aufbauen können, und vereinfachen viele Aspekte der Softwareentwicklung, indem sie wiederkehrende Aufgaben automatisieren und standardisieren.

- **Zweck und Funktion**:
    - Entwicklungsframeworks dienen dazu, die Produktivität zu steigern, indem sie eine klare Struktur und Organisation für den Code bieten.
    - Sie ermöglichen es, sich auf die spezifischen Anforderungen der Anwendung zu konzentrieren, anstatt grundlegende Funktionen von Grund auf neu zu entwickeln.
- **Typen von Entwicklungsframeworks**:
    - **Web-Frameworks**: Diese sind speziell für die Entwicklung von Webanwendungen konzipiert. Beispiele sind Django (für Python) und Ruby on Rails (für Ruby).
    - **Mobile Frameworks**: Sie unterstützen die Entwicklung von mobilen Anwendungen. Beispiele sind React Native und Flutter.
    - **Desktop-Frameworks**: Für die Entwicklung von Desktop-Anwendungen, wie Electron oder .NET.
    - **Spiele-Frameworks**: Diese sind auf die Entwicklung von Spielen ausgerichtet, z. B. Unity oder Unreal Engine.
- **Komponenten eines Entwicklungsframeworks**:

- o **Bibliotheken**: Vorgefertigte Code-Schnipsel, die häufig verwendete Funktionen bereitstellen.
- o **Tools**: Software, die den Entwicklungsprozess unterstützt, wie Debugger, Compiler, oder Build-Tools.
- o **Best Practices**: Empfehlungen und Standards, die die Codequalität und Wartbarkeit verbessern.
- o **Architekturen**: Vordefinierte Strukturen, die den Aufbau einer Anwendung erleichtern, wie MVC (Model-View-Controller).
- **Vorteile**:
  - o **Zeitersparnis**: Durch die Wiederverwendbarkeit von Code und die Automatisierung von Aufgaben kann Entwicklungszeit erheblich reduziert werden.
  - o **Konsistenz**: Ein einheitlicher Ansatz in der Codebasis verbessert die Lesbarkeit und Wartbarkeit.
  - o **Community-Support**: Viele Frameworks haben große Benutzer-Communities, die Unterstützung und Ressourcen bereitstellen.
- **Nachteile**:
  - o **Eingeschränkte Flexibilität**: Die Verwendung eines Frameworks kann dazu führen, dass Entwickler an bestimmte Strukturen und Konventionen gebunden sind.
  - o **Lernkurve**: Die Einarbeitung in ein neues Framework kann Zeit in Anspruch nehmen, besonders wenn es komplexe Konzepte oder eine eigene Syntax hat.
- **Beispiele populärer Entwicklungsframeworks**:
  - o **Spring**: Ein Framework für Java, das die Entwicklung von Unternehmensanwendungen unterstützt.
  - o **Angular**: Ein Framework für die Erstellung von dynamischen Webanwendungen, entwickelt von Google.

- o **Flask**: Ein leichtgewichtiges Web-Framework für Python, das sich gut für kleinere Projekte eignet.

Entwicklungsframeworks sind somit essentielle Werkzeuge für Softwareentwickler, die eine strukturierte und effiziente Herangehensweise an die Softwareentwicklung bieten. Sie erleichtern die Integration von Funktionen, die Verwaltung von Code und die Zusammenarbeit in Teams.

Entwicklungsprozess

Der Entwicklungsprozess beschreibt die Schritte und Phasen, die notwendig sind, um ein Softwareprodukt zu erstellen. Dieser Prozess ist in mehrere Phasen unterteilt, die in der Regel nacheinander oder iterativ durchlaufen werden. Die häufigsten Phasen sind:

- **Anforderungsanalyse**: In dieser Phase werden die Bedürfnisse und Anforderungen der Nutzer oder Stakeholder ermittelt. Es wird dokumentiert, was die Software leisten soll. Technische und funktionale Anforderungen werden festgelegt, um eine klare Grundlage für die weitere Entwicklung zu schaffen.

- **Planung**: Hier wird der gesamte Projektverlauf geplant. Dies umfasst Zeitrahmen, Ressourcen, Budget und Risiken. Es werden Meilensteine definiert, um den Fortschritt zu überwachen. Diese Phase legt den Rahmen für die Umsetzung fest.

- **Entwurf (Design)**: In dieser Phase wird die Architektur der Software erstellt. Es werden technische Spezifikationen und Design-Dokumente erstellt, die die Struktur und das Zusammenspiel der einzelnen Komponenten beschreiben. Die Benutzeroberfläche wird ebenfalls skizziert.

- **Implementierung**: In dieser Phase erfolgt die eigentliche Programmierung. Entwickler schreiben den Code gemäß den vorher definierten Anforderungen und dem Entwurf. Tests können bereits in dieser Phase durchgeführt werden, um Fehler frühzeitig zu erkennen.

- **Testen**: Die Software wird auf Funktionalität, Leistung und Sicherheit überprüft. Verschiedene Testarten wie Unit-Tests, Integrationstests und Systemtests kommen zum Einsatz. Ziel ist es, sicherzustellen, dass die Software den Anforderungen entspricht und fehlerfrei funktioniert.

- **Deployment**: Nach erfolgreichem Testen wird die Software in die Produktionsumgebung überführt. Dies kann die Installation auf Servern oder die Bereitstellung in App-Stores umfassen. In dieser Phase wird die Software für die Endbenutzer zugänglich gemacht.

- **Wartung und Support**: Nach dem Deployment ist die Software nicht abgeschlossen. Fehlerbehebungen, Updates und Anpassungen an geänderte Anforderungen gehören zur Wartung. Support für Benutzer wird bereitgestellt, um Fragen zu klären und Probleme zu lösen.

- **Dokumentation**: Während des gesamten Prozesses wird eine umfassende Dokumentation erstellt. Diese Dokumentation umfasst technische Details, Benutzeranleitungen und Wartungsanweisungen. Sie ist entscheidend für die spätere Nutzung und Pflege der Software.

- **Iteration und Verbesserung**: Entwicklungsprozesse sind oft nicht linear. In vielen Fällen erfolgt eine Rückmeldung von Nutzern, die zu Anpassungen und Verbesserungen führen kann. Agile Methoden betonen diesen iterativen Ansatz, bei dem die Software schrittweise verbessert wird.

Der Entwicklungsprozess ist ein strukturierter Ansatz zur Erstellung von Software, der sicherstellt, dass die Endprodukte den Anforderungen der Nutzer entsprechen und qualitativ hochwertig sind.

Entwicklungsrichtlinien

Entwicklungsrichtlinien sind strukturierte Vorgaben, die den Prozess der Softwareentwicklung leiten und optimieren. Sie umfassen verschiedene Aspekte, die sicherstellen, dass Softwareprojekte effizient, qualitativ hochwertig und benutzerfreundlich umgesetzt werden. Diese Richtlinien sind besonders für Fachinformatiker von Bedeutung, da sie eine Grundlage für die Planung, Durchführung und Überprüfung von Entwicklungsprojekten bieten.

1. Zielsetzung
   - Definition der Projektziele und Anforderungen
   - Festlegung von Erfolgskriterien für die Software
2. Methodische Ansätze
   - Wahl geeigneter Entwicklungsmethoden, wie agile oder klassische Vorgehensweisen
   - Anwendung von Best Practices zur Steigerung der Effizienz
3. Dokumentation
   - Erstellung von technischen Spezifikationen
   - Dokumentation von Code und Architektur, um Nachvollziehbarkeit zu gewährleisten
4. Qualitätssicherung
   - Implementierung von Tests, um Fehler frühzeitig zu erkennen
   - Durchführung von Code-Reviews zur Verbesserung der Codequalität
5. Wartbarkeit und Erweiterbarkeit

- o Berücksichtigung von zukünftigen Änderungen und Erweiterungen bei der Softwarearchitektur
- o Nutzung von Designmustern, um die Wiederverwendbarkeit von Code zu fördern
6. Teamkommunikation
    - o Förderung der Zusammenarbeit innerhalb des Entwicklerteams
    - o Regelmäßige Meetings zur Abstimmung und Problemlösung
7. Sicherheitsaspekte
    - o Integration von Sicherheitsrichtlinien in den Entwicklungsprozess
    - o Berücksichtigung von Datenschutzanforderungen
8. Benutzerzentrierter Ansatz
    - o Einbeziehung von Nutzerfeedback in die Entwicklungsphasen
    - o Gestaltung der Benutzeroberfläche mit Blick auf Benutzerfreundlichkeit

Die Anwendung dieser Richtlinien führt zu einem systematischen und kontrollierten Entwicklungsprozess, der die Qualität der Software erhöht und die Zufriedenheit der Nutzer sichert.

Entwicklungsumgebung

Eine Entwicklungsumgebung bezeichnet eine Sammlung von Werkzeugen und Software, die Programmierer nutzen, um Softwareanwendungen zu erstellen, zu testen und zu debuggen. Diese Umgebung wird häufig als integrierte Entwicklungsumgebung (IDE) bezeichnet, wenn sie mehrere Funktionen in einer Anwendung vereint.

Hauptbestandteile einer Entwicklungsumgebung:

- **Texteditor**: Ein Programm, in dem der Quellcode geschrieben wird. Texteditoren bieten häufig Funktionen wie Syntaxhervorhebung, Autovervollständigung und Codeformatierung.

- **Compiler oder Interpreter**: Ein Compiler übersetzt den Quellcode in Maschinensprache, die vom Computer verstanden wird. Ein Interpreter hingegen führt den Quellcode direkt aus, ohne eine separate Übersetzung vorzunehmen.

- **Debugger**: Ein Werkzeug, das hilft, Fehler im Code zu finden und zu beheben. Der Debugger ermöglicht es dem Entwickler, den Code Schritt für Schritt auszuführen und den Zustand der Variablen zu überwachen.

- **Build-Tools**: Diese automatisieren den Prozess der Erstellung von Software, indem sie den Code kompilieren und alle erforderlichen Dateien und Bibliotheken zusammenstellen.

- **Versionskontrollsystem**: Ein System, das Änderungen am Quellcode verwaltet. Es ermöglicht mehreren Entwicklern, gleichzeitig an einem Projekt zu arbeiten und Änderungen nachzuvollziehen.

- **Testwerkzeuge**: Diese unterstützen das Testen der Software, um sicherzustellen, dass sie wie erwartet funktioniert. Dazu gehören Unit-Tests, Integrationstests und automatisierte Tests.

- **Dokumentationswerkzeuge**: Diese helfen, den Code zu dokumentieren und die Nutzung der Software zu erklären. Gut dokumentierter Code erleichtert die Wartung und das Verständnis für andere Entwickler.

Typen von Entwicklungsumgebungen:

- **Lokale Entwicklungsumgebungen**: Diese werden auf dem Computer des Entwicklers eingerichtet. Sie bieten volle Kontrolle über die Software und die Umgebung, in der sie läuft.

- **Cloud-basierte Entwicklungsumgebungen**: Diese laufen auf Servern im Internet. Entwickler können von überall darauf zugreifen und müssen sich nicht um lokale Installationen kümmern.

- **Containerisierte Entwicklungsumgebungen**: Diese nutzen Container-Technologie, um eine isolierte Umgebung zu schaffen, in der Software unabhängig von der zugrunde liegenden Infrastruktur ausgeführt werden kann.

Vorteile einer Entwicklungsumgebung:

- **Effizienz**: Die integrierten Werkzeuge ermöglichen eine schnellere Entwicklung und Fehlerbehebung.

- **Kollaboration**: Mehrere Entwickler können einfacher zusammenarbeiten, insbesondere bei der Nutzung von Versionskontrollsystemen.

- **Konsistenz**: Eine standardisierte Umgebung stellt sicher, dass die Software in verschiedenen Phasen der Entwicklung gleich bleibt.

- **Einfache Wartung**: Gut strukturierte Entwicklungsumgebungen erleichtern die Aktualisierung und Wartung der Software.

Die Auswahl der richtigen Entwicklungsumgebung hängt von den spezifischen Anforderungen des Projekts, der Programmiersprache und den Vorlieben der Entwickler ab.

Ereignisprotokollierung

Ereignisprotokollierung bezeichnet den Prozess, bei dem relevante Ereignisse und Aktionen innerhalb eines Systems oder einer Anwendung aufgezeichnet werden. Diese Protokolle dienen zur Überwachung, Analyse und Fehlersuche und sind ein essenzieller Bestandteil der IT-Sicherheit und Systemadministration.

Definition und Zweck:

- Die Ereignisprotokollierung erfasst Daten über spezifische Aktivitäten, wie Benutzeranmeldungen, Systemfehler, Datenzugriffe, Änderungen an Dateien oder Konfigurationen.
- Diese Daten können zur Überwachung der Systemintegrität, zur Nachverfolgung von Sicherheitsvorfällen und zur Analyse von Leistungsproblemen verwendet werden.

Arten von Protokollen:

1. **Systemprotokolle**:
   - Aufzeichnung von Betriebssystemereignissen.
   - Beispiel: Start- und Herunterfahren des Systems, Treiberfehler.
2. **Anwendungsprotokolle**:
   - Dokumentation von Ereignissen in spezifischen Anwendungen.
   - Beispiel: Nutzerinteraktionen, Fehlermeldungen.
3. **Sicherheitsprotokolle**:
   - Fokus auf sicherheitsrelevante Aktivitäten.

- o Beispiel: Anmeldeversuche, Änderungen an Benutzerrechten.
4. **Audit-Protokolle**:
    - o Protokollierung von Änderungen in Systemen zur Überprüfung von Compliance und Sicherheitsrichtlinien.
    - o Beispiel: Änderungen an sensiblen Daten, Zugriff auf geschützte Ressourcen.

Protokollierungsmechanismen:

- **Automatisierte Protokollierung**: Softwarelösungen, die Ereignisse automatisch erfassen und in Protokolldateien speichern.
- **Manuelle Protokollierung**: Benutzer oder Administratoren dokumentieren Ereignisse manuell, häufig in Form von Notizen oder Berichten.

Datenformat und Speicherung:

- Protokolle werden in unterschiedlichen Formaten gespeichert, häufig in Textdateien oder in speziellen Datenbanken.
- Die Speicherung erfolgt oft lokal auf dem System oder in zentralen Log-Management-Systemen, die eine umfassende Analyse ermöglichen.

Wichtigkeit der Ereignisprotokollierung:

- Überwachung der Systemaktivitäten zur frühzeitigen Erkennung von Anomalien.
- Unterstützung bei der Fehlersuche und Diagnose von Problemen.
- Bereitstellung von Beweisen bei Sicherheitsvorfällen oder rechtlichen Angelegenheiten.

Verwaltung und Analyse:

- Protokolldaten sollten regelmäßig überprüft und analysiert werden, um sicherzustellen, dass sie aktuell und relevant sind.
- Tools zur Protokollanalyse ermöglichen die Suche nach spezifischen Ereignissen und die Erstellung von Berichten zur weiteren Auswertung.

Ereignisprotokollierung ist ein fundamentales Element für die Sicherheit und Effizienz von IT-Systemen. Sie hilft dabei, potenzielle Probleme frühzeitig zu erkennen und die Integrität von Systemen zu gewährleisten.

Fehlerbehebung

Fehlerbehebung bezeichnet den systematischen Prozess zur Identifizierung, Analyse und Beseitigung von Problemen oder Störungen in einem System oder einer Anwendung. Dieser Prozess ist besonders relevant in der Informatik, wo Software und Hardware häufig auf unerwartete Weise interagieren.

1. Problemidentifikation
   o Beobachtungen: Nutzer oder Techniker bemerken, dass ein System nicht wie erwartet funktioniert.
   o Fehlermeldungen: Oft werden spezifische Fehlermeldungen angezeigt, die Hinweise auf die Ursache geben.
   o Logs: Systemprotokolle (Logs) enthalten Informationen über den Systemzustand und vergangene Ereignisse, die bei der Fehlersuche helfen können.
2. Analyse
   o Ursachenforschung: Hierbei wird untersucht, was die Störung ausgelöst haben könnte. Dies kann durch Tests, Umgebungsanalysen oder Codeüberprüfungen geschehen.

- Reproduzieren des Fehlers: Der Fehler wird unter kontrollierten Bedingungen erneut hervorgerufen, um besser zu verstehen, unter welchen Umständen er auftritt.
3. Lösungsfindung
    - Lösungsansätze: Verschiedene Strategien zur Behebung des Problems werden entwickelt, basierend auf der Analyse. Dazu zählen Software-Updates, Konfigurationsänderungen oder Hardwareaustausch.
    - Tests: Die vorgeschlagenen Lösungen werden getestet, um sicherzustellen, dass der Fehler behoben ist und keine neuen Probleme entstehen.
4. Implementierung
    - Anwendung der Lösung: Die getestete Lösung wird in das System integriert. Dies kann durch Patchen von Software, Aktualisieren von Treibern oder Modifizieren von Konfigurationen geschehen.
    - Dokumentation: Alle Änderungen und durchgeführten Maßnahmen werden dokumentiert, um zukünftige Fehlerbehebungen zu erleichtern und Wissen im Team zu teilen.
5. Nachverfolgung
    - Überwachung: Nach der Implementierung wird das System weiterhin beobachtet, um sicherzustellen, dass der Fehler nicht erneut auftritt.
    - Feedback: Rückmeldungen von Nutzern helfen, die Effektivität der durchgeführten Maßnahmen zu bewerten und gegebenenfalls weitere Anpassungen vorzunehmen.

Fehlerbehebung erfordert technisches Wissen, analytische Fähigkeiten und oft auch Teamarbeit, um effizient und effektiv Lösungen zu entwickeln.

Fehlerprotokollierung

Fehlerprotokollierung bezeichnet den Prozess, bei dem Fehler und Anomalien in Softwareanwendungen oder IT-Systemen systematisch erfasst, dokumentiert und analysiert werden. Durch die Protokollierung wird es möglich, die Ursachen von Problemen zu identifizieren und geeignete Maßnahmen zur Behebung zu ergreifen.

Ziele der Fehlerprotokollierung:

- **Fehleridentifikation:** Schnelle Erkennung von Fehlern, um die Auswirkungen auf den Betrieb zu minimieren.
- **Ursachenanalyse:** Untersuchung der Umstände, die zu einem Fehler geführt haben, um ähnliche Probleme in der Zukunft zu vermeiden.
- **Dokumentation:** Festhalten von Fehlern, damit andere Fachkräfte auf diese Informationen zugreifen können, um Lösungen zu entwickeln oder um die Software zu verbessern.

Methoden der Fehlerprotokollierung:

- **Log-Dateien:** Systematisch erstellte Textdateien, die Ereignisse, Warnungen und Fehler aufzeichnen. Diese Dateien enthalten oft Zeitstempel, Fehlermeldungen und den Status des Systems.
- **Monitoring-Tools:** Softwarelösungen, die in Echtzeit Fehler und Leistungsprobleme überwachen und automatisch Protokolle generieren.
- **Benutzerberichte:** Rückmeldungen von Benutzern, die Fehler oder unerwartetes Verhalten in der Software feststellen und melden.

Inhalt eines Fehlerprotokolls:

- **Zeitstempel:** Datum und Uhrzeit des aufgetretenen Fehlers.

- **Fehlerbeschreibung:** Detaillierte Beschreibung des Fehlers, einschließlich der Fehlermeldung und der betroffenen Komponenten.
- **Schritte zur Reproduktion:** Anweisungen, wie der Fehler aufgetreten ist, um ihn bei Bedarf zu reproduzieren.
- **Umfeld:** Informationen über das System, auf dem der Fehler aufgetreten ist, wie Betriebssystem, Softwareversion und Hardwarekonfiguration.

Bedeutung der Fehlerprotokollierung:

- **Qualitätssicherung:** Verbesserung der Softwarequalität durch systematische Analyse und Behebung von Fehlern.
- **Effizienzsteigerung:** Reduzierung der Ausfallzeiten und schnellere Wiederherstellung der Funktionalität.
- **Wissensmanagement:** Aufbau einer Wissensdatenbank über bekannte Probleme und deren Lösungen, die für zukünftige Entwicklungen genutzt werden kann.

Die Fehlerprotokollierung stellt somit ein wesentliches Element im Softwareentwicklungsprozess dar, um die Stabilität und Zuverlässigkeit von Anwendungen zu gewährleisten.

Firewall

Eine Firewall ist ein Sicherheitsmechanismus, der Netzwerke vor unbefugtem Zugriff und Bedrohungen schützt. Sie fungiert als Barriere zwischen einem internen Netzwerk und externen Netzwerken, insbesondere dem Internet. Die Hauptaufgabe einer Firewall besteht darin, den Datenverkehr zu überwachen und zu kontrollieren, um sicherzustellen, dass nur autorisierte Verbindungen und Datenübertragungen stattfinden.

Typen von Firewalls:

1. **Packet-Filter-Firewalls**:

- o Arbeiten auf der Netzwerkebene.
- o Analysieren die Datenpakete, die in das Netzwerk ein- oder aus dem Netzwerk ausgehen.
- o Bestimmen, ob diese Pakete aufgrund vordefinierter Regeln zugelassen oder blockiert werden.

2. **Stateful Inspection Firewalls**:
   - o Überwachen den Zustand aktiver Verbindungen und entscheiden, ob ein Paket Teil einer bestehenden Verbindung ist.
   - o Ermöglichen eine genauere Kontrolle über den Datenverkehr, da sie den Kontext der Datenkommunikation berücksichtigen.

3. **Proxy-Firewalls**:
   - o Vermitteln zwischen dem internen Netzwerk und dem Internet.
   - o Leiten Anfragen von Clients an externe Server weiter und empfangen die Antworten, die sie dann an die Clients zurücksenden.
   - o Bieten zusätzliche Schutzmaßnahmen, da sie den direkten Zugriff auf interne Ressourcen verhindern.

4. **Next-Generation Firewalls (NGFW)**:
   - o Kombinieren herkömmliche Firewall-Funktionen mit erweiterten Funktionen wie Intrusion Prevention Systemen (IPS), Deep Packet Inspection und Anwendungskontrolle.
   - o Bieten eine umfassendere Sicherheitsstrategie, indem sie Bedrohungen in Echtzeit erkennen und darauf reagieren.

Funktionalitäten:

- **Zugriffskontrolle**: Bestimmt, welche Benutzer oder Geräte auf bestimmte Ressourcen zugreifen dürfen.
- **Protokollierung**: Zeichnet alle Aktivitäten auf, um Sicherheitsvorfälle zu analysieren und zu überwachen.

- **Alarmierung**: Informiert Administratoren über verdächtige Aktivitäten oder Angriffsversuche.
- **VPN-Unterstützung**: Ermöglicht sichere Verbindungen für remote arbeitende Benutzer über Virtual Private Networks.

Konfiguration:

- Firewalls müssen konfiguriert werden, um die spezifischen Anforderungen eines Netzwerks zu erfüllen.
- Regeln werden definiert, um den erlaubten und unerlaubten Datenverkehr zu steuern.
- Regelmäßige Updates und Überprüfungen sind notwendig, um neue Bedrohungen zu erkennen und zu bekämpfen.

Betriebsumgebungen:

- Firewalls können hardwarebasiert oder softwarebasiert implementiert werden.
- Hardware-Firewalls sind oft in Routern integriert und schützen das gesamte Netzwerk.
- Software-Firewalls werden auf einzelnen Geräten installiert und bieten Schutz auf Endbenutzerebene.

Fehlkonfigurationen oder unzureichende Regeln können zu Sicherheitslücken führen, die ausgenutzt werden können. Ein effektives Firewall-Management erfordert kontinuierliche Überwachung und Anpassung der Sicherheitsrichtlinien, um den sich ständig ändernden Bedrohungen im Cyberraum gerecht zu werden.

Framework

Ein Framework ist eine strukturierte Umgebung, die als Grundlage für die Entwicklung von Softwareanwendungen dient. Es bietet eine Sammlung von vordefinierten Funktionen, Klassen und Bibliotheken, die Entwickler nutzen können, um bestimmte Aufgaben effizienter zu erledigen.

- **Komponenten eines Frameworks**
  - o **Bibliotheken:** Vorgefertigte Code-Schnipsel, die häufig benötigte Funktionen bereitstellen, wie Datenbankzugriffe, Benutzeroberflächen oder Netzwerkanfragen.
  - o **Tools:** Hilfsprogramme, die den Entwicklungsprozess unterstützen, beispielsweise Debugger oder Build-Tools.
  - o **Konventionen:** Vorgaben, wie der Code strukturiert und organisiert sein sollte, um die Wartbarkeit und Lesbarkeit zu verbessern.
- **Typen von Frameworks**
  - o **Web-Frameworks:** Speziell für die Erstellung von Webanwendungen entwickelt, wie Django für Python oder Ruby on Rails für Ruby. Sie bieten Werkzeuge für Routing, Datenbankmanagement und Benutzeranmeldung.
  - o **Mobile Frameworks:** Diese unterstützen die Entwicklung von Anwendungen für mobile Endgeräte, beispielsweise React Native oder Flutter.
  - o **Desktop-Frameworks:** Für die Entwicklung von Desktop-Anwendungen, wie Electron oder JavaFX.
- **Vorteile der Verwendung eines Frameworks**
  - o **Zeitersparnis:** Wiederverwendbare Komponenten reduzieren den Aufwand für die Entwicklung von Grund auf.
  - o **Standardisierung:** Durch die Einhaltung von Konventionen wird der Code konsistent und verständlich.
  - o **Community-Support:** Viele Frameworks haben eine große Benutzerbasis, die Unterstützung und Ressourcen bereitstellt.
- **Nachteile der Verwendung eines Frameworks**
  - o **Einarbeitungszeit:** Das Verständnis der Struktur und der spezifischen Funktionen kann Zeit in Anspruch nehmen.

- ○ **Abhängigkeiten:** Die Anwendung wird von der Stabilität und Weiterentwicklung des Frameworks abhängig.
- ○ **Flexibilität:** Manchmal sind die Vorgaben eines Frameworks einschränkend und lassen weniger Raum für individuelle Lösungen.
- **Beispiele für bekannte Frameworks**
  - ○ **Angular:** Ein JavaScript-Framework für die Entwicklung von dynamischen Webanwendungen.
  - ○ **Spring:** Ein Framework für die Entwicklung von Java-Anwendungen, das vor allem im Unternehmensumfeld eingesetzt wird.
  - ○ **Laravel:** Ein PHP-Framework, das die Entwicklung von Webanwendungen durch eine elegante Syntax erleichtert.

Frameworks sind also wichtige Werkzeuge, die Entwicklern helfen, strukturierte und wartbare Software zu erstellen, indem sie vordefinierte Lösungen für häufige Probleme anbieten.

Frontend

Frontend bezeichnet den Teil einer Softwareanwendung oder Website, der direkt mit den Nutzern interagiert. Dieser Bereich umfasst alles, was der Benutzer sieht und mit dem er interagiert, einschließlich Layout, Design und Benutzeroberfläche. Die Hauptaufgabe des Frontends besteht darin, eine ansprechende und benutzerfreundliche Erfahrung zu schaffen.

- **Technologien:**
  - ○ **HTML (Hypertext Markup Language):** Strukturierte Inhalte werden mit HTML erstellt. Es definiert die Grundstruktur einer Webseite.
  - ○ **CSS (Cascading Style Sheets):** CSS wird verwendet, um das Aussehen einer Webseite zu gestalten. Es

ermöglicht die Anpassung von Farben, Schriftarten, Abständen und Layouts.

- o **JavaScript**: Diese Programmiersprache bringt Interaktivität in Webseiten. Mit JavaScript können dynamische Inhalte erzeugt und Benutzeraktionen verarbeitet werden.

- **Frameworks und Bibliotheken**:
  - o **React**: Eine JavaScript-Bibliothek zur Erstellung von Benutzeroberflächen, die auf Komponenten basiert.
  - o **Angular**: Ein Framework von Google für die Entwicklung von Single-Page-Anwendungen mit umfassenden Funktionen.
  - o **Vue.js**: Ein progressives Framework zur Erstellung von Benutzeroberflächen, das sich gut in bestehende Projekte integrieren lässt.

- **Benutzererfahrung (UX)**:
  - o **Usability**: Bezieht sich auf die Benutzerfreundlichkeit und wie leicht es ist, eine Anwendung zu bedienen.
  - o **Zugänglichkeit**: Die Gestaltung von Inhalten, damit sie für alle Benutzer zugänglich sind, einschließlich Menschen mit Behinderungen.

- **Responsive Design**:
  - o Techniken, um sicherzustellen, dass Webseiten auf verschiedenen Geräten (Desktop, Tablet, Smartphone) gut aussehen und funktionieren. Dazu wird häufig ein flexibles Layout und Media Queries verwendet.

- **Performance**:
  - o Bezieht sich auf die Ladezeiten und die Geschwindigkeit, mit der eine Anwendung reagiert. Optimierungen können durch Minimierung von Dateigrößen, Caching und asynchronem Laden von Inhalten erreicht werden.

- **Testing**:

- Frontend-Entwickler testen ihre Anwendungen auf verschiedene Browser und Geräte, um sicherzustellen, dass sie überall gleich funktionieren. Dazu gehören manuelle Tests sowie automatisierte Tests mit Tools wie Selenium oder Jest.

- **Versionierung**:
  - Frontend-Entwickler verwenden Versionskontrollsysteme wie Git, um den Code zu verwalten und Änderungen nachverfolgen zu können. Dies ermöglicht eine effektive Zusammenarbeit im Team.

Frontend-Entwicklung erfordert sowohl technische Fähigkeiten als auch ein Verständnis für Designprinzipien, um eine optimale Benutzererfahrung zu gewährleisten.

Funktionale Anforderungen

Funktionale Anforderungen beschreiben die spezifischen Funktionen und Verhaltensweisen, die ein System oder eine Software bieten muss, um den Bedürfnissen der Benutzer gerecht zu werden. Sie sind entscheidend für die Entwicklung und das Design von Softwareprojekten, da sie klare Vorgaben für die Umsetzung liefern.

- Definition:
  - Funktionale Anforderungen sind klare und präzise Beschreibungen, die festlegen, was ein System tun soll. Sie beziehen sich auf die Interaktionen zwischen dem Benutzer und dem System sowie auf die Verarbeitung von Daten.
- Merkmale:
  - **Benutzerinteraktionen**: Beschreiben, wie Benutzer mit dem System interagieren. Zum Beispiel, wie ein Benutzer sich anmeldet oder Daten eingibt.

- **Datenverarbeitung**: Legen fest, wie das System Daten verarbeitet, speichert und anzeigt. Zum Beispiel, wie eine Bestellung bearbeitet wird oder wie Suchanfragen funktionieren.
- **Systemreaktionen**: Definieren, wie das System auf bestimmte Eingaben oder Ereignisse reagieren soll. Zum Beispiel, welche Fehlermeldungen angezeigt werden, wenn falsche Daten eingegeben werden.
- **Schnittstellen**: Bestimmen, wie das System mit anderen Systemen oder Komponenten kommuniziert. Zum Beispiel, wie eine Anwendung mit einer Datenbank oder einer externen API interagiert.

- Beispiele:
  - Ein Online-Shop muss die Funktion bieten, Produkte in den Warenkorb zu legen und Bestellungen abzuwickeln.
  - Eine Banking-App muss es dem Benutzer ermöglichen, Kontostände abzufragen und Überweisungen durchzuführen.
  - Ein Content-Management-System muss Funktionen zur Erstellung, Bearbeitung und Veröffentlichung von Inhalten bereitstellen.

- Erstellung:
  - Funktionale Anforderungen werden häufig in Form von Benutzerstories, Use Cases oder spezifischen Anforderungsspezifikationen dokumentiert. Diese Dokumentationen helfen, die Erwartungen der Stakeholder zu klären und sicherzustellen, dass alle Beteiligten das gleiche Verständnis von den benötigten Funktionen haben.

- Validierung:
  - Funktionale Anforderungen müssen getestet werden, um sicherzustellen, dass das entwickelte System die festgelegten Anforderungen erfüllt. Dies geschieht oft durch Funktionstests, die überprüfen,

ob das System die gewünschten Funktionen korrekt umsetzt.

Funktionale Anforderungen sind somit die Grundlage für die Entwicklung von Softwarelösungen, da sie definieren, welche Funktionen notwendig sind, um die gewünschten Ergebnisse zu erzielen.

Hardwarekomponenten

Hardwarekomponenten beziehen sich auf die physischen Teile eines Computersystems oder eines elektronischen Geräts, die zur Ausführung von Aufgaben und zur Verarbeitung von Daten notwendig sind. Diese Komponenten arbeiten zusammen, um die Funktionalität eines Systems zu gewährleisten.

- **Zentraleinheit (CPU)**:
  - Die zentrale Verarbeitungseinheit (CPU) ist das Gehirn des Computers. Sie führt Berechnungen und logische Operationen durch und steuert die Abläufe im System.
  - Besteht aus verschiedenen Kernen, die parallel arbeiten können, um mehrere Aufgaben gleichzeitig zu bearbeiten.
- **Arbeitsspeicher (RAM)**:
  - Der Arbeitsspeicher dient als temporärer Speicher für Daten, die die CPU benötigt, während Programme ausgeführt werden.
  - Je mehr RAM vorhanden ist, desto mehr Daten können gleichzeitig verarbeitet werden, was die Leistung des Systems verbessert.
- **Massenspeicher**:
  - Hierbei handelt es sich um Komponenten wie Festplattenlaufwerke (HDD), Solid-State-Laufwerke

(SSD) oder optische Laufwerke, die Daten dauerhaft speichern.

- o SSDs bieten schnellere Zugriffszeiten und höhere Geschwindigkeiten im Vergleich zu HDDs, die mechanisch arbeiten.

- **Grafikkarte (GPU)**:
  - o Die Grafikkarte ist für die Verarbeitung von Bildern und Videos zuständig. Sie entlastet die CPU von grafikintensiven Aufgaben.
  - o Besonders wichtig für Anwendungen in der Spieleentwicklung, Grafikdesign und Videobearbeitung.

- **Motherboard (Mainboard)**:
  - o Das Motherboard verbindet alle Hardwarekomponenten miteinander. Es enthält Anschlüsse für CPU, RAM, Grafikkarte und andere Erweiterungskarten sowie Schnittstellen für externe Geräte.
  - o Es beherbergt auch die Firmware, die für den Bootprozess des Systems verantwortlich ist.

- **Netzteil**:
  - o Das Netzteil wandelt die Wechselspannung aus der Steckdose in die benötigte Gleichspannung für die einzelnen Komponenten um.
  - o Es sorgt dafür, dass alle Teile des Systems ausreichend mit Strom versorgt werden.

- **Peripheriegeräte**:
  - o Dazu gehören externe Geräte wie Tastaturen, Mäuse, Drucker und Monitore, die mit dem Computer verbunden sind.
  - o Diese Geräte ermöglichen die Interaktion mit dem System und die Ausgabe von Informationen.

- **Kühlungssysteme**:

- ○ Um Überhitzung zu vermeiden, verfügen Computer über Kühlsysteme, die entweder passiv (z. B. Kühlkörper) oder aktiv (z. B. Lüfter) sein können.
- ○ Eine effektive Kühlung ist entscheidend für die Stabilität und Langlebigkeit der Hardware.

Die Auswahl und Kombination dieser Komponenten beeinflussen die Leistung, Effizienz und Möglichkeiten eines Computersystems.

Helpdesk

Ein Helpdesk ist eine zentrale Anlaufstelle, die dazu dient, technische Unterstützung und Dienstleistungen für Benutzer bereitzustellen. Er wird häufig in Unternehmen eingesetzt, um den Mitarbeitern oder Kunden bei der Lösung von Problemen mit Software, Hardware oder anderen IT-Diensten zu helfen.

Funktionen eines Helpdesk:

- **Problemlösung**: Benutzer können technische Schwierigkeiten melden, die dann von Helpdesk-Mitarbeitern analysiert und behoben werden. Dies kann von einfachen Fragen bis hin zu komplexen technischen Problemen reichen.

- **Anfragenmanagement**: Der Helpdesk verwaltet eingehende Anfragen und organisiert diese, um eine effiziente Bearbeitung zu gewährleisten. Dabei können Anfragen kategorisiert und priorisiert werden.

- **Dokumentation**: Alle Interaktionen und Lösungen werden dokumentiert. Dies hilft, ähnliche Probleme in der Zukunft schneller zu lösen und dient als Wissensdatenbank für die Mitarbeiter.

- **Benutzerschulung**: Ein Helpdesk kann auch Schulungen anbieten, um Benutzer im Umgang mit Software oder Hardware zu schulen und so die Anzahl der Anfragen zu reduzieren.

- **Wartung und Updates**: Helpdesk-Teams sind oft verantwortlich für die Planung und Durchführung von Wartungsarbeiten sowie für die Installation von Updates und Patches, um die Systeme auf dem neuesten Stand zu halten.

- **Kommunikation**: Eine klare Kommunikation zwischen Helpdesk und Benutzern ist entscheidend, um Missverständnisse zu vermeiden und den Support effizient zu gestalten. Dies umfasst sowohl technische Erklärungen als auch Informationen über den Status von Anfragen.

- **Tools und Software**: Helpdesks nutzen spezielle Software, um Anfragen zu verfolgen, Probleme zu lösen und die Kommunikation zu verwalten. Dazu gehören Ticketing-Systeme, die es ermöglichen, Anfragen zu erfassen und den Fortschritt zu überwachen.

Arten von Helpdesks:

- **Intern**: Unterstützung für Mitarbeiter innerhalb eines Unternehmens. Der Fokus liegt auf der Lösung interner IT-Probleme.

- **Extern**: Unterstützung für Kunden oder Endbenutzer. Hier liegt der Schwerpunkt auf der Bereitstellung von Hilfe für Produkte oder Dienstleistungen, die das Unternehmen anbietet.

- **Self-Service**: Eine Form des Helpdesks, bei der Benutzer selbstständig Lösungen finden können, meist durch FAQs, Tutorials oder Wissensdatenbanken.

Die Effizienz eines Helpdesks kann durch regelmäßige Schulungen der Mitarbeiter, den Einsatz moderner Technologien und die ständige Verbesserung der Prozesse gesteigert werden.

HTML

HTML, kurz für HyperText Markup Language, ist die Standard-Auszeichnungssprache für Dokumente, die im Web angezeigt werden. Sie ermöglicht es, Inhalte strukturiert darzustellen und Webseiten zu erstellen.

- Struktur von HTML-Dokumenten
    - Ein typisches HTML-Dokument beginnt mit dem `<!DOCTYPE html>`-Tag, das den Browser darüber informiert, dass es sich um ein HTML5-Dokument handelt.
    - Das Grundgerüst besteht aus den Tags `<html>`, `<head>` und `<body>`.
        - `<html>`: Umgibt das gesamte Dokument.
        - `<head>`: Enthält Metainformationen wie den Titel der Seite (`<title>`), Verlinkungen zu CSS-Dateien und Skripten.
        - `<body>`: Hier befinden sich die sichtbaren Inhalte der Webseite, wie Texte, Bilder und Links.
- HTML-Elemente und -Tags
    - HTML-Dokumente bestehen aus Elementen, die durch Tags definiert sind. Ein Tag wird durch spitze Klammern dargestellt, z.B. `<tagname>`.
    - Tags können öffnend (`<p>`) und schließend (`</p>`) sein. Der Inhalt zwischen diesen Tags wird als Inhalt des Elements angesehen.
    - Beispiele für grundlegende Tags:

- `<h1>` bis `<h6>`: Überschriften in unterschiedlichen Größen.
- `<p>`: Absatz.
- `<a>`: Link, der auf andere Seiten verweist.
- `<img>`: Bild, das auf der Webseite angezeigt wird.

- Attribute
  - Tags können Attribute enthalten, die zusätzliche Informationen bereitstellen. Attribute werden im öffnenden Tag platziert und folgen dem Format `name="wert"`.
  - Beispiele:
    - `<a href="https://www.example.com">`: Das `href`-Attribut gibt die Ziel-URL für den Link an.
    - `<img src="bild.jpg" alt="Beschreibung">`: Das `src`-Attribut gibt die Bildquelle an, während `alt` eine Beschreibung für das Bild bereitstellt.
- Semantische HTML
  - Semantische HTML-Tags helfen, den Inhalt besser zu strukturieren und für Suchmaschinen sowie Screenreader verständlicher zu machen. Beispiele sind:
    - `<header>`: Definiert den Kopfbereich einer Seite.
    - `<nav>`: Beinhaltet Navigationslinks.
    - `<article>`: Repräsentiert einen eigenständigen Inhalt.
    - `<footer>`: Enthält Fußzeileninformationen.
- Interaktivität und Verknüpfung mit CSS und JavaScript
  - HTML allein stellt statische Inhalte dar. Um interaktive Elemente zu schaffen oder das Design zu

- Semantische HTML
  - Semantische HTML-Tags helfen, den Inhalt besser zu strukturieren und für Suchmaschinen sowie Screenreader verständlicher zu machen. Beispiele sind:
    - <header>: Definiert den Kopfbereich einer Seite.
    - <nav>: Beinhaltet Navigationslinks.
    - <article>: Repräsentiert einen eigenständigen Inhalt.
    - <footer>: Enthält Fußzeileninformationen.

- Interaktivität und Verknüpfung mit CSS und JavaScript
  - HTML allein stellt statische Inhalte dar. Um interaktive Elemente zu schaffen oder das Design zu

gestalten, werden CSS (Cascading Style Sheets) und JavaScript verwendet.

- CSS wird verwendet, um das Aussehen von HTML-Elementen zu steuern.
- JavaScript ermöglicht die Implementierung von Funktionen, wie z.B. das Reagieren auf Benutzeraktionen.

- Browserkompatibilität
  - HTML-Dokumente werden von Webbrowsern interpretiert und gerendert. Die Darstellung kann je nach Browser variieren. Es ist wichtig, die Kompatibilität mit verschiedenen Browsern zu testen, um sicherzustellen, dass die Webseite überall gut aussieht.
- Entwicklungswerkzeuge
  - Viele Entwicklungsumgebungen und Texteditoren bieten Funktionen wie Syntaxhervorhebung, um das Schreiben von HTML-Code zu erleichtern. Es gibt auch spezielle Tools und Frameworks, die die Erstellung von HTML-Dokumenten vereinfachen.

HTML ist das Fundament des Webs und bildet die Basis für alle Webseiten. Ein gutes Verständnis der Struktur und der Möglichkeiten von HTML ist entscheidend für die Entwicklung moderner Webanwendungen.

HTTP

HTTP steht für Hypertext Transfer Protocol und ist ein Protokoll, das für die Übertragung von Daten im World Wide Web verwendet wird. Es regelt, wie Nachrichten zwischen einem Webbrowser und einem Webserver ausgetauscht werden. Hier sind die wesentlichen Punkte zu HTTP:

- **Funktionalität**: HTTP ermöglicht den Austausch von Informationen in Form von Texten, Bildern, Videos und anderen Medien. Ein Benutzer gibt eine URL in einen Browser ein, der dann eine HTTP-Anfrage an den entsprechenden Server sendet.

- **Anfragen und Antworten**:

  - **HTTP-Anfrage**: Eine Anfrage besteht aus einer Methode, einer URL und optionalen Headern. Zu den gängigen Methoden gehören GET (zum Abrufen von Daten), POST (zum Senden von Daten) und PUT (zum Aktualisieren von Daten).

  - **HTTP-Antwort**: Eine Antwort vom Server enthält einen Statuscode, der den Erfolg oder Fehler der Anfrage anzeigt, sowie die angeforderten Daten. Statuscodes wie 200 (OK), 404 (Nicht gefunden) und 500 (Serverfehler) sind gängig.

- **Zustandslosigkeit**: HTTP ist ein zustandsloses Protokoll, was bedeutet, dass jede Anfrage unabhängig von vorherigen Anfragen behandelt wird. Der Server speichert keine Informationen über frühere Interaktionen. Um den Zustand zwischen Anfragen zu verfolgen, werden Mechanismen wie Cookies oder Sessions verwendet.

- **Sicherheitsaspekte**: Die Standardversion von HTTP überträgt Daten unverschlüsselt. Um die Sicherheit zu erhöhen, wird HTTPS (HTTP Secure) verwendet, das eine verschlüsselte Verbindung über SSL/TLS bereitstellt. Dies schützt die Daten während der Übertragung vor unbefugtem Zugriff.

- **Versionen**: HTTP hat mehrere Versionen durchlaufen. Die gängigsten sind HTTP/1.1, das viele Verbesserungen gegenüber der ursprünglichen Version bietet, und HTTP/2, das eine effizientere Übertragung von Daten durch Multiplexing und Header-Kompression ermöglicht.

- **Anwendungsbereiche**: HTTP wird nicht nur für Webseiten verwendet, sondern auch für APIs (Application Programming Interfaces), die es ermöglichen, dass verschiedene Softwareanwendungen miteinander kommunizieren.

Die Funktionsweise von HTTP ist entscheidend für die Interaktion im Internet, da es die Grundlage für die Kommunikation zwischen Clients und Servern bildet.

Incident Management

Incident Management bezieht sich auf den Prozess der Identifikation, Analyse und Lösung von Vorfällen oder Störungen, die den normalen Betrieb von IT-Diensten beeinträchtigen können. Dieser Prozess ist ein wesentlicher Bestandteil des IT-Service-Managements (ITSM) und zielt darauf ab, die Auswirkungen von Vorfällen auf die Geschäftsabläufe zu minimieren.

Definition: - Ein Vorfall (Incident) ist ein unerwünschtes Ereignis, das eine Unterbrechung eines IT-Dienstes oder eine Reduzierung der Qualität eines IT-Dienstes verursacht. - Ziel des Incident Managements ist es, Vorfälle so schnell wie möglich zu beheben, um den regulären Betrieb wiederherzustellen.

Phasen des Incident Managements:

1. **Erfassung und Klassifizierung**
   - Vorfälle werden registriert, typischerweise durch ein Helpdesk- oder Ticket-System.
   - Jeder Vorfall erhält eine Klassifizierung, die Informationen über Schweregrad, Art des Vorfalls und betroffene Dienste enthält.
2. **Priorisierung**

135

- o Die Dringlichkeit und der Einfluss des Vorfalls auf die Geschäftsabläufe werden bewertet.
- o Vorfälle mit höherer Priorität werden schneller bearbeitet.

3. **Untersuchung und Diagnose**
   - o Techniker analysieren den Vorfall, um die Ursache zu identifizieren.
   - o Mögliche Lösungen werden erarbeitet.

4. **Lösung und Wiederherstellung**
   - o Eine geeignete Lösung wird implementiert, um den Vorfall zu beheben.
   - o Nach der Lösung wird der Dienst wiederhergestellt und die Benutzer informiert.

5. **Schließung**
   - o Der Vorfall wird offiziell geschlossen, nachdem die Lösung implementiert und verifiziert wurde.
   - o Alle relevanten Informationen werden dokumentiert, um zukünftige Vorfälle besser handhaben zu können.

6. **Nachbereitung**
   - o Eine Analyse der Vorfälle kann durchgeführt werden, um Muster zu erkennen und wiederkehrende Probleme zu identifizieren.
   - o Verbesserungsvorschläge können entwickelt werden, um die Servicequalität zu steigern.

Rollen im Incident Management: - **Service Desk**: Erste Anlaufstelle für Benutzer, die Vorfälle melden. - **Incident Manager**: Verantwortlich für den gesamten Incident Management-Prozess, Überwachung und Koordination. - **Technische Teams**: Führen die technische Analyse und Lösung von Vorfällen durch.

Werkzeuge: - IT-Service-Management-Software: Hilft bei der Erfassung, Verfolgung und Verwaltung von Vorfällen. - Wissensdatenbanken: Beherbergen Lösungen für häufige Probleme, um die Bearbeitungszeit zu verkürzen.

Ziele: - Minimierung der Ausfallzeiten von IT-Diensten. - Sicherstellung einer hohen Servicequalität. - Steigerung der Kundenzufriedenheit durch schnelle und effektive Lösungen.

Durch ein effektives Incident Management können Unternehmen sicherstellen, dass ihre IT-Dienste reibungslos funktionieren und die Geschäftsabläufe nicht gestört werden.

Integrationstests

Integrationstests sind eine Phase im Softwareentwicklungsprozess, bei der die Interaktion zwischen verschiedenen Modulen oder Komponenten einer Softwareanwendung überprüft wird. Diese Tests zielen darauf ab, sicherzustellen, dass die einzelnen Teile einer Anwendung nahtlos zusammenarbeiten, nachdem sie in einem größeren System zusammengefügt wurden.

Ziele der Integrationstests:

- Überprüfung der Schnittstellen: Es wird getestet, ob die Daten korrekt zwischen den Modulen ausgetauscht werden und ob die Kommunikationsprotokolle richtig implementiert sind.
- Identifizierung von Fehlern: Integrationstests helfen, Fehler zu finden, die entstehen können, wenn verschiedene Module zusammenarbeiten, auch wenn diese Module für sich genommen fehlerfrei sind.
- Validierung der Systemarchitektur: Die Tests überprüfen, ob die gewählte Architektur der Software den Anforderungen entspricht und ob die Module ordnungsgemäß integriert sind.

Arten von Integrationstests:

1. **Big Bang-Integrationstests**:

- o Alle Module werden gleichzeitig integriert und getestet.
- o Vorteil: Schnelle Durchführung, da alle Teile auf einmal getestet werden.
- o Nachteil: Schwierige Fehlersuche, da nicht klar ist, welches Modul den Fehler verursacht hat.

2. **Inkrementelle Integrationstests**:
   - o Module werden schrittweise integriert und getestet.
   - o Vorteil: Bessere Fehlersuche, da immer nur ein neues Modul hinzugefügt wird.
   - o Nachteil: Erfordert mehr Zeit und Planung.

   a. **Top-Down-Integration**:
      - Beginnt mit dem Hauptmodul und fügt schrittweise Untermodule hinzu.
      - Stubs (Platzhalter) können verwendet werden, um nicht integrierte Module zu simulieren.

   b. **Bottom-Up-Integration**:
      - Beginnt mit den untersten Modulen und fügt schrittweise die darüberliegenden hinzu.
      - Treiber (Hilfsprogramme) werden verwendet, um die höheren Module zu simulieren.

3. **Sandwich-Integration**:
   - o Kombination aus Top-Down- und Bottom-Up-Methoden.
   - o Ermöglicht die gleichzeitige Integration von oberen und unteren Modulen.

Durchführung von Integrationstests:

- Testfälle werden auf Basis der Spezifikationen und Anforderungen erstellt.
- Tests werden häufig automatisiert, um die Effizienz zu steigern.

- Ergebnisse werden dokumentiert, um die Nachverfolgbarkeit und Analyse zu gewährleisten.

Werkzeuge für Integrationstests:

- Es gibt verschiedene Testautomatisierungs-Tools wie JUnit, TestNG oder Selenium, die für Integrationstests verwendet werden können.
- Continuous Integration (CI) Systeme wie Jenkins ermöglichen die automatische Ausführung von Integrationstests bei jedem neuen Code-Commit.

Integrationstests sind ein wesentlicher Bestandteil des Softwareentwicklungsprozesses, da sie dazu beitragen, die Zuverlässigkeit und Qualität der Software sicherzustellen, bevor sie in die Produktionsumgebung überführt wird.

Interoperabilität

Interoperabilität bezeichnet die Fähigkeit von verschiedenen Systemen, Anwendungen oder Geräten, miteinander zu kommunizieren, Daten auszutauschen und diese Daten sinnvoll zu nutzen. Sie ist ein zentraler Bestandteil der modernen IT-Infrastruktur und spielt eine wichtige Rolle in verschiedenen Bereichen wie Softwareentwicklung, Netzwerktechnik und Datenmanagement.

Definitionen und Merkmale:

1. **Datenkompatibilität**
   - Systeme müssen in der Lage sein, die gleichen Datenformate zu lesen und zu verarbeiten. Dies betrifft sowohl strukturierte Daten (wie Datenbanken) als auch unstrukturierte Daten (wie Texte oder Bilder).

- o Beispiel: Ein Dokument, das in einem Textverarbeitungsprogramm erstellt wurde, sollte in einem anderen Programm geöffnet und bearbeitet werden können.

2. **Protokollübereinstimmung**
   - o Unterschiedliche Systeme nutzen oft verschiedene Kommunikationsprotokolle. Interoperabilität erfordert, dass diese Protokolle so gestaltet sind, dass sie miteinander kompatibel sind.
   - o Beispiel: Ein Webserver, der HTTP verwendet, kann mit einem Browser kommunizieren, der ebenfalls HTTP versteht.

3. **Standardisierung**
   - o Die Verwendung von offenen Standards fördert die Interoperabilität, da sie eine einheitliche Grundlage für die Kommunikation zwischen Systemen schaffen.
   - o Beispiele: XML, JSON oder RESTful APIs sind gängige Standards, die den Datenaustausch zwischen verschiedenen Anwendungen erleichtern.

4. **Schnittstellen**
   - o Schnittstellen (APIs) sind entscheidend für die Interoperabilität, da sie definieren, wie verschiedene Softwarekomponenten miteinander interagieren können.
   - o Beispiel: Eine API ermöglicht es einer Anwendung, auf Daten einer anderen Anwendung zuzugreifen, ohne deren interne Funktionsweise zu kennen.

5. **Interaktion zwischen verschiedenen Plattformen**
   - o Interoperabilität erlaubt es, dass Systeme, die auf unterschiedlichen Plattformen oder Betriebssystemen laufen, zusammenarbeiten können.
   - o Beispiel: Eine Anwendung auf einem Windows-Computer kann Daten an eine Anwendung auf einem Mac senden.

6. **Echtzeitkommunikation**

- In vielen Anwendungen ist die Fähigkeit zur Echtzeitkommunikation notwendig, um eine schnelle und effiziente Datenverarbeitung zu gewährleisten.
- Beispiel: Online-Spiele erfordern, dass Spieler auf verschiedenen Geräten in Echtzeit miteinander interagieren können.

7. **Herausforderungen**
- Unterschiedliche Softwarearchitekturen, proprietäre Systeme und mangelnde Standards können die Interoperabilität erschweren.
- Entwickler müssen oft zusätzliche Anstrengungen unternehmen, um Lösungen zu finden, die diese Herausforderungen überwinden.

Interoperabilität ist somit ein grundlegendes Konzept in der Softwareentwicklung und Netzwerktechnik, das die Zusammenarbeit und den Datenaustausch zwischen verschiedenen Systemen und Anwendungen ermöglicht.

IT-Architektur

IT-Architektur bezeichnet die strukturelle Planung und den Aufbau von IT-Systemen und -Lösungen. Sie umfasst verschiedene Komponenten, die zusammenarbeiten, um die Anforderungen eines Unternehmens zu erfüllen. Die IT-Architektur ist entscheidend für die Effizienz, Skalierbarkeit und Wartbarkeit von IT-Systemen.

1. **Schichten der IT-Architektur**
- **Anwendungsschicht**: Beinhaltet Software-Anwendungen, die spezifische Funktionen bereitstellen, z.B. Datenverarbeitung oder Benutzeroberflächen.
- **Datenbankschicht**: Speichert und verwaltet Daten, die von Anwendungen genutzt werden. Hier

kommen Datenbankmanagementsysteme (DBMS) zum Einsatz.

- o **Infrastruktur- oder Plattform-Schicht**: Umfasst die physische Hardware wie Server, Netzwerke und Speichersysteme sowie virtuelle Ressourcen in Cloud-Umgebungen.

2. **Architekturstile**

- o **Monolithische Architektur**: Alle Komponenten sind in einer einzigen Anwendung integriert, was die Entwicklung und Bereitstellung vereinfacht, aber die Skalierbarkeit einschränken kann.
- o **Microservices-Architektur**: Besteht aus kleinen, unabhängigen Diensten, die über APIs kommunizieren. Diese Struktur ermöglicht eine flexible Entwicklung und einfache Skalierung.
- o **Serviceorientierte Architektur (SOA)**: Dienste werden als lose gekoppelte Komponenten bereitgestellt, die verschiedene Geschäftsprozesse unterstützen.

3. **Dokumentation der Architektur**

- o **Architekturdiagramme**: Visuelle Darstellungen, die die Struktur und Interaktionen der verschiedenen Komponenten zeigen.
- o **Architekturspezifikationen**: Detaillierte Beschreibungen der verwendeten Technologien, Standards und Designentscheidungen.

4. **Entwicklungsprozess**

- o **Anforderungsanalyse**: Erfassung der geschäftlichen Bedürfnisse und technischen Anforderungen.
- o **Design**: Erstellung von Modellen und Diagrammen zur Visualisierung der Architektur.
- o **Implementierung**: Umsetzung der Architektur in Code und IT-Systemen.
- o **Test und Validierung**: Überprüfung, ob die Architektur den Anforderungen entspricht und effizient funktioniert.

5. **Wartung und Anpassung**
    - ○ Überwachung der Systeme auf Leistung und Sicherheit.
    - ○ Anpassung der Architektur an neue Technologien, Geschäftsanforderungen oder Sicherheitsstandards.
    - ○ Integration neuer Komponenten oder Dienste zur Verbesserung der Funktionalität.

Die IT-Architektur ist ein dynamisches Konzept, das sich im Laufe der Zeit weiterentwickeln muss, um den sich ständig ändernden Anforderungen und Technologien gerecht zu werden. Sie bildet die Grundlage für die gesamte IT-Strategie eines Unternehmens und beeinflusst maßgeblich die Effizienz und Agilität der IT-Systeme.

IT-Compliance

IT-Compliance bezieht sich auf die Einhaltung von gesetzlichen, regulatorischen und internen Vorgaben, die für die Informationstechnologie eines Unternehmens relevant sind. Dies umfasst sowohl technische als auch organisatorische Maßnahmen, die sicherstellen, dass die IT-Systeme und -Prozesse des Unternehmens den festgelegten Anforderungen entsprechen.

Gesetzliche Vorgaben: - Datenschutzgesetze (z.B. die Datenschutz-Grundverordnung, DSGVO) - IT-Sicherheitsgesetze (z.B. IT-Sicherheitsgesetz in Deutschland) - Branchenvorschriften (z.B. HIPAA im Gesundheitswesen, PCI DSS für Zahlungskarten)

Regulatorische Anforderungen: - Normen und Standards (z.B. ISO 27001 für Informationssicherheitsmanagement) - Compliance-Richtlinien von Aufsichtsbehörden (z.B. BaFin für Finanzdienstleister)

Interne Vorgaben: - Unternehmensrichtlinien und -verfahren, die den Umgang mit IT-Ressourcen regeln - Sicherheitsrichtlinien, die das Verhalten von Mitarbeitern im Umgang mit sensiblen Daten festlegen

Ziele der IT-Compliance: - Schutz von sensiblen Daten vor unbefugtem Zugriff und Missbrauch - Sicherstellung der Integrität und Verfügbarkeit von IT-Systemen - Vermeidung von rechtlichen Konsequenzen und finanziellen Verlusten durch Nichteinhaltung

Umsetzung der IT-Compliance: - Durchführung von Risikoanalysen zur Identifizierung von Schwachstellen - Schulung der Mitarbeiter zu relevanten Compliance-Themen - Implementierung von technischen Sicherheitsmaßnahmen (z.B. Firewalls, Verschlüsselung) - Regelmäßige Audits und Überprüfungen zur Sicherstellung der Einhaltung der Vorgaben

IT-Compliance ist ein fortlaufender Prozess, der regelmäßige Anpassungen und Überprüfungen erfordert, um den sich ändernden rechtlichen Rahmenbedingungen und technologischen Entwicklungen gerecht zu werden.

IT-Consulting

IT-Consulting bezeichnet eine Dienstleistung, die Unternehmen dabei unterstützt, ihre Informationstechnologie (IT) effizienter zu gestalten und strategisch zu nutzen. Fachkräfte im IT-Consulting analysieren die bestehenden IT-Systeme eines Unternehmens, identifizieren Schwachstellen und entwickeln Lösungen, um die IT-Infrastruktur zu optimieren.

- **Aufgaben eines IT-Consultants**
  - **Bedarfsanalyse:** Erfassung der Anforderungen und Ziele des Unternehmens. Dies umfasst das Verständnis der Geschäftsprozesse und der spezifischen Herausforderungen, denen das Unternehmen gegenübersteht.
  - **IT-Strategieentwicklung:** Erstellung von Strategien zur Verbesserung der IT-Systeme, einschließlich der Auswahl geeigneter Technologien und Softwarelösungen.

- o **Implementierung:** Unterstützung bei der Einführung neuer Systeme oder Software. Dies kann Schulungen für Mitarbeiter und die Anpassung bestehender Systeme umfassen.
- o **Support und Wartung:** Bereitstellung von kontinuierlicher Unterstützung, um sicherzustellen, dass die IT-Systeme reibungslos funktionieren. Dazu gehören auch regelmäßige Updates und Sicherheitsüberprüfungen.
- **Methoden und Werkzeuge**
  - o **Prozessoptimierung:** Analyse und Verbesserung bestehender Prozesse durch den Einsatz von IT-Technologien.
  - o **Projektmanagement:** Planung und Durchführung von IT-Projekten, um sicherzustellen, dass diese im Zeitrahmen und Budgetrahmen bleiben.
  - o **Technologische Beratung:** Beratung zu neuen Technologien, die dem Unternehmen helfen können, wettbewerbsfähiger zu werden. Dazu gehört die Evaluierung von Cloud-Lösungen, Datenanalytik oder Künstlicher Intelligenz.
- **Zielgruppen**
  - o Unternehmen unterschiedlicher Größenordnungen, von kleinen Start-ups bis hin zu großen Konzernen, die ihre IT verbessern möchten.
  - o Branchen können variieren, einschließlich Finanzdienstleistungen, Gesundheitswesen, Einzelhandel und viele andere.
- **Kompetenzen eines IT-Consultants**
  - o Technisches Wissen: Verständnis von IT-Systemen, Netzwerken, Datenbanken und Softwareentwicklungen.
  - o Kommunikationsfähigkeiten: Fähigkeit, komplexe technische Informationen verständlich zu erklären und mit verschiedenen Interessengruppen zu kommunizieren.

- o Problemlösungsfähigkeiten: Fähigkeit, analytisch zu denken und kreative Lösungen für technische Herausforderungen zu finden.

IT-Consulting ist ein dynamisches Feld, das ständig neue Herausforderungen und Entwicklungen mit sich bringt, da Unternehmen sich an technologische Veränderungen anpassen müssen.

IT-Infrastruktur

IT-Infrastruktur bezeichnet die Gesamtheit der physikalischen und virtuellen Komponenten, die notwendig sind, um IT-Dienste bereitzustellen und zu betreiben. Diese Infrastruktur bildet die Grundlage für die IT-Umgebung eines Unternehmens und ermöglicht die Unterstützung von Geschäftsprozessen, Kommunikation und Datenspeicherung.

1. Komponenten der IT-Infrastruktur
   - o Hardware
     - Server: Computer, die Daten und Anwendungen hosten und bereitstellen.
     - Netzwerkausrüstung: Router, Switches und Firewalls, die die Kommunikation zwischen Geräten ermöglichen.
     - Speicherlösungen: Festplatten, SSDs und Netzwerkspeicher (NAS/SAN), die Daten speichern.
     - Endgeräte: Computer, Laptops, Tablets und Smartphones, die von den Nutzern verwendet werden.
   - o Software
     - Betriebssysteme: Software, die auf Servern und Endgeräten läuft und grundlegende Funktionen bereitstellt.

- Anwendungssoftware: Programme, die spezifische Aufgaben wie Buchhaltung, Projektmanagement oder Kundenbeziehungsmanagement erfüllen.
- Virtualisierungslösungen: Software, die es ermöglicht, mehrere virtuelle Maschinen auf einem physischen Server zu betreiben.
  - Netzwerke
    - Lokale Netzwerke (LAN): Netzwerke, die Geräte innerhalb eines begrenzten geografischen Bereichs verbinden.
    - Wide Area Networks (WAN): Netzwerke, die größere geografische Entfernungen überbrücken.
    - Internet: Globales Netzwerk, das die Kommunikation zwischen verschiedenen Netzwerken ermöglicht.
2. Funktionalitäten der IT-Infrastruktur
   - Datenverarbeitung: Bearbeitung und Analyse von Daten zur Unterstützung von Geschäftsentscheidungen.
   - Datenspeicherung: Sichere Ablage und Zugriff auf Informationen, die für die Unternehmensabläufe notwendig sind.
   - Kommunikation: Ermöglicht den Austausch von Informationen zwischen Mitarbeitern und externen Partnern.
   - Sicherheit: Schutz der Systeme und Daten vor unbefugtem Zugriff, Datenverlust und Cyberangriffen.
3. Management der IT-Infrastruktur
   - Monitoring: Überwachung der Systeme und Netzwerke, um Leistungsprobleme oder Sicherheitsvorfälle frühzeitig zu erkennen.
   - Wartung: Regelmäßige Updates und Patches, um die Systeme aktuell und sicher zu halten.

- o Backup-Strategien: Erstellung von Sicherungskopien wichtiger Daten, um im Falle eines Ausfalls oder Datenverlusts eine Wiederherstellung zu ermöglichen.
4. Trends und Entwicklungen
    - o Cloud-Computing: Nutzung von externen Servern und Diensten, die über das Internet bereitgestellt werden, anstelle von lokalen Geräten.
    - o Automatisierung: Einsatz von Softwarelösungen, die Routineaufgaben ohne menschliches Eingreifen durchführen.
    - o Künstliche Intelligenz: Integration von KI-Technologien zur Optimierung von Prozessen und Verbesserung der Entscheidungsfindung.

Die IT-Infrastruktur ist ein dynamisches System, das regelmäßig angepasst und optimiert werden muss, um den sich wandelnden Anforderungen eines Unternehmens gerecht zu werden.

IT-Management

IT-Management bezeichnet die Planung, Organisation, Steuerung und Kontrolle von IT-Ressourcen und -Prozessen innerhalb eines Unternehmens. Es umfasst eine Vielzahl von Aufgaben und Verantwortlichkeiten, die darauf abzielen, die IT-Infrastruktur effizient zu gestalten und die Geschäftsziele zu unterstützen.

1. Aufgaben des IT-Managements
    - o Strategische Planung: Entwicklung von IT-Strategien, die mit den Unternehmenszielen in Einklang stehen.
    - o Projektmanagement: Initiierung, Planung und Durchführung von IT-Projekten, einschließlich der Überwachung von Zeit, Budget und Qualität.

- o Ressourcenmanagement: Verwaltung von Hardware, Software, Netzwerken und Personal, um eine optimale Nutzung sicherzustellen.
- o Sicherheitsmanagement: Implementierung von Sicherheitsrichtlinien und -maßnahmen zum Schutz von Daten und IT-Systemen vor Bedrohungen.

2. IT-Management-Modelle
- o ITIL (Information Technology Infrastructure Library): Ein Rahmenwerk, das Best Practices für das IT-Service-Management bereitstellt und darauf abzielt, die Qualität der IT-Dienstleistungen zu verbessern.
- o COBIT (Control Objectives for Information and Related Technologies): Ein Modell, das die Governance und das Management von Unternehmens-IT unterstützt, um Risiken zu minimieren und den Wert der IT zu maximieren.

3. Rolle des IT-Managements
- o Unterstützung der Geschäftsprozesse: Gewährleistung, dass die IT-Systeme die Anforderungen der Nutzer und der Geschäftsabteilungen erfüllen.
- o Kostenkontrolle: Optimierung der IT-Ausgaben durch strategische Investitionen in Technologie und Ressourcen.
- o Innovation: Identifikation neuer Technologien und Trends, die das Unternehmen voranbringen können.

4. Herausforderungen im IT-Management
- o Schnelle technologische Entwicklungen: Anpassung an neue Technologien und deren Integration in bestehende Systeme.
- o Fachkräftemangel: Sicherstellung, dass genügend qualifizierte Mitarbeiter vorhanden sind, um die IT-Anforderungen zu erfüllen.
- o Sicherheitsbedrohungen: Umgang mit Cyberangriffen und Datenschutzanforderungen.

5. Wichtige Kompetenzen im IT-Management

- o Technisches Know-how: Verständnis von IT-Systemen, Netzwerken und Softwarelösungen.
- o Kommunikationsfähigkeiten: Fähigkeit, komplexe technische Informationen verständlich zu vermitteln und mit verschiedenen Abteilungen zu interagieren.
- o Problemlösungsfähigkeiten: Fähigkeit, Herausforderungen schnell und effektiv zu identifizieren und Lösungen zu entwickeln.

Der Bereich IT-Management ist ein dynamisches und sich ständig weiterentwickelndes Feld, das sowohl technisches Wissen als auch betriebswirtschaftliches Verständnis erfordert.

IT-Risikomanagement

IT-Risikomanagement bezieht sich auf den systematischen Prozess, der darauf abzielt, Risiken im Bereich der Informationstechnologie zu identifizieren, zu bewerten und zu steuern. Dieser Prozess ist entscheidend, um die Sicherheit und Integrität von IT-Systemen und -Daten zu gewährleisten.

1. Identifikation von Risiken
    - o Erfassung potenzieller Bedrohungen, die die IT-Systeme gefährden können.
    - o Berücksichtigung von internen und externen Faktoren, wie z.B. menschliches Versagen, technische Ausfälle, Cyberangriffe oder Naturkatastrophen.
    - o Einsatz von Methoden wie Risikoanalysen, Umfragen oder Experteninterviews, um Schwachstellen zu erkennen.
2. Risikobewertung
    - o Analyse der identifizierten Risiken hinsichtlich ihrer Wahrscheinlichkeit und potenziellen Auswirkungen.

- o Verwendung von Bewertungsmethoden, wie z.B. qualitative und quantitative Analysen, um die Schwere der Risiken zu bestimmen.
- o Erstellung einer Risikomatrix, um Risiken nach Dringlichkeit und Schweregrad zu priorisieren.
3. Risikosteuerung
   - o Entwicklung von Strategien zur Minimierung oder Vermeidung von Risiken.
   - o Maßnahmen können präventiv (z.B. Schulungen, Sicherheitsmaßnahmen) oder reaktiv (z.B. Notfallpläne, Wiederherstellungsverfahren) sein.
   - o Dokumentation der getroffenen Maßnahmen und deren Wirksamkeit.
4. Risikokommunikation
   - o Austausch von Informationen über Risiken und getroffene Maßnahmen innerhalb der Organisation.
   - o Einbindung aller relevanten Stakeholder, um ein gemeinsames Verständnis der Risiken und deren Management zu fördern.
5. Monitoring und Überprüfung
   - o Regelmäßige Überprüfung der identifizierten Risiken und der Wirksamkeit der umgesetzten Maßnahmen.
   - o Anpassung der Strategien an neue Bedrohungen oder Veränderungen in der IT-Umgebung.
   - o Nutzung von KPIs (Key Performance Indicators), um den Erfolg des Risikomanagements zu messen.

Ziel des IT-Risikomanagements ist es, die Vertraulichkeit, Integrität und Verfügbarkeit von Informationen zu schützen und die Organisation vor potenziellen Verlusten oder Schäden zu bewahren.

IT-Servicemanagement

IT-Servicemanagement (ITSM) bezieht sich auf die Planung, Bereitstellung, Verwaltung und Verbesserung von IT-Dienstleistungen, die den Bedürfnissen von Unternehmen und deren Kunden entsprechen. Es umfasst verschiedene Prozesse und Praktiken, die darauf abzielen, die Qualität der IT-Dienste zu optimieren und sicherzustellen, dass diese effizient und effektiv bereitgestellt werden.

1. **Prozesse im ITSM**
   - **Incident Management**: Behandelt Störungen im IT-Betrieb. Ziel ist es, den normalen Servicebetrieb so schnell wie möglich wiederherzustellen, um negative Auswirkungen auf das Geschäft zu minimieren.
   - **Problem Management**: Identifiziert die Ursachen von wiederkehrenden Incidents und entwickelt Lösungen, um diese Probleme dauerhaft zu beheben.
   - **Change Management**: Regelt die Planung und Durchführung von Änderungen an IT-Diensten. Ziel ist es, Risiken zu minimieren und die Auswirkungen von Änderungen auf den Betrieb zu kontrollieren.
   - **Service Request Management**: Behandelt Anfragen von Benutzern, beispielsweise für den Zugriff auf Systeme oder die Bereitstellung neuer Hardware.
   - **Service Level Management**: Überwacht und verwaltet die vereinbarten Service-Level-Agreements (SLAs) zwischen IT-Diensten und den Kunden, um sicherzustellen, dass die Qualität der Dienste den Erwartungen entspricht.

2. **Rollen im ITSM**
   - **Service Owner**: Verantwortlich für die Gesamtqualität eines bestimmten IT-Services. Koordiniert alle Aktivitäten, die den Service betreffen.

- o **Process Owner**: Verantwortlich für die Gestaltung, Implementierung und Verbesserung eines bestimmten Prozesses im ITSM.
- o **Service Desk**: Der zentrale Punkt für die Entgegennahme von Incidents und Service Requests. Agiert als Schnittstelle zwischen den Benutzern und den IT-Teams.

3. **Werkzeuge und Technologien**
   - o **ITSM-Software**: Verschiedene Tools unterstützen die Automatisierung und Verwaltung der ITSM-Prozesse, wie z.B. ServiceNow, BMC Remedy oder Jira Service Management.
   - o **Monitoring-Tools**: Überwachen die IT-Infrastruktur, um Probleme frühzeitig zu erkennen und zu beheben.

4. **Best Practices und Standards**
   - o **ITIL (IT Infrastructure Library)**: Ein Rahmenwerk, das bewährte Praktiken für das IT-Servicemanagement definiert. ITIL bietet eine strukturierte Herangehensweise zur Verbesserung der IT-Dienstleistungen.
   - o **COBIT (Control Objectives for Information and Related Technologies)**: Ein Rahmenwerk zur Governance und Management von Unternehmens-IT, das eine Verbindung zwischen IT und Geschäftsstrategien herstellt.

5. **Ziele des ITSM**
   - o Verbesserung der Servicequalität und der Benutzerzufriedenheit.
   - o Effiziente Nutzung von IT-Ressourcen und Minimierung von Kosten.
   - o Sicherstellung der Einhaltung von Vorschriften und Standards.

IT-Servicemanagement ist somit ein umfassendes Konzept, das die Qualität und Effizienz der IT-Dienste in einem Unternehmen sicherstellt und auf die Bedürfnisse der Benutzer und des Unternehmens ausgerichtet ist.

IT-Sicherheit

IT-Sicherheit bezieht sich auf den Schutz von Informationen, Systemen und Netzwerken vor unbefugtem Zugriff, Missbrauch, Zerstörung oder Veränderung. Sie umfasst eine Vielzahl von Maßnahmen, Technologien und Prozessen, die darauf abzielen, Daten und IT-Infrastrukturen zu sichern.

Schutzmaßnahmen:

- **Technische Maßnahmen**: Dazu gehören Firewalls, Antivirus-Software, Intrusion Detection Systeme (IDS) und Verschlüsselungstechnologien. Diese Werkzeuge helfen, Bedrohungen abzuwehren und Daten zu schützen.

- **Organisatorische Maßnahmen**: Hierzu zählen Sicherheitsrichtlinien, Schulungen für Mitarbeiter und Notfallpläne. Solche Maßnahmen fördern ein Sicherheitsbewusstsein und stellen sicher, dass alle im Unternehmen die gleichen Standards einhalten.

- **Physische Maßnahmen**: Der Schutz von Hardware und Infrastruktur durch Zugangskontrollen, Überwachungssysteme und sichere Standorte ist ebenso entscheidend. Physische Sicherheit schützt vor Diebstahl und Vandalismus.

Bedrohungen:

- **Malware**: Schadsoftware, die Systeme infizieren und Daten stehlen oder zerstören kann. Dazu gehören Viren, Würmer, Trojaner und Ransomware.

- **Phishing**: Eine Technik, bei der Angreifer versuchen, vertrauliche Informationen wie Passwörter oder Kreditkartendaten durch gefälschte E-Mails oder Webseiten zu stehlen.

- **DDoS-Angriffe**: Distributed Denial of Service-Angriffe zielen darauf ab, einen Dienst oder eine Website durch Überlastung mit Anfragen unbrauchbar zu machen.

Rechtliche Aspekte:

- **Datenschutzgesetze**: Vorschriften wie die Datenschutz-Grundverordnung (DSGVO) regeln, wie Unternehmen mit personenbezogenen Daten umgehen müssen. Verstöße können hohe Strafen nach sich ziehen.

- **Compliance**: Unternehmen müssen sicherstellen, dass sie alle relevanten Gesetze und Vorschriften einhalten, um rechtliche Konsequenzen zu vermeiden.

Risikomanagement:

- **Identifikation von Risiken**: Risiken müssen erkannt und bewertet werden, um die richtigen Schutzmaßnahmen zu implementieren.

- **Bewertung der Sicherheitslage**: Regelmäßige Sicherheitsüberprüfungen und Audits helfen, Schwachstellen zu identifizieren und zu beheben.

- **Reaktion auf Vorfälle**: Ein effektiver Notfallplan ist notwendig, um im Falle eines Sicherheitsvorfalls schnell und angemessen reagieren zu können.

IT-Sicherheit ist ein fortlaufender Prozess, der ständige Anpassungen an neue Bedrohungen und Technologien erfordert. Die Zusammenarbeit zwischen verschiedenen Abteilungen und eine kontinuierliche Weiterbildung der Mitarbeiter sind entscheidend für einen effektiven Schutz der IT-Ressourcen.

IT-Strategie

Definition: Eine IT-Strategie ist ein langfristiger Plan, der die Ausrichtung und Nutzung von Informationstechnologie in einem Unternehmen beschreibt. Ziel ist es, die IT-Ressourcen und - Aktivitäten so zu gestalten, dass sie die Geschäftsziele unterstützen und den größtmöglichen Nutzen bringen.

1. Zielsetzung
   o Unterstützung der Unternehmensziele: Die IT-Strategie sollte direkt auf die strategischen Ziele des Unternehmens abgestimmt sein, um Synergien zu schaffen.
   o Effizienzsteigerung: Optimierung von Prozessen durch den Einsatz geeigneter Technologien.
   o Innovationsförderung: Nutzung neuer Technologien zur Verbesserung von Produkten und Dienstleistungen.
2. Bestandteile
   o Analyse der aktuellen IT-Landschaft: Bewertung der bestehenden Systeme, Infrastruktur und Anwendungen.
   o Bedarfsanalyse: Ermittlung der Anforderungen der verschiedenen Abteilungen und Stakeholder.

- Technologieauswahl: Entscheidung über den Einsatz bestimmter Technologien, Softwarelösungen und Hardware.
3. Umsetzung
    - Ressourcenplanung: Festlegung, welche finanziellen, personellen und zeitlichen Ressourcen benötigt werden.
    - Projektmanagement: Definition von Projekten und Initiativen zur Umsetzung der strategischen Ziele.
    - Change Management: Sicherstellung, dass Veränderungen in der IT-Anwendung und -Nutzung von den Mitarbeitern akzeptiert werden.
4. Überwachung und Anpassung
    - Erfolgskontrolle: Regelmäßige Überprüfung der Umsetzung und der erreichten Ergebnisse im Vergleich zu den festgelegten Zielen.
    - Anpassung der Strategie: Flexibilität, um auf technologische Entwicklungen und Veränderungen im Markt zu reagieren.
5. Rolle der Mitarbeiter
    - Schulung und Weiterbildung: Sicherstellung, dass die Mitarbeiter über die notwendigen Fähigkeiten verfügen, um die IT-Strategie erfolgreich umzusetzen.
    - Einbeziehung der Mitarbeiter: Förderung von Ideen und Feedback zur kontinuierlichen Verbesserung der IT-Nutzung.
6. Risiken und Herausforderungen
    - Technologische Veränderungen: Schneller Wandel in der IT erfordert ständige Anpassungen.
    - Sicherheitsbedenken: Schutz sensibler Daten und Systeme vor Cyberangriffen.
    - Budgetrestriktionen: Notwendigkeit, die IT-Strategie innerhalb der finanziellen Vorgaben des Unternehmens zu realisieren.

Die IT-Strategie ist ein zentrales Element der Unternehmensführung, das sicherstellt, dass die IT-Investitionen sinnvoll eingesetzt werden und zur Erreichung der Unternehmensziele beitragen.

IT-Trend

Definition: Ein IT-Trend bezeichnet eine Entwicklung oder Veränderung in der Informationstechnologie, die sich über einen bestimmten Zeitraum hinweg bemerkbar macht und häufig Auswirkungen auf Unternehmen, Arbeitsweisen oder Technologien hat. Trends können durch technologische Innovationen, Veränderungen im Nutzerverhalten oder neue Anforderungen an die IT-Landschaft entstehen.

Merkmale von IT-Trends:

- **Technologische Innovation**: Oftmals entstehen Trends aufgrund neuer Technologien, wie etwa Künstliche Intelligenz, Blockchain oder Cloud-Computing. Diese Technologien bieten neue Möglichkeiten und verändern bestehende Prozesse.

- **Nutzerverhalten**: Trends können auch durch Veränderungen in der Art und Weise, wie Menschen Technologie nutzen, beeinflusst werden. Beispielsweise hat die zunehmende Nutzung von Smartphones und mobilen Anwendungen das Nutzerverhalten stark geprägt.

- **Marktanpassung**: Unternehmen reagieren auf Trends, um wettbewerbsfähig zu bleiben. Wenn ein neuer Trend aufkommt, müssen Firmen oft ihre Strategien anpassen, um den Anforderungen des Marktes gerecht zu werden.

- **Lebenszyklus**: IT-Trends durchlaufen typischerweise verschiedene Phasen. Zunächst gibt es eine Entstehungsphase, gefolgt von einer Wachstumsphase, in der der Trend an Popularität gewinnt. Später kann der Trend entweder stabil bleiben oder in eine Sättigungsphase eintreten, wo das Interesse nachlässt.

Beispiele für aktuelle IT-Trends:

- **Cloud-Computing**: Die Nutzung von Cloud-Diensten wächst, da Unternehmen ihre IT-Infrastruktur flexibilisieren und Kosten senken möchten. Cloud-Computing ermöglicht den Zugriff auf Ressourcen über das Internet.

- **Künstliche Intelligenz (KI)**: KI-Technologien finden Anwendung in vielen Bereichen, von automatisierten Kundenservices bis hin zu datenbasierten Entscheidungsprozessen. Unternehmen integrieren KI, um Effizienz zu steigern und personalisierte Angebote zu schaffen.

- **Cybersecurity**: Mit der Zunahme von Daten und vernetzten Geräten steigt das Bewusstsein für Sicherheit. Neue Sicherheitslösungen und Technologien werden entwickelt, um Daten und Systeme zu schützen.

- **IoT (Internet der Dinge)**: Die Vernetzung von Alltagsgegenständen mit dem Internet ermöglicht neue Anwendungen, die die Effizienz und den Komfort im Alltag erhöhen. IoT-Anwendungen finden sich in Smart Homes, Industrie 4.0 und vielen anderen Bereichen.

Ein IT-Trend hat oft weitreichende Konsequenzen und beeinflusst nicht nur technische Entscheidungen, sondern auch die Unternehmenskultur, die Ausbildung von Fachkräften sowie die Art und Weise, wie Dienstleistungen und Produkte angeboten werden.

ITIL

ITIL steht für "Information Technology Infrastructure Library" und ist ein Rahmenwerk für das IT-Service-Management (ITSM). Es bietet Best Practices und Richtlinien zur Planung, Bereitstellung und Verwaltung von IT-Diensten. ITIL zielt darauf ab, die Qualität der IT-Services zu verbessern und die Effizienz der IT-Organisation zu steigern.

1. **Grundlagen von ITIL**
   - ITIL wurde ursprünglich in den 1980er Jahren von der britischen Regierung entwickelt, um die Qualität von IT-Services in der öffentlichen Verwaltung zu verbessern.
   - Es basiert auf einer Sammlung von Prozessen und Verfahren, die in verschiedenen IT-Service-Management-Bereichen angewendet werden können.

2. **ITIL-Versionen**
   - Die erste Version war ITIL v1, gefolgt von ITIL v2 und v3. Die aktuelle Version, ITIL 4, wurde 2019 veröffentlicht und stellt einen modernen Ansatz für das IT-Service-Management dar.
   - ITIL 4 integriert agile, DevOps und Lean-Praktiken, um den sich ändernden Anforderungen der IT-Welt gerecht zu werden.

3. **Kernkomponenten**
   - **Service Strategy**: Entwicklung von Strategien zur Bereitstellung von IT-Services, die den Bedürfnissen der Kunden entsprechen.
   - **Service Design**: Planung und Gestaltung neuer IT-Services, einschließlich der notwendigen Prozesse, Technologien und Ressourcen.

- Service Transition: Einführung neuer oder geänderter Services in die Produktionsumgebung, um sicherzustellen, dass sie reibungslos funktionieren.
- **Service Operation**: Verwaltung der täglichen IT-Services, um sicherzustellen, dass sie effizient und effektiv bereitgestellt werden.
- **Continual Service Improvement (CSI)**: Ständige Verbesserung der IT-Services durch regelmäßige Überprüfung und Anpassung der Prozesse.

4. **Wichtige Konzepte**
   - **Service Value System (SVS)**: Umfassendes Modell, das beschreibt, wie alle Komponenten und Aktivitäten einer Organisation zusammenarbeiten, um Wert zu schaffen.
   - **Four Dimensions Model**: Betrachtet vier Dimensionen, die für die Schaffung von Wert durch IT-Services wichtig sind: Organisation und Menschen, Informationen und Technologie, Partner und Lieferanten sowie Wertströme und Prozesse.

5. **Vorteile von ITIL**
   - Verbesserung der Servicequalität durch standardisierte Prozesse.
   - Höhere Kundenzufriedenheit durch besseres Management und schnellere Reaktionszeiten.
   - Effizientere Nutzung von Ressourcen und Kostenreduzierung.
   - Erleichterung der Kommunikation und Zusammenarbeit innerhalb der IT-Abteilung und mit anderen Geschäftsbereichen.

6. **Zertifizierungen**
   - ITIL bietet verschiedene Zertifizierungsstufen, die von Einsteiger- bis zu Expertenleveln reichen. Diese Zertifikate sind in der IT-Branche anerkannt und können die Karrierechancen von Fachinformatikern erheblich verbessern.

ITIL stellt somit ein umfassendes System dar, das darauf abzielt, IT-Services effizient zu managen und kontinuierlich zu verbessern, um den Anforderungen der Kunden gerecht zu werden und den Geschäftswert zu steigern.

Java

Java ist eine objektorientierte Programmiersprache, die in den 1990er Jahren von Sun Microsystems entwickelt wurde. Sie wird häufig für die Entwicklung von plattformunabhängigen Anwendungen eingesetzt. Die Sprache ist so konzipiert, dass sie auf verschiedenen Hardware- und Betriebssystemumgebungen funktioniert, was durch das Konzept „Write Once, Run Anywhere" (WORA) ermöglicht wird.

Merkmale von Java:

- **Objektorientierung**: Java basiert auf dem Konzept der Objekte, die Daten und Funktionen kapseln. Dies fördert die Wiederverwendbarkeit von Code und erleichtert die Wartung von Software.

- **Plattformunabhängigkeit**: Java-Programme werden in Bytecode kompiliert, der von der Java Virtual Machine (JVM) interpretiert wird. Dies bedeutet, dass ein Java-Programm auf jeder Plattform ausgeführt werden kann, die eine JVM unterstützt, ohne dass Änderungen am Code notwendig sind.

- **Garbage Collection**: Java verwaltet den Speicher automatisch durch ein Verfahren namens Garbage Collection. Dabei werden nicht mehr benötigte Objekte automatisch aus dem Speicher entfernt, was Speicherlecks verhindert und die Effizienz erhöht.

- **Starke Typisierung**: Java ist eine stark typisierte Sprache, was bedeutet, dass der Datentyp einer Variablen bei der Deklaration festgelegt werden muss. Dies hilft, Fehler frühzeitig im Entwicklungsprozess zu erkennen.

- **Multithreading**: Java unterstützt Multithreading, was die gleichzeitige Ausführung mehrerer Threads innerhalb eines Programms ermöglicht. Dies ist besonders nützlich für Anwendungen, die auf Benutzerinteraktionen oder Netzwerkkommunikation angewiesen sind.

- **Rich API**: Java bietet eine umfangreiche Standardbibliothek (API), die eine Vielzahl von Funktionen für Netzwerkkommunikation, Datenbankzugriffe, GUI-Entwicklung und vieles mehr bereitstellt. Diese Bibliothek erleichtert die Entwicklung komplexer Anwendungen erheblich.

- **Sicherheit**: Java legt großen Wert auf Sicherheit, insbesondere bei der Ausführung von Code aus unsicheren Quellen. Die Sprache bietet Mechanismen wie die Java Security Manager, die den Zugriff auf Systemressourcen kontrolliert.

Anwendungsgebiete:

- **Webanwendungen**: Java wird häufig für serverseitige Webanwendungen verwendet, insbesondere mit Frameworks wie Spring und JavaServer Faces (JSF).

- **Mobile Anwendungen**: Android, das beliebteste mobile Betriebssystem, verwendet Java als Hauptprogrammiersprache.

- **Enterprise-Anwendungen**: Viele Unternehmen setzen Java für komplexe Geschäftsanwendungen ein, oft in Verbindung

mit Java EE (Enterprise Edition), das zusätzliche Funktionen
für die Entwicklung von Unternehmenssoftware bereitstellt.

- **Spieleentwicklung**: Java wird auch in der Spieleentwicklung
  verwendet, insbesondere für plattformübergreifende Spiele.

- **Big Data und Cloud-Computing**: Technologien wie Apache
  Hadoop nutzen Java, um große Datenmengen zu
  verarbeiten und zu analysieren.

Die Syntax von Java ist ähnlich der von C und C++, was den Umstieg
für Entwickler erleichtert, die bereits Erfahrung mit diesen Sprachen
haben. Die Sprache fördert bewährte Programmierpraktiken und
wird in vielen Bildungseinrichtungen als Einführung in die
Programmierung verwendet.

JavaScript

JavaScript ist eine Programmiersprache, die hauptsächlich für die
Entwicklung von interaktiven Webanwendungen verwendet wird. Sie
wurde ursprünglich in den 1990er Jahren von Netscape entwickelt
und ist heute eine der am weitesten verbreiteten
Programmiersprachen im Internet.

- **Syntax und Struktur**
  - JavaScript hat eine C-ähnliche Syntax, die bedeutet,
    dass es geschweifte Klammern für Codeblöcke und
    Semikolons zur Trennung von Anweisungen
    verwendet.
  - Variablen können mit den Schlüsselwörtern `var`,
    `let` oder `const` deklariert werden. Der Unterschied
    zwischen diesen liegt in der Sichtbarkeit und der
    Möglichkeit, den Wert zu ändern.
- **Datentypen**

- JavaScript unterstützt verschiedene Datentypen, darunter:
  - Primitive Datentypen: `Number`, `String`, `Boolean`, `Null`, `Undefined`, `Symbol`, `BigInt`.
  - Objekte: Sammlungen von Schlüssel-Wert-Paaren, die beliebige Datentypen enthalten können.

- **Funktionen**
  - Funktionen sind grundlegende Bausteine in JavaScript. Sie können entweder als normale Funktionen oder als anonyme Funktionen (z.B. Arrow Functions) definiert werden.
  - Funktionen können Parameter akzeptieren und Werte zurückgeben, was ihre Wiederverwendbarkeit erhöht.

- **DOM-Manipulation**
  - Das Document Object Model (DOM) stellt eine Schnittstelle bereit, um HTML- und XML-Dokumente zu strukturieren. JavaScript ermöglicht die Interaktion mit dem DOM, sodass Elemente dynamisch hinzugefügt, entfernt oder verändert werden können.
  - Beispiele für DOM-Methoden sind `getElementById`, `querySelector`, `createElement` und `appendChild`.

- **Ereignissteuerung**
  - JavaScript kann auf Benutzerinteraktionen reagieren, wie Mausklicks, Tastatureingaben oder das Laden von Seiten. Ereignis-Listener können hinzugefügt werden, um bestimmte Funktionen auszuführen, wenn ein Ereignis eintritt.

- **Asynchrone Programmierung**
  - JavaScript unterstützt asynchrone Programmierung, um Aufgaben wie Netzwerkaufrufe oder

zeitintensive Operationen zu verwalten, ohne die Benutzeroberfläche zu blockieren.

- o Promises und die `async/await`-Syntax sind Mechanismen, die helfen, asynchrone Operationen zu handhaben.

- **Frameworks und Bibliotheken**
  - o Es gibt zahlreiche Frameworks und Bibliotheken, die auf JavaScript basieren, wie React, Angular und Vue.js, die die Entwicklung von komplexen Anwendungen erleichtern.
  - o Bibliotheken wie jQuery bieten zusätzliche Funktionen zur Vereinfachung der DOM-Manipulation und der Ereignisbehandlung.

- **Einsatzgebiete**
  - o JavaScript wird nicht nur für Frontend-Entwicklung verwendet, sondern auch auf der Serverseite, insbesondere durch Technologien wie Node.js. Dies ermöglicht die Entwicklung vollständiger Anwendungen in einer einzigen Sprache.

- **Entwicklungsumgebungen**
  - o JavaScript kann in verschiedenen Entwicklungsumgebungen (IDEs) und Texteditoren geschrieben werden. Beliebte Optionen sind Visual Studio Code, Sublime Text und Atom.
  - o Viele moderne Browser bieten integrierte Developer-Tools, die das Debuggen und Testen von JavaScript-Code unterstützen.

Die Vielseitigkeit und die ständige Weiterentwicklung dieser Sprache machen sie zu einem unverzichtbaren Werkzeug in der Webentwicklung.

Kollaboration

Kollaboration bezeichnet die Zusammenarbeit zwischen mehreren Personen oder Gruppen, um ein gemeinsames Ziel zu erreichen. Dieser Prozess beinhaltet verschiedene Aspekte, die für Fachinformatiker und Fachinformatikerinnen von Bedeutung sind.

1. **Ziele und Aufgaben**
   - Klare Definition von Zielen: Jedes Projekt sollte spezifische, messbare und erreichbare Ziele haben.
   - Aufgabenverteilung: Die Arbeit wird auf die Teammitglieder aufgeteilt, wobei jeder seine Stärken einbringt.

2. **Kommunikation**
   - Offene Kommunikationskanäle: Der Austausch von Informationen erfolgt über verschiedene Plattformen wie E-Mail, Chats oder Projektmanagement-Tools.
   - Regelmäßige Meetings: Diese helfen, den Fortschritt zu überprüfen und Probleme zeitnah zu lösen.

3. **Rollen und Verantwortlichkeiten**
   - Festlegung von Rollen: Jedes Teammitglied hat spezifische Aufgaben und Verantwortlichkeiten, die klar definiert sind.
   - Verantwortungsbewusstsein: Jedes Mitglied ist für seine Aufgaben verantwortlich und sollte die Ergebnisse seiner Arbeit kontinuierlich überprüfen.

4. **Werkzeuge und Technologien**
   - Nutzung von Software: Verschiedene Tools wie Git für Versionierung, Jira für Projektmanagement oder Slack für Kommunikation unterstützen die Zusammenarbeit.
   - Gemeinsame Dokumentation: Eine zentrale Ablage für Dokumente und Projektunterlagen sorgt dafür, dass alle Teammitglieder Zugriff auf die benötigten Informationen haben.

5. **Feedback und Evaluation**
    - o Konstruktives Feedback: Teammitglieder geben sich gegenseitig Rückmeldungen, um die Qualität der Arbeit zu verbessern.
    - o Evaluation von Ergebnissen: Nach Abschluss eines Projekts wird der gesamte Prozess reflektiert, um Stärken und Schwächen zu identifizieren.
6. **Teamdynamik**
    - o Gruppendynamik: Die Interaktion zwischen den Teammitgliedern beeinflusst die Zusammenarbeit. Ein positives Klima fördert die Kreativität und Effizienz.
    - o Konfliktmanagement: Bei Meinungsverschiedenheiten oder Konflikten ist es wichtig, diese offen anzusprechen und gemeinsam Lösungen zu finden.

Kollaboration ist somit ein strukturierter Prozess, der auf klaren Zielen basiert und durch effektive Kommunikation, den Einsatz geeigneter Werkzeuge sowie die Berücksichtigung von Teamdynamik und Feedback geprägt ist.

Kollaborationssoftware

Kollaborationssoftware bezeichnet Anwendungen und Tools, die die Zusammenarbeit zwischen Personen oder Gruppen erleichtern. Diese Software wird häufig in Unternehmen, Bildungseinrichtungen und anderen Organisationen eingesetzt, um die Kommunikation, den Austausch von Informationen und die gemeinsame Bearbeitung von Projekten zu fördern.

Funktionen von Kollaborationssoftware:

- **Kommunikation**: Die Software ermöglicht den Austausch von Nachrichten, ob in Form von Chats, Foren oder

Videokonferenzen. Hierdurch können Teammitglieder in Echtzeit miteinander kommunizieren, unabhängig von ihrem Standort.

- **Dokumentenmanagement**: Nutzer können Dokumente erstellen, bearbeiten und speichern. Oft gibt es Funktionen zur gemeinsamen Bearbeitung, wodurch mehrere Personen gleichzeitig an einem Dokument arbeiten können.

- **Task-Management**: Aufgaben können zugewiesen, verfolgt und priorisiert werden. Dies hilft Teams, den Überblick über Projekte und Fristen zu behalten.

- **Dateiaustausch**: Die Software bietet Möglichkeiten, Dateien sicher zu speichern und zu teilen. Nutzer können auf zentralisierte Ablagen zugreifen, was den Austausch von Informationen vereinfacht.

- **Integration**: Viele Kollaborationslösungen lassen sich mit anderen Software-Anwendungen integrieren, wie etwa Projektmanagement-Tools, CRM-Systemen oder Kalenderanwendungen. Dies sorgt für einen nahtlosen Arbeitsablauf.

- **Sicherheit**: Datenschutz und Datensicherheit sind zentrale Punkte. Viele Kollaborationssoftware-Lösungen bieten Funktionen wie Zugriffskontrollen, Verschlüsselung und regelmäßige Backups, um sensible Informationen zu schützen.

Beispiele für Kollaborationssoftware:

- **Slack**: Eine Plattform, die vor allem für die Kommunikation in Teams verwendet wird. Sie bietet Chat-Funktionen, Kanäle für verschiedene Themen und Integrationsmöglichkeiten mit anderen Tools.

- **Microsoft Teams**: Ein umfassendes Tool, das Kommunikation, Videokonferenzen, Dokumentenbearbeitung und Projektmanagement in einer Oberfläche vereint.

- **Trello**: Eine Anwendung zur visuellen Verwaltung von Projekten, die es Teams ermöglicht, Aufgaben in Form von Karten zu organisieren und Fortschritte nachzuvollziehen.

- **Google Workspace**: Bietet eine Sammlung von Anwendungen, darunter Google Docs, Google Sheets und Google Drive, die eine einfache Zusammenarbeit an Dokumenten und die gemeinsame Nutzung von Dateien ermöglichen.

Einsatzbereiche:

- **Unternehmen**: Optimierung der internen Kommunikation und Effizienzsteigerung bei Projekten.
- **Bildung**: Unterstützung von Lehrern und Schülern bei der Zusammenarbeit an Projekten und dem Austausch von Lernmaterialien.
- **Remote-Arbeit**: Ermöglichung der Zusammenarbeit von Teams, die an verschiedenen Orten arbeiten, durch virtuelle Tools und Plattformen.

Kollaborationssoftware hat sich als unverzichtbar in modernen Arbeitsumgebungen etabliert und trägt dazu bei, die Produktivität und Effizienz von Teams zu steigern.

Künstliche Intelligenz

Künstliche Intelligenz (KI) bezeichnet die Fähigkeit von Maschinen, menschenähnliche Intelligenzleistungen zu erbringen. Diese

Leistungen umfassen unter anderem das Lernen, Problemlösen, Verstehen von Sprache und das Treffen von Entscheidungen.

Arten der Künstlichen Intelligenz

- **Schwache KI:** Diese Form der KI ist auf spezifische Aufgaben spezialisiert und kann keine allgemeinen kognitiven Fähigkeiten entwickeln. Beispiele sind Sprachassistenten wie Siri oder Alexa, die auf vordefinierte Befehle reagieren.

- **Starke KI:** Diese hypothetische Form der KI wäre in der Lage, menschenähnliche Intelligenz in vollem Umfang zu zeigen, einschließlich Bewusstsein, Verständnis und emotionale Intelligenz. Derzeit existiert starke KI jedoch nur in der Theorie.

Wichtige Technologien der Künstlichen Intelligenz

- **Maschinelles Lernen:** Ein Teilbereich der KI, bei dem Algorithmen aus Daten lernen, um Muster zu erkennen und Vorhersagen zu treffen. Es gibt verschiedene Ansätze, wie überwachtes Lernen, unüberwachtes Lernen und bestärkendes Lernen.

- **Neuronale Netze:** Inspiriert von der Funktionsweise des menschlichen Gehirns, bestehen sie aus Schichten von Knoten (Neuronen), die miteinander verbunden sind. Diese Struktur ermöglicht es, komplexe Muster in Daten zu erkennen.

- **Natürliche Sprachverarbeitung (NLP):** Dieser Bereich der KI beschäftigt sich mit der Interaktion zwischen Computern und Menschen in natürlicher Sprache. Anwendungen sind Textanalyse, Übersetzungen und Chatbots.

Anwendungen der Künstlichen Intelligenz

- **Automatisierung:** KI wird in der Industrie zur Automatisierung von Produktionsprozessen eingesetzt, um Effizienz und Präzision zu erhöhen.

- **Medizin:** In der Diagnostik unterstützt KI Ärzte bei der Erkennung von Krankheiten durch Analyse von Bilddaten oder Patientenakten.

- **Finanzwesen:** KI hilft bei der Analyse von Finanzdaten, um Risiken zu bewerten und Anlageentscheidungen zu treffen.

- **Verkehr:** Selbstfahrende Autos nutzen KI, um ihre Umgebung zu erkennen und sicher zu navigieren.

Herausforderungen und ethische Überlegungen

- **Datenschutz:** Der Umgang mit großen Datenmengen wirft Fragen zum Schutz persönlicher Informationen auf.

- **Bias:** Algorithmen können Vorurteile aus den Trainingsdaten übernehmen, was zu unfairen Entscheidungen führen kann.

- **Arbeitsmarkt:** Automatisierung durch KI kann bestimmte Arbeitsplätze gefährden, während neue Arbeitsfelder entstehen.

Künstliche Intelligenz ist ein dynamisches und interdisziplinäres Forschungsfeld, das ständig weiterentwickelt wird. Die Integration von KI in verschiedene Lebensbereiche hat das Potenzial, Prozesse zu optimieren und neue Möglichkeiten zu schaffen.

Lastenheft

Ein Lastenheft ist ein Dokument, das die Anforderungen und Erwartungen an ein Projekt, oft im Bereich der Softwareentwicklung oder Technik, detailliert beschreibt. Es dient als Grundlage für die Kommunikation zwischen Auftraggeber und Auftragnehmer. Die Inhalte des Lastenhefts sind entscheidend für die spätere Umsetzung des Projekts.

Inhalte eines Lastenhefts:

- **Zielsetzung**: Beschreibung des übergeordneten Ziels des Projekts. Was soll erreicht werden? Welche Probleme sollen gelöst werden?

- **Funktionale Anforderungen**: Auflistung der spezifischen Funktionen, die das Endprodukt bieten muss. Diese Anforderungen beziehen sich auf die Benutzerinteraktionen und die Systemleistungen.

- **Nicht-funktionale Anforderungen**: Beschreibung von Kriterien, die nicht direkt mit den Funktionen zu tun haben, wie z.B. Performance, Sicherheit, Usability und rechtliche Vorgaben.

- **Zielgruppen**: Definition der Nutzergruppen, die mit dem Produkt interagieren werden. Hierzu gehören Endbenutzer, Administratoren und andere Stakeholder.

- **Rahmenbedingungen**: Festlegung von Einschränkungen, die das Projekt beeinflussen, wie Budget, Zeitrahmen, verfügbare Technologien oder gesetzliche Vorgaben.

- **Abnahmekriterien**: Festlegung, welche Bedingungen erfüllt sein müssen, damit das Projekt als abgeschlossen gilt. Diese Kriterien helfen bei der Bewertung des fertigen Produkts.

- **Risiken**: Identifikation möglicher Risiken, die während der Projektumsetzung auftreten können. Dazu gehören technische, personelle oder zeitliche Risiken.

- **Glossar**: Erklärung von Fachbegriffen, die im Lastenheft verwendet werden. Dies sorgt für ein gemeinsames Verständnis aller Beteiligten.

Ein Lastenheft wird in der Regel zu Beginn eines Projekts erstellt und bildet die Basis für das Pflichtenheft, das die spezifischen technischen Umsetzungen der Anforderungen beschreibt. Es ist ein wichtiges Dokument, um Missverständnisse zu vermeiden und klare Erwartungen zwischen allen Projektbeteiligten zu schaffen.

Latenz

Latenz beschreibt die Verzögerung, die zwischen dem Senden einer Anfrage und dem Erhalten einer Antwort auftritt. Diese Verzögerung kann in verschiedenen Kontexten auftreten, insbesondere in der Informatik und Telekommunikation.

Ursachen der Latenz:

- **Netzwerklatenz**: Diese Art von Latenz tritt auf, wenn Daten über ein Netzwerk gesendet werden. Faktoren wie die physikalische Distanz zwischen den Geräten, Netzwerkgeschwindigkeit und -qualität sowie die Anzahl der Knoten, die die Daten durchlaufen müssen, beeinflussen die Netzwerklatenz.

- **Verarbeitungslatenz**: Diese Verzögerung entsteht, wenn ein System oder ein Gerät Daten verarbeitet. Sie kann durch die Leistungsfähigkeit der Hardware, die Effizienz der Software oder die Komplexität der durchgeführten Berechnungen bedingt sein.

- **Speicherlatenz**: Diese bezieht sich auf die Zeit, die benötigt wird, um Daten aus einem Speichergerät abzurufen. Die Art des Speichers (z. B. SSD vs. HDD) und die Geschwindigkeit der Datenübertragung spielen hier eine Rolle.

- **Benutzerlatenz**: Diese Verzögerung betrifft die Zeit, die ein Benutzer benötigt, um auf eine Benutzeroberfläche zu reagieren. Faktoren wie die Benutzererfahrung und die Reaktionszeit des Systems können hier Einfluss nehmen.

Messung der Latenz:

- **Ping**: Ein gängiges Werkzeug, um die Netzwerklatenz zu messen. Es sendet ein Signal an ein Ziel und misst die Zeit, die benötigt wird, um eine Antwort zu erhalten.

- **Traceroute**: Ein weiteres Werkzeug, das die Route verfolgt, die Datenpakete zu einem Ziel nehmen, und die Zeit für jeden Hop misst. Dies hilft, Engpässe im Netzwerk zu identifizieren.

- **Benchmark-Tests**: Diese Tests können durchgeführt werden, um die Verarbeitungs- und Speicherlatenz von Systemen oder Anwendungen zu bewerten.

Auswirkungen der Latenz:

- **Benutzererfahrung**: Hohe Latenz kann dazu führen, dass Anwendungen langsam reagieren, was die Benutzerzufriedenheit beeinträchtigt.

- **Echtzeitanwendungen**: In Anwendungen wie Online-Gaming oder Videokonferenzen ist eine niedrige Latenz entscheidend, um Verzögerungen zu vermeiden, die die Interaktivität stören.

- **Datenübertragung**: In der Datenkommunikation kann hohe Latenz die Effizienz der Übertragung verringern und die Bandbreitennutzung beeinträchtigen.

Optimierung der Latenz:

- **Content Delivery Networks (CDNs)**: Diese Netzwerke helfen, Inhalte näher am Benutzer zu speichern, wodurch die Netzwerklatenz verringert wird.

- **Caching**: Durch das Speichern häufig abgerufener Daten in einem schnelleren Zugriffsspeicher kann die Verarbeitungs- und Speicherlatenz reduziert werden.

- **Netzwerkoptimierung**: Techniken wie Traffic-Shaping und QoS (Quality of Service) können helfen, die Netzwerklatenz zu senken, indem sie Prioritäten für verschiedene Datenströme festlegen.

- **Hardware-Upgrades**: Der Einsatz leistungsfähigerer Hardware kann die Verarbeitungs- und Speicherlatenz verringern.

Load Balancing

Load Balancing bezeichnet die Verteilung von Netzwerk- oder Anwendungsverkehr auf mehrere Server oder Ressourcen, um die Leistung und Verfügbarkeit von Anwendungen zu optimieren. Ziel ist es, Überlastungen einzelner Server zu vermeiden und die Reaktionszeiten zu verbessern.

1. Grundprinzipien
   - Lastverteilung: Der eingehende Datenverkehr wird gleichmäßig auf die verfügbaren Server verteilt.
   - Verfügbarkeit: Bei Ausfall eines Servers wird der Verkehr automatisch auf die verbleibenden Server umgeleitet.
   - Skalierbarkeit: Neue Server können einfach hinzugefügt werden, um die Kapazität zu erhöhen.
2. Arten von Load Balancing
   - Hardware-basiertes Load Balancing: Verwendung spezieller Geräte, die den Datenverkehr intelligent steuern.
   - Software-basiertes Load Balancing: Einsatz von Softwarelösungen auf bestehenden Servern, um die Lastverteilung zu steuern.
3. Load Balancing-Methoden
   - Round Robin: Anfragen werden der Reihe nach an die Server weitergeleitet.
   - Least Connections: Der Server mit den wenigsten aktiven Verbindungen erhält die nächste Anfrage.
   - IP Hash: Anfragen werden basierend auf der IP-Adresse des Clients an einen bestimmten Server geleitet.
4. Vorteile
   - Verbesserte Performance: Reduzierte Antwortzeiten durch gleichmäßige Verteilung der Last.
   - Höhere Verfügbarkeit: Ausfälle werden abgefedert, da der Datenverkehr umgeleitet wird.
   - Bessere Ressourcennutzung: Server werden effizienter eingesetzt, was Kosten spart.
5. Herausforderungen

- Komplexität der Implementierung: Die Einrichtung eines Load Balancers kann technisches Know-how erfordern.
- Zustandsverwaltung: Bei zustandsbehafteten Anwendungen kann die Lastverteilung komplizierter werden, da Informationen über den Benutzerstatus synchronisiert werden müssen.
- Sicherheitsaspekte: Load Balancer können ein Ziel für Angriffe darstellen, weshalb sie entsprechend abgesichert werden müssen.

6. Anwendungen
   - Webanwendungen: Verteilung des Datenverkehrs auf mehrere Webserver zur Verbesserung der Performance und Verfügbarkeit.
   - Datenbanken: Lastverteilung bei Datenbankanfragen für schnellere Antwortzeiten.
   - Cloud-Dienste: Dynamische Anpassung der Ressourcen in Cloud-Umgebungen, um Lastspitzen zu bewältigen.

Die Implementierung eines Load Balancing-Systems ist entscheidend für die effiziente Nutzung von Serverressourcen und die Gewährleistung einer hohen Verfügbarkeit von Anwendungen.

Machine Learning

Machine Learning bezeichnet ein Teilgebiet der künstlichen Intelligenz, das darauf abzielt, Computern das Lernen aus Daten zu ermöglichen, ohne dass sie explizit programmiert werden müssen. Die Grundidee besteht darin, Algorithmen zu entwickeln, die Muster in Daten erkennen und auf dieser Basis Entscheidungen treffen oder Vorhersagen machen können.

Typen des Machine Learning:

1. Überwachtes Lernen:
   - Hierbei wird ein Modell mit einem Datensatz trainiert, der sowohl Eingabewerte (Features) als auch die entsprechenden Ausgabewerte (Labels) enthält.
   - Beispiel: Ein Algorithmus wird mit Bildern von Katzen und Hunden trainiert, wobei die Labels angeben, welches Bild zu welcher Tierart gehört. Nach dem Training kann das Modell neue Bilder klassifizieren.
2. Unüberwachtes Lernen:
   - In diesem Fall wird ein Modell mit Daten trainiert, die keine Labels enthalten. Das Ziel ist es, Muster oder Strukturen in den Daten zu erkennen.
   - Beispiel: Ein Algorithmus analysiert Kundenkäufe, um Gruppen ähnlicher Kaufgewohnheiten zu identifizieren, ohne dass vorher festgelegt wurde, welche Gruppen existieren.
3. Bestärkendes Lernen:
   - Hierbei lernt ein Agent, Entscheidungen zu treffen, indem er in einer Umgebung agiert und Rückmeldungen in Form von Belohnungen oder Bestrafungen erhält.
   - Beispiel: Ein Roboter lernt, sich in einem Raum zu bewegen, indem er für das Erreichen eines Ziels belohnt wird und für Kollisionen bestraft wird.

Wichtige Begriffe im Machine Learning:

- Datenvorverarbeitung: Der Prozess, bei dem Rohdaten in ein Format umgewandelt werden, das für das Training eines Modells geeignet ist. Dies kann das Bereinigen, Normalisieren und Transformieren von Daten umfassen.

- Merkmale (Features): Die Eigenschaften oder Variablen, die zur Beschreibung der Daten verwendet werden. Sie sind entscheidend für die Leistungsfähigkeit des Modells.

- Modell: Eine mathematische Darstellung, die auf den Trainingsdaten basiert. Es wird verwendet, um Vorhersagen für neue, unbekannte Daten zu treffen.

- Überanpassung (Overfitting): Ein Problem, bei dem ein Modell zu gut auf die Trainingsdaten angepasst ist und dadurch bei neuen Daten schlecht abschneidet. Dies geschieht oft, wenn das Modell zu komplex ist.

- Hyperparameter: Parameter, die vor dem Training eines Modells festgelegt werden und die Lernrate, die Anzahl der Schichten in einem neuronalen Netzwerk oder andere Eigenschaften betreffen. Sie beeinflussen die Leistung des Modells erheblich.

Anwendungen des Machine Learning:

- Bild- und Spracherkennung: Algorithmen werden verwendet, um Bilder zu klassifizieren oder gesprochene Sprache in Text umzuwandeln.

- Empfehlungsdienste: Systeme, die Nutzern personalisierte Vorschläge machen, basierend auf ihrem bisherigen Verhalten und ähnlichen Nutzern.

- Prognosen: Vorhersagen über zukünftige Ereignisse, wie beispielsweise Wettervorhersagen oder Marktanalysen.

Machine Learning hat sich zu einem wichtigen Werkzeug in vielen Branchen entwickelt und ermöglicht es Unternehmen, Daten effizient zu analysieren und daraus wertvolle Erkenntnisse zu gewinnen.

Microservices

Microservices sind ein architektonisches Muster in der Softwareentwicklung, das auf der Idee basiert, Anwendungen in kleine, unabhängige und modulare Dienste zu unterteilen. Diese Dienste sind jeweils für eine spezifische Funktion oder Geschäftsfunktion zuständig und kommunizieren über gut definierte Schnittstellen, typischerweise über APIs (Application Programming Interfaces).

Merkmale von Microservices:

- **Unabhängigkeit**: Jeder Microservice kann unabhängig entwickelt, bereitgestellt und skaliert werden. Dies ermöglicht es Teams, verschiedene Technologien oder Programmiersprachen zu verwenden, die am besten zu den jeweiligen Anforderungen passen.

- **Dezentrale Datenverwaltung**: Microservices haben oft ihre eigene Datenbank oder Datenspeicher, was bedeutet, dass jede Dienstinstanz ihre Daten unabhängig verwalten kann. Dies fördert eine lose Kopplung zwischen den Diensten.

- **Kommunikation**: Die Kommunikation zwischen Microservices erfolgt in der Regel über Netzwerkanfragen, meist mithilfe von HTTP/REST oder Messaging-Protokollen wie AMQP oder MQTT. Diese Kommunikation ist entscheidend, um Daten zwischen den verschiedenen Diensten auszutauschen.

- **Skalierbarkeit**: Aufgrund ihrer modularen Struktur können Microservices gezielt skaliert werden. Wenn ein bestimmter Dienst mehr Ressourcen benötigt, kann dieser unabhängig von anderen Diensten hochskaliert werden.

- **Fehlerisolierung**: Ein Ausfall eines Microservices hat in der Regel keinen direkten Einfluss auf andere Dienste, was die Gesamtstabilität der Anwendung erhöht. Dies ist besonders wichtig in großen und komplexen Systemen.

- **Continuous Deployment**: Microservices ermöglichen eine agile Entwicklung, bei der neue Funktionen oder Bugfixes schnell und ohne umfangreiche Tests der gesamten Anwendung bereitgestellt werden können. Dies fördert häufige Releases und eine schnelle Reaktion auf Marktveränderungen.

- **Teamorganisation**: Oft werden Microservices von kleinen, cross-funktionalen Teams entwickelt, die für einen bestimmten Dienst verantwortlich sind. Dies fördert Eigenverantwortung und beschleunigt den Entwicklungsprozess.

Herausforderungen bei der Implementierung:

- **Komplexität**: Die Verwaltung vieler kleiner Dienste kann komplex sein, insbesondere hinsichtlich des Monitorings, der Fehlerbehandlung und der Datenkonsistenz.

- **Netzwerküberlastung**: Die Kommunikation zwischen den Microservices erfolgt über das Netzwerk, was zu Latenzzeiten und potenziellen Engpässen führen kann.

- **Versionierung**: Bei der Entwicklung und Bereitstellung von Microservices müssen die Versionen der verschiedenen Dienste koordiniert werden, um Kompatibilitätsprobleme zu vermeiden.

Microservices sind besonders geeignet für große und komplexe Anwendungen, bei denen Flexibilität, Skalierbarkeit und eine schnelle Markteinführung von Bedeutung sind.

Mobile Entwicklung

Mobile Entwicklung bezieht sich auf den Prozess der Erstellung von Softwareanwendungen, die auf mobilen Geräten wie Smartphones und Tablets ausgeführt werden. Diese Anwendungen können sowohl native Apps als auch webbasierte Apps umfassen.

1. Native Apps
   - Native Apps sind speziell für eine bestimmte Plattform entwickelt, zum Beispiel iOS oder Android.
   - Sie nutzen die Hardware und Funktionen des Geräts optimal, wie Kamera, GPS oder Beschleunigungssensor.
   - Die Programmierung erfolgt meist in spezifischen Programmiersprachen, etwa Swift für iOS und Kotlin oder Java für Android.

2. Webbasierte Apps
   - Webbasierte Apps laufen im Browser und sind plattformunabhängig.
   - Sie werden mit Technologien wie HTML, CSS und JavaScript erstellt.
   - Der Zugriff erfolgt über das Internet, was bedeutet, dass keine Installation notwendig ist.

3. Hybride Apps
   - Hybride Apps kombinieren Elemente von nativen und webbasierten Apps.
   - Sie werden in Webtechnologien entwickelt, können jedoch in eine native Hülle eingebettet werden, um Zugriff auf native Funktionen zu erhalten.
   - Frameworks wie Apache Cordova oder Ionic sind häufige Werkzeuge für die Entwicklung hybrider Apps.

4. Entwicklungsprozess

- o Der Entwicklungsprozess umfasst mehrere Phasen: Planung, Design, Programmierung, Testen und Veröffentlichung.
- o In der Planungsphase werden die Zielgruppe und die Funktionen der App definiert.
- o Das Design konzentriert sich auf die Benutzeroberfläche (UI) und die Benutzererfahrung (UX).
- o Programmierung beinhaltet das Schreiben des Codes, während das Testen sicherstellt, dass die App fehlerfrei funktioniert.
- o Nach der Fertigstellung erfolgt die Veröffentlichung in App-Stores.

5. Herausforderungen
- o Verschiedene Bildschirmgrößen und Auflösungen erfordern responsive Designs, um eine optimale Benutzererfahrung zu gewährleisten.
- o Sicherheitsaspekte sind entscheidend, da mobile Geräte oft persönliche Daten speichern.
- o Die ständige Weiterentwicklung von Betriebssystemen und Hardware erfordert kontinuierliche Updates und Anpassungen.

6. Tools und Technologien
- o Beliebte Entwicklungsumgebungen sind Android Studio für Android-Entwicklung und Xcode für iOS-Entwicklung.
- o Frameworks wie React Native und Flutter ermöglichen die plattformübergreifende Entwicklung und beschleunigen den Prozess.

7. Zukunft der mobilen Entwicklung
- o Trends wie Künstliche Intelligenz (KI), Augmented Reality (AR) und Internet of Things (IoT) beeinflussen die zukünftige Entwicklung.
- o Die Integration von KI in mobile Apps ermöglicht personalisierte Benutzererfahrungen und intelligente Funktionen.

Mobile Entwicklung erfordert technisches Wissen, Kreativität und die Fähigkeit, sich an schnell ändernde Technologien und Benutzerbedürfnisse anzupassen.

Netzwerk

Ein Netzwerk besteht aus einer Gruppe von miteinander verbundenen Geräten, die Daten austauschen können. Diese Geräte können Computer, Server, Drucker, Router und andere Hardware sein. Netzwerke sind entscheidend für die Kommunikation und den Datenaustausch in Unternehmen und zwischen verschiedenen Standorten.

1. Typen von Netzwerken
   - **LAN (Local Area Network)**: Ein LAN deckt einen kleinen geografischen Bereich ab, wie beispielsweise ein Bürogebäude oder eine Schule. Es ermöglicht den schnellen Datenaustausch zwischen Geräten in unmittelbarer Nähe.
   - **WAN (Wide Area Network)**: Ein WAN erstreckt sich über größere geografische Bereiche, oft über Städte oder Länder hinweg. Es verbindet mehrere LANs und ermöglicht so den Austausch von Informationen über große Distanzen.
   - **MAN (Metropolitan Area Network)**: Ein MAN ist größer als ein LAN, aber kleiner als ein WAN. Es kann ein ganzes Stadtgebiet abdecken und wird häufig für die Verbindung von mehreren LANs innerhalb einer Stadt genutzt.
2. Netzwerkkomponenten
   - **Router**: Ein Gerät, das Datenpakete zwischen verschiedenen Netzwerken weiterleitet. Router bestimmen den besten Weg für die Datenübertragung.

- **Switch**: Ein Gerät, das in einem LAN verwendet wird, um Datenpakete innerhalb des Netzwerks an die richtigen Geräte weiterzuleiten.
- **Access Point**: Ein Gerät, das drahtlose Geräte mit einem kabelgebundenen Netzwerk verbindet, häufig in WLAN-Netzwerken verwendet.
- **Modem**: Ein Gerät, das digitale Daten in analoge Signale umwandelt und umgekehrt, um eine Verbindung zum Internet herzustellen.

3. Protokolle
   - **TCP/IP (Transmission Control Protocol/Internet Protocol)**: Ein grundlegendes Protokoll, das die Kommunikation zwischen Geräten im Internet ermöglicht. Es sorgt für die zuverlässige Übertragung von Daten und die korrekte Adressierung der Geräte.
   - **HTTP/HTTPS (Hypertext Transfer Protocol/Secure)**: Protokolle, die für die Übertragung von Webseiten verwendet werden. HTTPS bietet zusätzlich eine sichere Verbindung.
   - **FTP (File Transfer Protocol)**: Ein Protokoll, das den Austausch von Dateien zwischen einem Client und einem Server ermöglicht.

4. Netzwerksicherheit
   - **Firewalls**: Sicherheitsvorrichtungen, die den Datenverkehr zwischen einem internen Netzwerk und externen Netzwerken kontrollieren. Sie schützen vor unautorisierten Zugriffen.
   - **Viren- und Malware-Scanner**: Software, die Netzwerke vor schädlichen Programmen schützt, die Daten stehlen oder Systeme beschädigen können.
   - **VPN (Virtual Private Network)**: Eine Technologie, die eine sichere Verbindung über das Internet ermöglicht und Daten vor unbefugtem Zugriff schützt.

5. Netzwerkmanagement

- o **Überwachung**: Die kontinuierliche Kontrolle der Netzwerkleistung, um Störungen oder Sicherheitsprobleme frühzeitig zu erkennen.
- o **Wartung**: Regelmäßige Updates und Anpassungen an der Hardware und Software, um die Effizienz und Sicherheit des Netzwerks zu gewährleisten.
- o **Fehlerbehebung**: Der Prozess, bei dem Probleme im Netzwerk identifiziert und behoben werden, um eine reibungslose Funktion sicherzustellen.

Die Struktur und der Aufbau eines Netzwerks sind entscheidend für die Leistung und Sicherheit der gesamten IT-Infrastruktur eines Unternehmens. Ein gut konzipiertes Netzwerk ermöglicht einen effizienten Datenaustausch und eine zuverlässige Kommunikation zwischen den Benutzern und Geräten.

Netzwerkprotokolle

Netzwerkprotokolle sind formale Regeln und Standards, die den Austausch von Daten zwischen Geräten in einem Netzwerk regeln. Sie definieren, wie Daten formatiert, gesendet, empfangen und interpretiert werden. Diese Protokolle sind essenziell für die Kommunikation in Computernetzwerken, da sie sicherstellen, dass Daten korrekt und effizient zwischen verschiedenen Geräten übertragen werden.

Kategorien von Netzwerkprotokollen:

1. **Transportprotokolle**:
   - o Verantwortlich für die zuverlässige Übertragung von Daten zwischen Endgeräten.
   - o Beispiele:
     - TCP (Transmission Control Protocol): Gewährleistet die fehlerfreie Übertragung durch Wiederholungen und Sequenzierung.

- UDP (User Datagram Protocol): Bietet eine schnellere, aber unzuverlässige Übertragung von Daten ohne Fehlerkorrektur.

2. **Internetprotokolle**:
   o Regelt die Adressierung und das Routing von Datenpaketen im Netzwerk.
   o Beispiele:
     - IP (Internet Protocol): Bestimmt, wie Datenpakete adressiert werden und wie sie von einem Netzwerkgerät zum anderen gelangen.
     - IPv4 und IPv6: Versionen des Internetprotokolls, wobei IPv6 eine größere Anzahl von Adressen ermöglicht.

3. **Anwendungsprotokolle**:
   o Bestimmen, wie Anwendungen über das Netzwerk kommunizieren.
   o Beispiele:
     - HTTP (Hypertext Transfer Protocol): Wird für den Austausch von Webseiten verwendet.
     - FTP (File Transfer Protocol): Dient dem Austausch von Dateien zwischen Servern und Clients.

4. **Sicherheitsprotokolle**:
   o Fokussieren sich auf den Schutz von Daten während der Übertragung.
   o Beispiele:
     - HTTPS (HTTP Secure): Eine sichere Version von HTTP, die Daten verschlüsselt.
     - SSL/TLS (Secure Sockets Layer / Transport Layer Security): Protokolle zur Sicherung von Verbindungen über das Internet.

Wichtige Funktionen von Netzwerkprotokollen:

- **Fehlererkennung und -korrektur**: Protokolle wie TCP verwenden Prüfungen, um sicherzustellen, dass Daten korrekt empfangen werden.
- **Datenkompression**: Einige Protokolle komprimieren Daten, um die Übertragungszeit zu verkürzen.
- **Flusskontrolle**: Regelt die Datenrate zwischen Sender und Empfänger, um Überlastungen zu vermeiden.
- **Verbindungsmanagement**: Protokolle wie TCP verwalten die Verbindungen zwischen Geräten, indem sie sicherstellen, dass eine Verbindung aufgebaut und bei Bedarf wieder abgebaut wird.

Anwendung von Netzwerkprotokollen:

- Bei der Nutzung des Internets, beim Versenden von E-Mails, beim Zugriff auf Webseiten oder beim Übertragen von Dateien sind Netzwerkprotokolle aktiv.
- Sie ermöglichen die Interoperabilität zwischen unterschiedlichen Geräten und Systemen, wodurch eine Vielzahl von Anwendungen und Diensten möglich wird.

Die Funktionsweise von Netzwerkprotokollen ist entscheidend für den reibungslosen Ablauf von Datenübertragungen und die Nutzung moderner Kommunikationsmittel.

Netzwerksicherheit

Netzwerksicherheit bezieht sich auf die Maßnahmen und Technologien, die eingesetzt werden, um ein Computernetzwerk vor unbefugtem Zugriff, Missbrauch, Fehlfunktionen und anderen Bedrohungen zu schützen. Diese Sicherheitsmaßnahmen sind entscheidend, um die Integrität, Vertraulichkeit und Verfügbarkeit von Netzwerkinformationen zu gewährleisten.

1. Bedrohungen

- Malware: Schadsoftware, die dazu dient, Systeme zu beschädigen oder Daten zu stehlen. Dazu gehören Viren, Würmer und Trojaner.
- Phishing: Eine Methode, bei der Angreifer versuchen, über gefälschte E-Mails oder Webseiten an sensible Informationen wie Passwörter oder Kreditkartendaten zu gelangen.
- Denial-of-Service (DoS): Ein Angriff, der darauf abzielt, einen Dienst oder ein Netzwerk unzugänglich zu machen, indem es mit übermäßigen Anfragen überflutet wird.

2. Sicherheitsmaßnahmen
- Firewalls: Diese Systeme überwachen und kontrollieren den ein- und ausgehenden Datenverkehr basierend auf vordefinierten Sicherheitsregeln. Sie fungieren als Barriere zwischen einem sicheren internen Netzwerk und unsicheren externen Netzwerken.
- Intrusion Detection Systems (IDS): Diese Systeme erkennen und melden verdächtige Aktivitäten im Netzwerk. Sie können sowohl auf bekannte Bedrohungen als auch auf anomales Verhalten reagieren.
- Verschlüsselung: Der Prozess, bei dem Daten in ein unleserliches Format umgewandelt werden, um sie vor unbefugtem Zugriff zu schützen. Nur autorisierte Benutzer mit dem entsprechenden Schlüssel können die Daten entschlüsseln und lesen.

3. Zugriffssteuerung
- Authentifizierung: Der Prozess, bei dem die Identität eines Benutzers oder Geräts überprüft wird. Dies kann durch Passwörter, biometrische Daten oder Zwei-Faktor-Authentifizierung erfolgen.
- Autorisierung: Bestimmt, welche Ressourcen ein authentifizierter Benutzer nutzen darf. Dies

geschieht durch die Zuweisung von Berechtigungen auf Basis von Rollen oder Benutzergruppen.

4. Sicherheitsrichtlinien

   o **Richtlinien zur Nutzung**: Dokumente, die festlegen, wie Benutzer mit dem Netzwerk und den Daten umgehen sollen. Diese Richtlinien helfen, das Verhalten der Benutzer zu steuern und Sicherheitsstandards zu setzen.

   o **Schulung**: Regelmäßige Schulungen für Mitarbeiter, um das Bewusstsein für Sicherheitsbedrohungen zu schärfen und bewährte Praktiken im Umgang mit sensiblen Informationen zu vermitteln.

5. Monitoring und Reaktion

   o **Protokollierung**: Die Erfassung von Daten über Netzwerkaktivitäten, die bei der Analyse von Sicherheitsvorfällen helfen kann. Protokolle können verwendet werden, um verdächtige Aktivitäten zu identifizieren.

   o **Reaktionspläne**: Strategien, die entwickelt wurden, um im Falle eines Sicherheitsvorfalls schnell und effektiv zu handeln. Dazu gehören Notfallmaßnahmen und Wiederherstellungsprozesse.

Netzwerksicherheit erfordert ein umfassendes Verständnis der Bedrohungen und der verfügbaren Technologien sowie eine kontinuierliche Anpassung an neue Herausforderungen im Bereich der Cybersicherheit.

Netzwerktopologie

Netzwerktopologie beschreibt die Anordnung und Struktur von Netzwerkelementen, die miteinander verbunden sind. Sie legt fest, wie Geräte, wie Computer oder Drucker, innerhalb eines Netzwerks miteinander kommunizieren. Es gibt verschiedene Arten von

Netzwerktopologien, die jeweils spezifische Vor- und Nachteile aufweisen.

1. **Arten von Netzwerktopologien**
   - **Stern-Topologie**
     - Geräte sind an einen zentralen Switch oder Hub angeschlossen.
     - Einfach zu installieren und zu verwalten.
     - Fällt ein Gerät aus, bleibt das Netzwerk funktionsfähig.
     - Bei Ausfall des zentralen Geräts wird das gesamte Netzwerk betroffen.
   - **Bus-Topologie**
     - Alle Geräte sind über ein gemeinsames Kabel verbunden.
     - Kostengünstig in der Installation.
     - Daten werden in beide Richtungen gesendet.
     - Bei einem Kabelbruch ist das gesamte Netzwerk betroffen.
   - **Ring-Topologie**
     - Jedes Gerät ist mit zwei anderen Geräten verbunden, wodurch ein geschlossener Kreis entsteht.
     - Daten zirkulieren in einer Richtung.
     - Ein Ausfall eines Geräts kann das gesamte Netzwerk beeinflussen.
     - Erfordert weniger Kabel als die Stern-Topologie.
   - **Maschen-Topologie**
     - Jedes Gerät ist mit mehreren anderen Geräten verbunden.
     - Hohe Ausfallsicherheit, da alternative Verbindungen bestehen.

- Komplexe Installation und teurer in der Verkabelung.
- Hohe Redundanz, was die Netzwerkstabilität erhöht.
  - **Baum-Topologie**
    - Kombination aus Stern- und Bus-Topologie.
    - Hierarchische Struktur mit einem zentralen Knoten und Unterknoten.
    - Flexibel und erweiterbar, jedoch anfällig für Ausfälle des Hauptknotens.

2. **Faktoren bei der Auswahl der Topologie**
   - **Kosten**: Installation und Wartungskosten sind entscheidend.
   - **Netzwerkanforderungen**: Anzahl der Geräte und Art der Anwendung beeinflussen die Wahl.
   - **Wartungsaufwand**: Einfachere Topologien sind oft leichter zu warten.
   - **Ausfallsicherheit**: Einige Topologien bieten bessere Redundanz als andere.

3. **Anwendungsgebiete**
   - Unternehmensnetzwerke, wo Zuverlässigkeit und Skalierbarkeit wichtig sind.
   - Heimnetzwerke, wo einfache Installation und niedrige Kosten Priorität haben.
   - Rechenzentren, die hohe Verfügbarkeit und Performance benötigen.

Die Wahl der geeigneten Netzwerktopologie hat nachhaltige Auswirkungen auf die Performance, Wartbarkeit und Flexibilität des Netzwerks.

Nicht-funktionale Anforderungen

Nicht-funktionale Anforderungen beziehen sich auf die Eigenschaften und Qualitäten eines Systems, die nicht direkt mit den spezifischen Funktionen oder Aufgaben verbunden sind, die das System ausführen soll. Diese Anforderungen definieren, wie gut ein System seine Funktionen ausführt, und sind entscheidend für die Benutzererfahrung und die allgemeine Leistungsfähigkeit des Systems.

Kategorien nicht-funktionaler Anforderungen:

- **Leistung (Performance)**: Bezieht sich auf die Reaktionszeit, die Verarbeitungszeit und die Ressourcenverwendung eines Systems. Dazu gehören Maße wie Antwortzeiten, Durchsatz und maximale Benutzeranzahl.

- **Zuverlässigkeit (Reliability)**: Beschreibt die Fähigkeit eines Systems, über einen bestimmten Zeitraum hinweg korrekt zu funktionieren. Dazu gehören Aspekte wie Fehlertoleranz, Verfügbarkeit und Wiederherstellungsfähigkeit nach einem Ausfall.

- **Sicherheit (Security)**: Umfasst den Schutz von Daten und Systemen vor unbefugtem Zugriff oder Missbrauch. Aspekte wie Authentifizierung, Autorisierung, Datenintegrität und Vertraulichkeit fallen in diesen Bereich.

- **Benutzbarkeit (Usability)**: Bezieht sich auf die Benutzerfreundlichkeit eines Systems. Hierzu gehören die Lernfähigkeit, Effizienz und Zufriedenheit der Benutzer bei der Interaktion mit dem System.

- **Wartbarkeit (Maintainability)**: Beschreibt, wie einfach ein System gewartet, aktualisiert oder repariert werden kann. Dazu zählen Modularität, Dokumentation und Testbarkeit.

- **Portabilität (Portability)**: Bezieht sich auf die Fähigkeit eines Systems, in verschiedenen Umgebungen oder auf verschiedenen Plattformen zu funktionieren. Dies umfasst Aspekte wie Anpassungsfähigkeit und Installationsaufwand.

- **Skalierbarkeit (Scalability)**: Beschreibt die Fähigkeit eines Systems, mit steigender Last oder Benutzeranzahl umzugehen, ohne dass die Leistung beeinträchtigt wird.

- **Interoperabilität (Interoperability)**: Bezieht sich auf die Fähigkeit eines Systems, mit anderen Systemen zu kommunizieren und zusammenzuarbeiten. Dies ist besonders wichtig in Umgebungen, in denen verschiedene Systeme integriert werden müssen.

Nicht-funktionale Anforderungen sind oft schwieriger zu messen und zu quantifizieren als funktionale Anforderungen, spielen jedoch eine wesentliche Rolle bei der Gesamtbewertung und dem Erfolg eines Systems. Sie müssen bei der Planung und Entwicklung eines Softwareprojekts sorgfältig berücksichtigt werden, um sicherzustellen, dass das Endprodukt den Erwartungen der Benutzer entspricht und nachhaltig betrieben werden kann.

Open Source

Open Source bezeichnet Software, deren Quellcode öffentlich zugänglich ist. Jeder kann diesen Quellcode einsehen, ändern und weiterverbreiten. Dies steht im Gegensatz zu proprietärer Software, die in der Regel von einem Unternehmen kontrolliert wird und deren Quellcode nicht zugänglich ist.

Merkmale von Open Source:

- **Quellcode-Zugänglichkeit**: Der Quellcode ist für jeden einsehbar. Dies ermöglicht es Entwicklern, den Code zu studieren, zu verstehen und Fehler zu beheben.

- **Modifizierbarkeit**: Nutzer können den Quellcode anpassen, um die Software an ihre spezifischen Bedürfnisse anzupassen. Dies fördert Innovation und Anpassungsfähigkeit.

- **Verbreitung**: Open Source Software darf frei verteilt werden. Dies bedeutet, dass Nutzer die Software herunterladen, kopieren und an andere weitergeben können, oft unter bestimmten Bedingungen.

- **Gemeinschaftsorientierung**: Viele Open Source Projekte werden von einer Gemeinschaft von Entwicklern unterstützt. Diese Zusammenarbeit fördert die Entwicklung und Verbesserung der Software durch verschiedene Perspektiven und Fachkenntnisse.

- **Lizenzen**: Open Source Software wird unter speziellen Lizenzen veröffentlicht, die die Bedingungen für Nutzung, Modifikation und Verbreitung festlegen. Bekannte Lizenzen sind die GNU General Public License (GPL) und die MIT-Lizenz.

Vorteile von Open Source:

- **Kosteneffizienz**: Viele Open Source Programme sind kostenlos, was die Anschaffungskosten für Unternehmen reduziert.

- **Sicherheit**: Da der Quellcode öffentlich ist, können Sicherheitslücken schneller identifiziert und behoben werden. Eine große Gemeinschaft kann potenzielle Schwachstellen schneller entdecken.

196

- **Unabhängigkeit**: Nutzer sind nicht an einen bestimmten Anbieter gebunden, was die Flexibilität erhöht und das Risiko von Vendor-Lock-in verringert.

- **Lernressource**: Für Auszubildende und Entwickler bietet Open Source eine wertvolle Möglichkeit, Programmierkenntnisse zu erwerben und zu vertiefen, indem sie den Code anderer studieren und selbst beitragen.

Herausforderungen von Open Source:

- **Support**: Im Gegensatz zu kommerzieller Software kann der Support variieren. Nutzer sind oft auf Community-Foren angewiesen, um Hilfe zu erhalten.

- **Komplexität**: Einige Open Source Lösungen können komplex sein, was eine steile Lernkurve für neue Nutzer bedeutet.

- **Kompatibilität**: Open Source Software kann in bestimmten Umgebungen oder mit spezifischen Hardwarekomponenten weniger gut funktionieren, was zu Kompatibilitätsproblemen führen kann.

Open Source hat die Softwareentwicklung revolutioniert und bietet zahlreiche Möglichkeiten für Innovation, Zusammenarbeit und Lernen.

Pflichtenheft

Ein Pflichtenheft ist ein Dokument, das die Anforderungen und Erwartungen an ein Projekt oder ein Produkt detailliert beschreibt. Es dient als verbindliche Grundlage für die Zusammenarbeit zwischen

Auftraggeber und Auftragnehmer. Die Inhalte eines Pflichtenhefts sind klar strukturiert und umfassen verschiedene Aspekte.

1. **Zielsetzung**
   - Beschreibung des Hauptziels des Projekts.
   - Definition der Problemstellung, die gelöst werden soll.

2. **Funktionale Anforderungen**
   - Detaillierte Beschreibung der Funktionen, die das Produkt erfüllen muss.
   - Auflistung spezifischer Benutzeranforderungen, die das System bedienen soll.

3. **Nicht-funktionale Anforderungen**
   - Anforderungen an die Leistung, wie z.B. Reaktionszeit, Verfügbarkeit und Skalierbarkeit.
   - Sicherheitsanforderungen, wie Datenschutz und Zugriffskontrollen.

4. **Technische Rahmenbedingungen**
   - Vorgaben zur verwendeten Technologie, Programmiersprachen oder Plattformen.
   - Infrastrukturvorgaben, etwa Server- und Netzwerkanforderungen.

5. **Benutzeroberfläche**
   - Erwartungen an das Design und die Benutzerfreundlichkeit.
   - Beschreibung der Benutzerinteraktionen und Navigation.

6. **Testkriterien**
   - Definition der Kriterien, die erfüllt sein müssen, um das Produkt als erfolgreich zu bewerten.
   - Beschreibung der Testmethoden und -verfahren.

7. **Projektorganisation**
   - Rollen und Verantwortlichkeiten der Beteiligten.
   - Zeitplan und Meilensteine, die im Verlauf des Projekts erreicht werden sollen.

8. **Änderungsmanagement**
   - Verfahren zur Handhabung von Änderungen an den Anforderungen während des Projektverlaufs.
   - Dokumentation von Änderungen und deren Auswirkungen auf das Projekt.

Das Pflichtenheft wird in der Regel nach dem Lastenheft erstellt, welches die Wünsche des Auftraggebers zusammenfasst. Es ist ein zentrales Dokument im Softwareentwicklungsprozess und hilft, Missverständnisse zu vermeiden und eine klare Kommunikation sicherzustellen.

Plattformunabhängigkeit

Plattformunabhängigkeit bezeichnet die Fähigkeit einer Software, auf verschiedenen Betriebssystemen oder Hardware-Plattformen zu funktionieren, ohne dass Anpassungen oder spezielle Anpassungen erforderlich sind. Dies bedeutet, dass die gleiche Softwareanwendung auf unterschiedlichen Systemen wie Windows, macOS, Linux oder mobilen Betriebssystemen wie Android und iOS lauffähig ist.

Merkmale der Plattformunabhängigkeit:

- **Entwicklungsmethoden**: Plattformunabhängige Software wird häufig mit Programmiersprachen oder Frameworks entwickelt, die auf mehreren Plattformen unterstützt werden. Beispiele hierfür sind Java, Python oder Webtechnologien wie HTML, CSS und JavaScript.

- **Abstraktionsschichten**: Um plattformunabhängig zu sein, nutzen viele Anwendungen Abstraktionsschichten. Diese Schichten verbergen die spezifischen Details der zugrunde liegenden Plattform und ermöglichen es der Software, auf verschiedenen Systemen ohne Änderungen zu arbeiten.

- **Virtualisierung**: Technologien wie Containerisierung (Docker) oder virtuelle Maschinen (VMs) tragen zur Plattformunabhängigkeit bei, indem sie eine standardisierte Umgebung bereitstellen, in der die Software unabhängig von der zugrunde liegenden Hardware oder dem Betriebssystem betrieben werden kann.

Vorteile der Plattformunabhängigkeit:

- **Kosteneffizienz**: Unternehmen können eine Anwendung einmal entwickeln und sie auf verschiedenen Plattformen bereitstellen, was die Entwicklungskosten senkt.

- **Erweiterte Reichweite**: Eine plattformunabhängige Anwendung kann eine größere Benutzerbasis erreichen, da sie auf verschiedenen Geräten und Betriebssystemen genutzt werden kann.

- **Wartungsfreundlichkeit**: Updates und Fehlerbehebungen können zentral durchgeführt werden, ohne dass Anpassungen für jede Plattform erforderlich sind.

Herausforderungen:

- **Performance**: Plattformunabhängige Lösungen können in einigen Fällen langsamer sein als plattformspezifische Anwendungen, da sie nicht optimal für eine bestimmte Umgebung optimiert sind.

- **Zugriff auf plattformspezifische Funktionen**: Manche Funktionen oder Hardwarezugriffe, die spezifisch für eine Plattform sind, können möglicherweise nicht plattformübergreifend implementiert werden.

- **Testaufwand**: Um sicherzustellen, dass die Software auf allen unterstützten Plattformen korrekt funktioniert, ist umfangreiches Testen erforderlich, was den Entwicklungsaufwand erhöhen kann.

Die Berücksichtigung dieser Merkmale und Herausforderungen ist für Fachinformatiker und Fachinformatikerinnen von Bedeutung, um effektive und benutzerfreundliche Softwarelösungen zu entwickeln.

Programmiersprachen

Programmiersprachen sind spezielle formale Sprachen, die dazu dienen, Anweisungen an Computer zu formulieren. Sie ermöglichen es Programmierern, Software zu erstellen, indem sie logische und mathematische Operationen definieren. Die Struktur und Syntax einer Programmiersprache legt fest, wie diese Anweisungen geschrieben werden müssen, um vom Computer verstanden und ausgeführt zu werden.

Typen von Programmiersprachen:

- **Hohe Programmiersprachen**: Diese sind menschenlesbar und abstrahieren viele technische Details der Hardware. Beispiele sind Python, Java und C#. Sie bieten umfangreiche Bibliotheken und Frameworks, die die Softwareentwicklung erleichtern.

- **Niedrige Programmiersprachen**: Diese sind näher an der Maschinen- oder Hardwareebene. Dazu gehören Assembler und Maschinensprache. Sie bieten weniger Abstraktion und ermöglichen eine präzise Kontrolle über die Hardware.

- **Skriptsprache**: Diese Art von Programmiersprache wird oft verwendet, um automatisierte Aufgaben zu erstellen. Beispiele sind JavaScript, PHP und Ruby. Skriptsprachen sind typischerweise interpretierte Sprachen, die zur Laufzeit ausgeführt werden.

- **Komplizierte Programmiersprachen**: Diese werden in der Regel für spezifische Anwendungen entwickelt, wie zum Beispiel SQL für Datenbankabfragen oder HTML für die Strukturierung von Webseiten.

Wichtige Konzepte:

- **Syntax**: Die Regeln, die bestimmen, wie Anweisungen in der Sprache formuliert werden. Jede Programmiersprache hat ihre eigene Syntax, die gelernt werden muss.

- **Semantik**: Die Bedeutung der Anweisungen in einer Programmiersprache. Während die Syntax beschreibt, wie etwas geschrieben wird, erklärt die Semantik, was es bedeutet.

- **Compiler und Interpreter**: Ein Compiler übersetzt den gesamten Code einer Programmiersprache in Maschinensprache, bevor das Programm ausgeführt wird. Ein Interpreter hingegen übersetzt den Code Zeile für Zeile zur Laufzeit.

- **Paradigmen**: Programmiersprachen können verschiedene Programmierparadigmen unterstützen, wie z. B. objektorientierte Programmierung, funktionale Programmierung oder imperative Programmierung. Jedes Paradigma hat seine eigenen Ansätze zur Lösung von Problemen.

Anwendungsgebiete:

- **Webentwicklung**: Programmiersprachen wie JavaScript und PHP sind entscheidend für die Erstellung interaktiver Webseiten.

- **Anwendungsentwicklung**: Sprachen wie Java und C# werden häufig zur Entwicklung von Desktop- und mobilen Anwendungen verwendet.

- **Datenanalyse und maschinelles Lernen**: Python ist eine bevorzugte Sprache in diesen Bereichen aufgrund seiner umfangreichen Bibliotheken wie Pandas und TensorFlow.

- **Systemprogrammierung**: Sprachen wie C und C++ werden für die Entwicklung von Betriebssystemen und Hardware-nahen Anwendungen verwendet.

Die Wahl der Programmiersprache hängt von verschiedenen Faktoren ab, darunter der Anwendungsbereich, die Leistung, die Verfügbarkeit von Bibliotheken und die persönliche Vorliebe des Entwicklers.

Programmierung

Programmierung bezeichnet den Prozess der Erstellung von Software durch das Verfassen von Code. Dieser Code besteht aus einer Reihe von Anweisungen, die von einem Computer interpretiert und ausgeführt werden. Die Programmierung erfolgt in speziellen Programmiersprachen, die es ermöglichen, Anweisungen in einer für den Menschen verständlichen Form zu formulieren.

1. Programmiersprachen
   - Hochsprachen: Diese Sprachen, wie Python, Java oder C#, sind benutzerfreundlicher und näher an der menschlichen Sprache.
   - Niedrigsprachen: Dazu gehören Assembler und Maschinensprache, die näher an der Hardware arbeiten und weniger abstrakt sind.
2. Entwicklungsumgebungen

- o IDEs (Integrierte Entwicklungsumgebungen): Softwareanwendungen, die Programmierern Werkzeuge wie Texteditoren, Debugger und Compiler bereitstellen. Beispiele sind Visual Studio und Eclipse.
- o Texteditoren: Einfache Programme, um Code zu schreiben, wie Notepad++ oder Sublime Text.

3. Programmierparadigmen
   - o Imperative Programmierung: Der Programmierer gibt eine Reihe von Anweisungen, die der Computer in der angegebenen Reihenfolge ausführt.
   - o Objektorientierte Programmierung: Bei diesem Ansatz wird Software in Form von Objekten strukturiert, die Daten und Funktionen kapseln.
   - o Funktionale Programmierung: Hier werden Programme als mathematische Funktionen dargestellt, wobei der Fokus auf der Anwendung von Funktionen liegt.

4. Softwareentwicklung
   - o Planung: Festlegung der Anforderungen und Ziele der Software.
   - o Implementierung: Der eigentliche Programmierprozess, bei dem der Code geschrieben wird.
   - o Testen: Überprüfung der Software auf Fehler und deren Behebung.
   - o Wartung: Anpassung und Aktualisierung der Software nach der Veröffentlichung.

5. Algorithmen und Datenstrukturen
   - o Algorithmen: Schritt-für-Schritt-Anleitungen zur Lösung spezifischer Probleme oder zur Durchführung von Aufgaben.
   - o Datenstrukturen: Organisierte Möglichkeiten zur Speicherung und Verwaltung von Daten, wie Arrays, Listen, und Bäume.

6. Versionskontrolle

- Systeme wie Git ermöglichen es Programmierern, Änderungen am Code zu verfolgen und verschiedene Versionen der Software zu verwalten. Dies ist besonders wichtig in Teams, um die Zusammenarbeit zu erleichtern und Konflikte zu vermeiden.

Die Beherrschung dieser Konzepte ist entscheidend für die Entwicklung von Software, die effizient, wartbar und benutzerfreundlich ist. Programmierung ist ein kontinuierlicher Lernprozess, der technisches Wissen, Problemlösungsfähigkeiten und Kreativität erfordert.

Projektdokumentation

Projektdokumentation umfasst die systematische Erfassung und Aufbereitung aller relevanten Informationen, die während eines Projektes entstehen. Diese Dokumentation dient als Nachweis und Referenz für die durchgeführten Arbeiten und Entscheidungen. Sie unterstützt die Transparenz und Nachvollziehbarkeit des gesamten Projektverlaufs.

Inhalte der Projektdokumentation:

1. **Projektbeschreibung**
   - Zielsetzung: Klare Definition der Projektziele und -ergebnisse.
   - Rahmenbedingungen: Beschreibung der Vorgaben, wie Budget, Zeitrahmen und Ressourcen.
2. **Planungsunterlagen**
   - Projektstrukturplan: Gliederung des Projekts in Teilprojekte oder Arbeitspakete.
   - Zeitplanung: Zeitlicher Ablauf des Projekts, oft in Form von Gantt-Diagrammen.

- o Ressourcenplanung: Auflistung der benötigten Ressourcen, wie Personal, Technik und Materialien.
3. **Durchführungsdokumentation**
   - o Protokolle: Dokumentation von Meetings, Entscheidungen und Fortschritten.
   - o Änderungsmanagement: Aufzeichnung aller Änderungen im Projektverlauf und deren Begründungen.
   - o Risiken und Probleme: Identifikation und Analyse von Risiken sowie Maßnahmen zur Problemlösung.
4. **Ergebnissicherung**
   - o Testergebnisse: Dokumentation der durchgeführten Tests und deren Ergebnisse.
   - o Abnahmeprotokolle: Festhalten der Ergebnisse und der Zustimmung der Stakeholder.
5. **Projektabschluss**
   - o Abschlussbericht: Zusammenfassung des Projekts, der Ergebnisse und der Erfahrungen.
   - o Lessons Learned: Reflexion über den Projektverlauf, um Erkenntnisse für zukünftige Projekte zu gewinnen.

Zweck der Projektdokumentation:

- Nachvollziehbarkeit: Sie ermöglicht es, den Verlauf und die Entscheidungen des Projekts nachzuvollziehen.
- Wissensspeicherung: Wichtige Informationen werden gesammelt, um sie für zukünftige Projekte nutzen zu können.
- Kommunikation: Sie dient als Informationsquelle für alle Projektbeteiligten und Stakeholder.

Eine sorgfältige und umfassende Projektdokumentation ist entscheidend für den Erfolg eines Projekts, da sie sowohl die interne Zusammenarbeit fördert als auch externe Anforderungen erfüllt.

Protokolle

Protokolle sind formalisierte Dokumente oder Aufzeichnungen, die Informationen über bestimmte Ereignisse, Prozesse oder Diskussionen festhalten. Sie finden in vielen Bereichen Anwendung, insbesondere in der Informatik, wo sie zur Kommunikation zwischen Geräten, zur Fehlerprotokollierung oder zur Dokumentation von Abläufen dienen.

- **Arten von Protokollen**
  - **Kommunikationsprotokolle**: Regeln, die festlegen, wie Daten zwischen Geräten ausgetauscht werden. Beispiele sind TCP/IP, HTTP und FTP.
  - **Protokolle zur Datensicherung**: Diese Protokolle regeln die Speicherung und den Zugriff auf Daten, um deren Integrität und Sicherheit zu gewährleisten.
  - **Protokolle zur Fehlerbehandlung**: Sie dokumentieren Fehler und deren Behandlung, um zukünftige Probleme zu vermeiden.
- **Aufbau von Protokollen**
  - **Header**: Enthält Metadaten wie Absender, Empfänger und Zeitstempel.
  - **Payload**: Der Hauptinhalt, der die spezifischen Informationen oder Daten enthält.
  - **Footer**: Beinhaltet oft Prüfziffern oder andere Informationen zur Integrität des Protokolls.
- **Funktionen von Protokollen**
  - **Dokumentation**: Protokolle dienen der systematischen Aufzeichnung von Abläufen, um nachvollziehbar zu machen, was in einem bestimmten Zeitraum geschehen ist.
  - **Kommunikation**: Sie ermöglichen den Austausch von Informationen zwischen verschiedenen Systemen oder Komponenten.

- o **Fehleranalyse**: Durch die Analyse von Protokollen können technische Probleme identifiziert und behoben werden.
- **Verwendung in der Informatik**
  - o In Netzwerken sorgen Protokolle dafür, dass Datenpakete korrekt gesendet, empfangen und interpretiert werden.
  - o Bei der Softwareentwicklung helfen Protokolle, Schnittstellen zwischen verschiedenen Softwarekomponenten zu definieren.
  - o In der Systemadministration werden Protokolle genutzt, um den Zustand und die Sicherheit von Systemen zu überwachen.
- **Beispiele für Protokolle**
  - o **HTTP (Hypertext Transfer Protocol)**: Wird verwendet, um Webseiten zu übertragen.
  - o **FTP (File Transfer Protocol)**: Dient zum Übertragen von Dateien zwischen Clients und Servern.
  - o **SMTP (Simple Mail Transfer Protocol)**: Regelt den Versand von E-Mails.

Protokolle sind somit unerlässlich für die strukturierte und effiziente Kommunikation innerhalb und zwischen Computersystemen. Sie gewährleisten, dass Informationen korrekt übertragen werden und helfen dabei, den Überblick über verschiedene Abläufe zu behalten.

Prototyping

Prototyping bezeichnet den Prozess, in dem erste, oft vereinfachte Modelle oder Versionen eines Produkts erstellt werden, um Ideen zu testen und zu validieren. Dieser Prozess kommt häufig in der Softwareentwicklung, im Produktdesign und in der Systementwicklung zum Einsatz.

- **Zweck des Prototypings**

- o   Unterstützung bei der Visualisierung von Konzepten.
- o   Identifikation von Fehlern und Schwächen frühzeitig im Entwicklungsprozess.
- o   Ermöglichung von Feedback von Stakeholdern, Benutzern oder Teammitgliedern.

- **Arten von Prototypen**
  - o   **Low-Fidelity-Prototypen**: Einfache, oft papierbasierte Modelle, die grundlegende Konzepte darstellen. Sie sind kostengünstig und schnell zu erstellen, dienen aber hauptsächlich dazu, grobe Ideen zu kommunizieren.
  - o   **High-Fidelity-Prototypen**: Detaillierte und funktionsfähige Modelle, die dem Endprodukt sehr ähnlich sind. Sie erfordern mehr Zeit und Ressourcen, ermöglichen jedoch realistischere Tests und Feedback.

- **Prototyping-Methoden**
  - o   **Skizzieren**: Schnelles Zeichnen von Ideen auf Papier oder digitalen Tools, um Konzepte zu visualisieren.
  - o   **Wireframing**: Erstellung von schematischen Darstellungen der Benutzeroberfläche, die Layout und Funktionalität zeigen.
  - o   **Interaktive Prototypen**: Einsatz von Software, um eine funktionale Simulation des Endprodukts zu erstellen. Diese Prototypen ermöglichen Benutzertests und Interaktionen.

- **Vorteile des Prototypings**
  - o   Frühzeitige Identifikation von Problemen, was spätere Kosten und Zeitaufwand reduziert.
  - o   Verbesserung der Benutzerakzeptanz durch Einbeziehung von Feedback in frühen Phasen.
  - o   Förderung der Kommunikation im Team, da visuelle Modelle oft leichter zu verstehen sind als abstrakte Ideen.

- **Anwendung in der Softwareentwicklung**

- o Prototyping wird in agilen Methoden wie Scrum oder Design Thinking häufig verwendet. Teams erstellen Prototypen, um Benutzeranforderungen besser zu verstehen und das Produkt iterativ zu verbessern.
- **Herausforderungen**
  - o Es kann schwierig sein, den richtigen Detaillierungsgrad zu finden. Zu grobe Prototypen können zu Missverständnissen führen, während zu detaillierte Prototypen den Entwicklungsprozess verlangsamen können.
  - o Die Balance zwischen Schnelligkeit und Qualität ist entscheidend, um nützliche Ergebnisse zu erzielen, ohne unnötige Ressourcen zu verschwenden.

Proxy-Server

Ein Proxy-Server fungiert als Vermittler zwischen einem Endgerät (wie einem Computer oder Smartphone) und dem Internet. Er empfängt Anfragen von Clients, leitet diese an die entsprechenden Server weiter und sendet die erhaltenen Antworten zurück an die Clients.

Funktionen und Einsatzmöglichkeiten:

- **Anonymität**: Ein Proxy-Server kann die IP-Adresse des Clients verbergen, sodass die Identität des Nutzers geschützt wird. Dies kann nützlich sein, um die Privatsphäre zu wahren oder geobasierte Einschränkungen zu umgehen.

- **Caching**: Proxy-Server speichern häufig angeforderte Inhalte (wie Webseiten) zwischen. Wenn ein Benutzer eine bereits zwischengespeicherte Seite anfordert, kann der Proxy diese direkt aus dem Cache liefern, was die Ladezeiten verkürzt und Bandbreite spart.

- **Zugriffskontrolle**: Organisationen nutzen Proxy-Server, um den Zugriff auf bestimmte Webseiten oder Inhalte zu kontrollieren. Dadurch können unerwünschte Inhalte blockiert oder der Zugriff auf bestimmte Dienste eingeschränkt werden.

- **Sicherheitsfunktionen**: Proxy-Server können als zusätzliche Sicherheitsebene fungieren, indem sie schädlichen Datenverkehr filtern. Sie können Malware erkennen und blockieren, bevor sie die internen Netzwerke erreichen.

- **Lastverteilung**: In größeren Netzwerken können Proxy-Server helfen, den Datenverkehr gleichmäßig auf mehrere Server zu verteilen. Dies sorgt für eine verbesserte Leistung und Verfügbarkeit von Diensten.

- **Protokolle**: Proxy-Server arbeiten oft mit verschiedenen Protokollen wie HTTP, HTTPS oder SOCKS. Je nach Protokoll können unterschiedliche Sicherheits- und Funktionalitätsmerkmale gegeben sein.

Typen von Proxy-Servern:

- **Forward Proxy**: Leitet Anfragen von Clients an externe Server weiter. Häufig in Unternehmensnetzwerken verwendet.

- **Reverse Proxy**: Steht vor einem oder mehreren Servern und empfängt Anfragen von Clients, um diese an die richtigen Server weiterzuleiten. Oft für Lastverteilung und Sicherheit eingesetzt.

- **Transparent Proxy**: Der Client ist sich nicht bewusst, dass er einen Proxy verwendet. Diese Art von Proxy wird häufig für Caching oder Filterung eingesetzt.

- **Anonymisierender Proxy**: Verbirgt die Identität des Nutzers, indem er dessen IP-Adresse maskiert. Nützlich für Datenschutz und Anonymität.

- **VPN (Virtual Private Network)**: Obwohl technisch nicht dasselbe wie ein Proxy-Server, bietet ein VPN ähnliche Funktionen in Bezug auf Anonymität und Sicherheit, indem es den gesamten Datenverkehr eines Geräts durch einen sicheren Tunnel leitet.

Anwendungsfälle:

- **Unternehmensnetzwerke**: Viele Firmen setzen Proxy-Server ein, um ihre Netzwerke zu schützen, den Zugriff auf das Internet zu kontrollieren und die Leistung durch Caching zu verbessern.

- **Privatanwender**: Nutzer können Proxy-Server verwenden, um ihre Online-Aktivitäten zu anonymisieren oder geografische Einschränkungen zu umgehen, beispielsweise beim Streaming von Medieninhalten.

- **Entwickler**: Bei der Entwicklung von Software werden Proxy-Server genutzt, um die Kommunikation zwischen Clients und Servern zu testen und zu optimieren.

Ein Proxy-Server ist somit ein vielseitiges Werkzeug, das in verschiedenen Kontexten eingesetzt wird, um Sicherheit, Leistung und Kontrolle über Internetzugriffe zu verbessern.

Python

Python ist eine hochgradig vielseitige Programmiersprache, die sich durch ihre Lesbarkeit und einfache Syntax auszeichnet. Sie wurde in den späten 1980er Jahren von Guido van Rossum entwickelt und erstmals 1991 veröffentlicht. Python wird in vielen Bereichen der Softwareentwicklung eingesetzt, darunter Webentwicklung, Datenanalyse, künstliche Intelligenz, wissenschaftliches Rechnen und Automatisierung.

Merkmale von Python:

Einfachheit und Lesbarkeit:

Der Code ist klar strukturiert und verwendet eine einfache Syntax, die das Erlernen und Verstehen erleichtert.

Indentation (Einrückung) wird zur Strukturierung des Codes verwendet, anstelle von Klammern oder anderen Trennzeichen.

Dynamische Typisierung:

Variablen müssen nicht vor ihrer Verwendung deklariert werden. Der Typ einer Variablen wird zur Laufzeit festgelegt, was die Programmierung flexibler macht.

Umfangreiche Standardbibliotheken:

Python bietet eine Vielzahl von integrierten Modulen und Paketen, die häufig benötigte Funktionen bereitstellen, wie z.B. zur Verarbeitung von Daten, zur Durchführung mathematischer Berechnungen oder zur Erstellung von Webanwendungen.

Anwendungsgebiete

Webentwicklung:

Frameworks wie Django und Flask ermöglichen die schnelle Erstellung von Webanwendungen.

Datenanalyse und Wissenschaftliches Rechnen:

Bibliotheken wie Pandas, NumPy und Matplotlib unterstützen bei der Analyse, Verarbeitung und Visualisierung von Daten.

Künstliche Intelligenz und Maschinelles Lernen:

TensorFlow und scikit-learn sind Beispiele für Bibliotheken, die in diesen Bereichen verwendet werden.

Automatisierung:

Skripte in Python können verwendet werden, um wiederkehrende Aufgaben zu automatisieren, z.B. Datenextraktion, Dateiverwaltung oder Systemadministration.

Entwicklungsumgebungen

IDEs und Texteditoren:

Beliebte Entwicklungsumgebungen sind PyCharm, Visual Studio Code und Jupyter Notebooks, die speziell für Datenanalyse und wissenschaftliches Rechnen geeignet sind.

Community und Unterstützung

Große Gemeinschaft:

Python hat eine aktive und hilfsbereite Community, die zahlreiche Ressourcen, Tutorials und Foren bereitstellt, um Anfängern und Fortgeschrittenen zu helfen.

Open Source:

Python ist eine Open-Source-Sprache, was bedeutet, dass der Quellcode frei zugänglich ist und von jedem verwendet und modifiziert werden kann.

Release Management

Release Management bezeichnet den Prozess, durch den Softwareprodukte von der Entwicklungsphase bis hin zur Bereitstellung in der Produktionsumgebung verwaltet werden. Dieser Prozess umfasst mehrere Schritte, die sicherstellen, dass Softwareänderungen kontrolliert und effizient umgesetzt werden.

1. **Planung**
   o Definition der Release-Ziele und -Umfänge.
   o Festlegung von Zeitplänen und Ressourcen.
   o Abstimmung mit verschiedenen Stakeholdern, wie Entwicklern, Testern und Betriebsteams.
2. **Entwicklung**
   o Implementierung der geplanten Funktionen und Fehlerbehebungen.
   o Durchführung von Code-Reviews und Qualitätssicherungsmaßnahmen.
3. **Testen**
   o Durchführung von Tests, um sicherzustellen, dass die Software den Anforderungen entspricht.
   o Überprüfung auf Fehler und Probleme, bevor die Software bereitgestellt wird.

- o Einbeziehung von Testern aus verschiedenen Bereichen, um eine umfassende Validierung zu gewährleisten.

4. **Freigabe**
   - o Erstellung von Release-Dokumentationen, die Informationen über neue Funktionen, Änderungen und bekannte Probleme enthalten.
   - o Bereitstellung der Software für die Produktionsumgebung.
   - o Durchführung von Schulungen oder Informationsveranstaltungen für die Benutzer.

5. **Überwachung**
   - o Nachverfolgung der Softwareleistung und der Benutzerzufriedenheit.
   - o Identifizierung und Behebung von Problemen, die nach der Bereitstellung auftreten können.
   - o Sammeln von Feedback zur kontinuierlichen Verbesserung zukünftiger Releases.

6. **Rückmeldung und Anpassung**
   - o Analyse von Fehlerberichten und Benutzerfeedback.
   - o Anpassung des Release-Prozesses basierend auf den Erfahrungen aus vorherigen Releases.

Die Implementierung eines effektiven Release Managements trägt dazu bei, die Qualität der Software zu erhöhen, Risiken zu minimieren und die Zufriedenheit der Benutzer zu verbessern. Ein gut durchdachter Prozess ermöglicht eine strukturierte und nachvollziehbare Vorgehensweise, die sowohl die Effizienz als auch die Transparenz in der Softwareentwicklung und -bereitstellung fördert.

Responsive Design

Responsive Design bezeichnet einen Ansatz in der Webentwicklung, der sicherstellt, dass Webseiten auf verschiedenen Geräten und Bildschirmgrößen optimal dargestellt werden. Ziel ist es, eine benutzerfreundliche und ansprechende Erfahrung zu bieten, unabhängig davon, ob der Nutzer ein Smartphone, Tablet oder einen Desktop-Computer verwendet.

- **Grundprinzipien**
    - Fluides Layout: Anstatt feste Pixelwerte zu verwenden, werden relative Maßeinheiten wie Prozent oder viewport units (vw, vh) eingesetzt. Dadurch passt sich das Layout flexibel an die Bildschirmgröße an.
    - Flexible Bilder: Bilder und andere Medien werden so gestaltet, dass sie sich proportional zur Größe des Bildschirms skalieren. Dies verhindert, dass Bilder an größeren Bildschirmen verzerrt oder auf kleineren Bildschirmen abgeschnitten werden.
    - Media Queries: CSS-Technik, die es ermöglicht, unterschiedliche Stile für verschiedene Bildschirmgrößen und -auflösungen zu definieren. Dadurch können Layouts und Design-Elemente je nach Gerät angepasst werden.
- **Vorteile**
    - Verbesserte Benutzererfahrung: Nutzer können auf allen Geräten eine einheitliche und ansprechende Darstellung der Inhalte erleben, was die Interaktion und Zufriedenheit erhöht.
    - Kosteneffizienz: Ein einziges, responsives Design ersetzt die Notwendigkeit, mehrere Versionen einer Webseite für verschiedene Geräte zu erstellen, was Zeit und Ressourcen spart.
    - Bessere SEO-Optimierung: Suchmaschinen bevorzugen responsive Webseiten, da sie eine konsistente URL-Struktur und einheitliche Inhalte

bieten, was die Sichtbarkeit in den Suchergebnissen verbessert.

- **Herausforderungen**
  - Komplexität der Gestaltung: Die Vielzahl an Bildschirmgrößen erfordert eine sorgfältige Planung und Tests, um sicherzustellen, dass die Webseite auf allen Geräten gut aussieht und funktioniert.
  - Performance: Responsive Designs können mehr Ressourcen benötigen, da sie oft zusätzliche CSS-Regeln und Skripte enthalten, die die Ladezeit beeinflussen können.
- **Best Practices**
  - Mobile-First-Ansatz: Bei der Entwicklung sollte zunächst die mobile Version der Webseite gestaltet werden, bevor man zu größeren Bildschirmgrößen übergeht. Dies fördert die Konzentration auf essentielle Inhalte und Funktionen.
  - Testen auf verschiedenen Geräten: Um sicherzustellen, dass das responsive Design auf allen Geräten gut funktioniert, sollten umfassende Tests auf verschiedenen Bildschirmgrößen und Betriebssystemen durchgeführt werden.

Responsive Design ist eine essenzielle Technik in der modernen Webentwicklung, die es ermöglicht, Webseiten effizient und benutzerfreundlich zu gestalten, unabhängig von der verwendeten Technologie oder dem Endgerät.

Ressourcenmanagement

Ressourcenmanagement umfasst die Planung, Steuerung und Überwachung der verfügbaren Ressourcen in einem Unternehmen, um die Effizienz und Effektivität der Arbeitsprozesse zu maximieren. Es bezieht sich auf verschiedene Arten von Ressourcen, darunter:

- **Personalressourcen**: Die Verwaltung von Mitarbeitern, deren Fähigkeiten, Qualifikationen und Einsatzmöglichkeiten. Dies beinhaltet die Rekrutierung, Schulung und Entwicklung von Fachkräften.

- **Finanzressourcen**: Die Planung und Kontrolle des Budgets, um sicherzustellen, dass finanzielle Mittel effizient eingesetzt werden. Dies schließt die Überwachung von Ausgaben und Einnahmen sowie die langfristige Finanzplanung ein.

- **Materielle Ressourcen**: Die Verwaltung von physischen Gütern wie Hardware, Software, Büromaterialien und anderen Betriebsmitteln. Die Beschaffung, Lagerung und Instandhaltung dieser Ressourcen sind zentrale Aufgaben.

- **Zeitressourcen**: Die effektive Nutzung der verfügbaren Zeit, um Projekte fristgerecht abzuschließen. Hierzu gehört die Planung von Arbeitsabläufen und die Priorisierung von Aufgaben.

- **Technologische Ressourcen**: Der Einsatz von Technologien und Tools, um Prozesse zu optimieren. Die Auswahl geeigneter Softwarelösungen und die Integration neuer Technologien fallen in diesen Bereich.

Ziele des Ressourcenmanagements:

- **Effizienz**: Die Maximierung des Outputs bei minimalem Ressourceneinsatz. Dies bedeutet, dass Prozesse so gestaltet werden, dass sie mit möglichst wenig Aufwand die besten Ergebnisse liefern.

- **Flexibilität**: Die Fähigkeit, schnell auf Veränderungen im Markt oder in der Unternehmensumgebung zu reagieren. Ein gutes Ressourcenmanagement ermöglicht es, Ressourcen schnell umzuverteilen oder anzupassen.

- **Nachhaltigkeit**: Der verantwortungsvolle Umgang mit Ressourcen, um langfristige Verfügbarkeit und Umweltverträglichkeit zu gewährleisten. Dies schließt auch die Berücksichtigung von ökologischen und sozialen Faktoren ein.

Methoden und Werkzeuge des Ressourcenmanagements:

- **Projektmanagement-Software**: Tools zur Planung, Durchführung und Überwachung von Projekten, die eine Übersicht über Ressourcen, Zeitpläne und Budgets bieten.

- **Kapazitätsplanung**: Techniken zur Bestimmung der optimalen Ressourcenauslastung, um Überlastungen oder Engpässe zu vermeiden.

- **Controlling**: Systeme zur Überwachung und Analyse der Ressourcennutzung, um rechtzeitig Anpassungen vorzunehmen.

- **Benchmarking**: Der Vergleich der eigenen Ressourcen- und Prozessnutzung mit Best Practices oder Wettbewerbern, um Verbesserungspotenziale zu identifizieren.

Ressourcenmanagement ist entscheidend für den Erfolg eines Unternehmens, da es die Grundlage für die Umsetzung von Strategien und Projekten bildet. Ein durchdachtes Ressourcenmanagement führt zu einer höheren Wettbewerbsfähigkeit und besseren Ergebnissen.

REST

REST (Representational State Transfer) ist ein Architekturstil für verteilte Systeme, der häufig im Web verwendet wird. Dieser Ansatz

ermöglicht die Interaktion zwischen Client und Server über das
Hypertext Transfer Protocol (HTTP).

1. Grundprinzipien von REST:
   - **Ressourcenorientierung**: REST basiert auf dem
     Konzept von Ressourcen, die durch eindeutige URIs
     (Uniform Resource Identifiers) identifiziert werden.
     Eine Ressource kann alles sein, z.B. ein Benutzer, ein
     Produkt oder eine Bestellung.
   - **Statelessness**: Jeder Anfrage vom Client an den
     Server beinhaltet alle Informationen, die der Server
     benötigt, um die Anfrage zu bearbeiten. Der Server
     speichert keine Informationen über den Zustand der
     Interaktion. Dies erhöht die Skalierbarkeit und
     vereinfacht die Serverarchitektur.
   - **Cachebarkeit**: Antworten von Servern können als
     cachebar markiert werden, was bedeutet, dass
     Clients die Antworten speichern können, um
     zukünftige Anfragen schneller zu bedienen. Dies
     reduziert die Serverlast und verbessert die Leistung.
   - **Schichtenarchitektur**: REST erlaubt eine
     Schichtenarchitektur, bei der Clients nicht wissen
     müssen, ob sie direkt mit dem Server oder über
     einen Zwischenserver (z.B. einen Proxy oder Load
     Balancer) kommunizieren. Dies bietet Flexibilität und
     Sicherheit.
2. HTTP-Methoden in REST:
   - **GET**: Diese Methode wird verwendet, um
     Informationen von einer Ressource abzurufen. Sie ist
     idempotent, was bedeutet, dass mehrere identische
     Anfragen das gleiche Ergebnis liefern.
   - **POST**: Mit dieser Methode wird eine neue
     Ressource erstellt. Sie ist nicht idempotent, da
     wiederholte Anfragen zu mehreren neuen
     Ressourcen führen können.

- PUT: Diese Methode aktualisiert eine bestehende Ressource oder erstellt sie, falls sie nicht existiert. Sie ist idempotent.
- **DELETE**: Diese Methode entfernt eine Ressource. Auch sie ist idempotent, da mehrfache Anfragen das gleiche Ergebnis haben (die Ressource ist nach der ersten Anfrage gelöscht).

3. Datenformate:
   - REST nutzt häufig JSON (JavaScript Object Notation) oder XML (eXtensible Markup Language) als Datenformate für die Kommunikation zwischen Client und Server. JSON hat sich aufgrund seiner Einfachheit und Lesbarkeit als besonders beliebt erwiesen.

4. Anwendungsfälle:
   - RESTful APIs werden in Webanwendungen, mobilen Apps und IoT-Geräten verwendet, um Daten zwischen verschiedenen Systemen auszutauschen. Sie sind besonders nützlich, wenn es darum geht, verschiedene Plattformen und Technologien miteinander zu verbinden.

5. Vor- und Nachteile:
   - Vorteile sind die einfache Nutzung, die klare Struktur und die gute Skalierbarkeit. Nachteile können in der fehlenden Unterstützung für komplexe Transaktionen und in der Abhängigkeit von HTTP liegen, was in bestimmten Szenarien einschränkend sein kann.

Schnittstellen

Schnittstellen sind definierte Punkte, an denen verschiedene Systeme, Anwendungen oder Komponenten miteinander kommunizieren und Daten austauschen. Sie ermöglichen es, dass unterschiedliche Software oder Hardware effizient zusammenarbeiten. Schnittstellen können in verschiedenen Formen auftreten, darunter:

1. **Programmierschnittstellen (APIs)**:
   - Stellen eine Sammlung von Funktionen und Prozeduren bereit, die es Entwicklern ermöglichen, auf die Funktionen eines anderen Programms oder Dienstes zuzugreifen.
   - Erlauben die Interaktion zwischen verschiedenen Software-Komponenten, ohne dass der interne Aufbau der Systeme bekannt sein muss.

2. **Benutzerschnittstellen (UI)**:
   - Beziehen sich auf die grafische oder textbasierte Darstellung, durch die Benutzer mit einem System interagieren.
   - Umfassen Elemente wie Buttons, Menüs und Eingabefelder, die die Bedienung eines Programms erleichtern.

3. **Hardware-Schnittstellen**:
   - Stellen physische Verbindungen zwischen verschiedenen Geräten her, wie zum Beispiel USB- oder HDMI-Anschlüsse.
   - Ermöglichen die Kommunikation und den Datenaustausch zwischen Hardwarekomponenten.

4. **Datenbankschnittstellen**:
   - Ermöglichen den Zugriff auf Datenbanken, um Daten abzurufen oder zu speichern.
   - Nutzen oft standardisierte Abfragesprachen wie SQL, um die Interaktion mit den Daten zu vereinfachen.

5. **Netzwerkschnittstellen**:
   - Dienen der Kommunikation zwischen verschiedenen Netzwerkteilnehmern, wie Computern oder Servern, über Protokolle wie TCP/IP.
   - Sorgen dafür, dass Datenpakete über das Netzwerk gesendet und empfangen werden können.

Die Gestaltung einer Schnittstelle hat Einfluss auf die Benutzerfreundlichkeit, die Effizienz der Kommunikation und die Wartbarkeit der Systeme. Eine gut definierte Schnittstelle ermöglicht eine einfache Integration und Anpassung, während eine schlecht gestaltete Schnittstelle zu Problemen bei der Interaktion führen kann. Schnittstellen sind daher ein zentrales Element der Software- und Systemarchitektur, da sie die Grundlage für die Zusammenarbeit verschiedener Komponenten bilden.

Scripting

Scripting bezeichnet das Schreiben von Skripten, die eine Reihe von Anweisungen enthalten, die von einem Computer interpretiert und ausgeführt werden. Diese Skripte sind meist in speziellen Programmiersprachen verfasst, die für die Automatisierung von Aufgaben, die Steuerung von Softwareanwendungen oder die Interaktion mit Betriebssystemen und Netzwerken entwickelt wurden.

Typen von Scripting-Sprachen: - **Shell-Skripting**: Nutzt die Kommandozeilenumgebung eines Betriebssystems, um Befehle in einer bestimmten Reihenfolge auszuführen. Beispiele sind Bash für Unix/Linux und PowerShell für Windows. - **Web-Skripting**: Bezieht sich auf die Programmierung von Webseiten und Webanwendungen. JavaScript ist die bekannteste Sprache dafür, da sie im Browser ausgeführt wird und die Interaktivität von Webseiten ermöglicht. - **Automatisierungsskripte**: Diese Skripte automatisieren häufig wiederkehrende Aufgaben, wie das Erstellen von Backups, das Verarbeiten von Daten oder das Testen von Software.

Einsatzgebiete: - **Systemadministration**: Administratoren nutzen Skripte, um Routineaufgaben effizienter zu gestalten, etwa das Überwachen von Systemressourcen oder das Installieren von Software. - **Webentwicklung**: Scripting wird verwendet, um dynamische Inhalte zu erzeugen und Benutzereingaben zu verarbeiten. Dies verbessert die Benutzererfahrung und ermöglicht personalisierte Interaktionen. - **Datenanalyse**: Skripte können Daten aus verschiedenen Quellen abrufen, verarbeiten und analysieren, um nützliche Informationen zu extrahieren.

Vorteile des Scripting: - **Automatisierung**: Reduziert den manuellen Aufwand durch Automatisierung von Prozessen. - **Flexibilität**: Skripte können leicht angepasst und erweitert werden, um sich ändernden Anforderungen gerecht zu werden. - **Wiederverwendbarkeit**: Einmal geschriebene Skripte können in verschiedenen Projekten oder für ähnliche Aufgaben erneut verwendet werden.

Scripting erfordert ein gewisses Maß an Programmierkenntnissen, um die Syntax der jeweiligen Sprache zu verstehen und effektive Lösungen zu entwickeln. In vielen Fällen ist es auch wichtig, die Logik hinter den Skripten gut zu durchdenken, um Fehler zu vermeiden und die Effizienz zu maximieren.

Scrum

Scrum ist ein Rahmenwerk für das Management und die Durchführung von Projekten, insbesondere in der Softwareentwicklung. Es basiert auf agilen Prinzipien und zielt darauf ab, Teams bei der Zusammenarbeit und der kontinuierlichen Verbesserung ihrer Arbeitsweise zu unterstützen.

- Grundprinzipien
    - Transparenz: Alle Aspekte des Prozesses müssen für die Beteiligten sichtbar und nachvollziehbar sein. Dies fördert das Verständnis und die Zusammenarbeit im Team.
    - Überprüfung: Regelmäßige Überprüfungen der Arbeitsergebnisse ermöglichen es, den Fortschritt zu messen und Anpassungen vorzunehmen.

- o Anpassung: Teams sind darauf ausgelegt, flexibel auf Veränderungen zu reagieren, um die Qualität und den Wert der Ergebnisse zu maximieren.
- Rollen im Scrum
  - o Product Owner: Verantwortlich für die Definition der Anforderungen und Priorisierung der Aufgaben im Produkt-Backlog. Der Product Owner fungiert als Bindeglied zwischen dem Entwicklungsteam und den Stakeholdern.
  - o Scrum Master: Unterstützt das Team, indem er Hindernisse beseitigt und sicherstellt, dass der Scrum-Prozess eingehalten wird. Der Scrum Master fördert die Selbstorganisation des Teams.
  - o Entwicklungsteam: Eine Gruppe von Fachleuten, die an der Umsetzung der Produktanforderungen arbeitet. Das Team besteht aus Mitgliedern mit unterschiedlichen Fähigkeiten, die gemeinsam an den Aufgaben arbeiten.
- Scrum-Events
  - o Sprint: Ein festgelegter Zeitraum, typischerweise zwischen einer und vier Wochen, in dem ein funktionsfähiges Produktinkrement erstellt wird. Jeder Sprint beginnt mit einer Planungssitzung und endet mit einer Überprüfung.
  - o Sprint Planning: Ein Treffen, um die Ziele des Sprints festzulegen und die Aufgaben zu planen. Das Team entscheidet, welche Anforderungen aus dem Produkt-Backlog in den Sprint übernommen werden.
  - o Daily Scrum: Tägliches kurzes Treffen, bei dem Teammitglieder den Fortschritt besprechen und Hindernisse identifizieren. Dies fördert die Kommunikation und Transparenz.
  - o Sprint Review: Am Ende eines Sprints präsentiert das Team die Arbeitsergebnisse den Stakeholdern.

Feedback wird gesammelt, um die nächsten Schritte zu planen.

- o Sprint Retrospective: Ein Treffen nach dem Sprint, in dem das Team reflektiert, was gut gelaufen ist und was verbessert werden kann. Ziel ist es, den Prozess kontinuierlich zu optimieren.

- Artefakte
  - o Produkt-Backlog: Eine priorisierte Liste von Anforderungen, die das Produkt beschreiben. Der Product Owner ist für die Pflege und Aktualisierung dieses Backlogs verantwortlich.
  - o Sprint-Backlog: Eine Auswahl von Aufgaben aus dem Produkt-Backlog, die im aktuellen Sprint bearbeitet werden sollen. Es enthält die Ziele und die spezifischen Aufgaben, die das Team während des Sprints umsetzen möchte.
  - o Inkrement: Das Ergebnis eines Sprints, das ein funktionsfähiges Produkt oder eine Erweiterung des bestehenden Produkts darstellt. Jedes Inkrement sollte den vorherigen Stand verbessern.

Scrum fördert eine iterative und inkrementelle Entwicklung, bei der Teams schnell auf Feedback reagieren können. Durch regelmäßige Überprüfungen und Anpassungen wird die Qualität der Ergebnisse kontinuierlich verbessert.

Server

Ein Server ist ein spezialisiertes Computersystem, das Ressourcen und Dienste für andere Computer, sogenannte Clients, bereitstellt. Die Funktionsweise und die Aufgaben eines Servers sind vielfältig und hängen stark von der Art des Servers ab.

1. **Arten von Servern**

o **Dateiserver**: Speichert und verwaltet Dateien, die von Clients über ein Netzwerk abgerufen werden können.

o **Datenbankserver**: Verwaltet Datenbanken und ermöglicht den Zugriff auf die Daten durch Clients. Er führt Anfragen aus und liefert die benötigten Informationen zurück.

o **Webserver**: Stellt Webseiten über das Internet bereit. Er empfängt HTTP-Anfragen von Clients und sendet die entsprechenden Webseiten oder Daten zurück.

o **Mailserver**: Verwaltet den Versand und Empfang von E-Mails. Er speichert E-Mails für Benutzer und ermöglicht deren Zugriff über Clients.

o **Anwendungsserver**: Führt spezifische Anwendungen aus und stellt diese für Clients zur Verfügung. Dies kann beispielsweise in einem Unternehmensumfeld der Fall sein, wo bestimmte Software zentral betrieben wird.

2. **Hardware und Software**

o **Hardware**: Server-Hardware ist oft leistungsfähiger als normale Desktop-Computer. Sie verfügt über mehr RAM, schnellere Prozessoren und größere Speicherkapazitäten. Oft sind Server für einen Dauerbetrieb ausgelegt und haben redundante Systeme, um Ausfälle zu vermeiden.

o **Betriebssystem**: Server verwenden spezielle Betriebssysteme, die für die Verwaltung von Netzwerkanfragen optimiert sind. Beispiele hierfür sind Windows Server, Linux-Distributionen oder Unix-basierte Systeme.

3. **Netzwerkverbindung**

o Server sind meist über ein lokales Netzwerk (LAN) oder das Internet mit Clients verbunden. Die Kommunikation erfolgt häufig über standardisierte

Protokolle wie TCP/IP, HTTP, FTP oder SMTP, je nach Art des Servers und der angebotenen Dienste.

4. **Rollen und Funktionen**

   o Server können verschiedene Rollen übernehmen, wie beispielsweise Authentifizierung von Benutzern, Bereitstellung von Anwendungen oder Verwaltung von Daten. Sie können auch als zentrale Stelle für Sicherheitsmaßnahmen fungieren, etwa durch Firewalls oder Antivirus-Software.

5. **Virtualisierung**

   o Viele moderne Server nutzen Virtualisierungstechnologien, um mehrere virtuelle Server auf einer physischen Hardware zu betreiben. Dies ermöglicht eine effizientere Nutzung der Ressourcen und eine einfachere Verwaltung.

6. **Sicherheit**

   o Serversicherheit ist ein wichtiger Aspekt, da Server oft sensible Daten verwalten. Maßnahmen wie regelmäßige Software-Updates, Firewalls, Verschlüsselung und Zugriffsmanagement sind entscheidend, um die Integrität und Vertraulichkeit der Daten zu gewährleisten.

7. **Wartung**

   o Die Wartung von Servern umfasst regelmäßige Updates, Überwachung der Systemleistung und Backup-Strategien. Eine gute Wartung ist notwendig, um Ausfallzeiten zu minimieren und die Betriebsbereitschaft sicherzustellen.

Ein Server ist somit ein zentraler Bestandteil der IT-Infrastruktur, der eine Vielzahl von Aufgaben übernimmt und für den Betrieb von Netzwerken und Anwendungen unerlässlich ist.

Service Level Agreement

Ein Service Level Agreement (SLA) ist ein Vertrag zwischen einem Dienstleister und einem Kunden, der die spezifischen Leistungen, die Qualität und die Verfügbarkeit der Dienstleistungen definiert. SLAs sind in vielen Branchen wichtig, insbesondere in der IT, da sie klare Erwartungen und Verantwortlichkeiten festlegen.

Inhalte eines SLAs können folgende Punkte umfassen:

- **Leistungsbeschreibung**: Detaillierte Beschreibung der zu erbringenden Dienstleistungen. Dies kann beispielsweise den Umfang der IT-Supportleistungen, die Bereitstellung von Software oder Hardware sowie Wartungsarbeiten umfassen.

- **Service Level Ziele**: Konkrete Ziele, die der Dienstleister erreichen muss, wie Reaktionszeiten bei Supportanfragen, maximale Ausfallzeiten oder die Verfügbarkeit von Systemen (z.B. 99,9 % Verfügbarkeit pro Monat).

- **Messkriterien**: Festlegung von Kennzahlen, anhand derer die Leistung des Dienstleisters bewertet werden kann. Dazu gehören beispielsweise die Anzahl der gelösten Tickets innerhalb eines bestimmten Zeitraums oder die durchschnittliche Bearbeitungszeit von Anfragen.

- **Verantwortlichkeiten**: Klare Definition der Pflichten von beiden Parteien. Der Dienstleister muss die vereinbarten Leistungen erbringen, während der Kunde möglicherweise bestimmte Voraussetzungen schaffen muss, wie etwa die Bereitstellung von Informationen oder den Zugang zu Systemen.

- **Berichterstattung**: Regelungen zur Dokumentation und Berichterstattung über die erbrachten Leistungen. Dies kann monatliche oder vierteljährliche Berichte umfassen, die die Erfüllung der vereinbarten Ziele überprüfen.

- **Reaktions- und Wiederherstellungszeiten**: Festlegung von Zeiten, in denen der Dienstleister auf Probleme reagieren und diese beheben muss. Dies ist besonders wichtig bei kritischen Systemen, die eine hohe Verfügbarkeit erfordern.

- **Strafmaßnahmen**: Vereinbarungen über mögliche Konsequenzen, wenn die vereinbarten Service Levels nicht eingehalten werden. Dies kann in Form von finanziellen Entschädigungen oder anderen Kompensationen geschehen.

- **Laufzeit und Kündigung**: Bestimmungen zur Dauer des SLAs sowie zu den Bedingungen, unter denen der Vertrag gekündigt oder angepasst werden kann.

Ein SLA dient als Referenzpunkt, um die Zusammenarbeit zwischen Dienstleister und Kunde zu steuern und sicherzustellen, dass beide Seiten die gleichen Erwartungen haben. Es trägt zur Transparenz und zum Vertrauen in die Geschäftsbeziehung bei.

Sicherheitslücken

Sicherheitslücken sind Schwachstellen in Computersystemen, Softwareanwendungen oder Netzwerken, die von Angreifern ausgenutzt werden können, um unbefugten Zugriff auf Daten oder Systeme zu erlangen. Diese Lücken entstehen oft durch Programmierfehler, unzureichende Sicherheitsmaßnahmen oder falsche Konfigurationen.

Ursachen für Sicherheitslücken:

- **Programmfehler**: Fehler im Code, die unbeabsichtigte Funktionen oder Verhaltensweisen hervorrufen können.
- **Veraltete Software**: Nicht aktualisierte Programme, die bekannte Schwachstellen enthalten.
- **Falsche Konfigurationen**: Unsichere Standardeinstellungen, die nicht angepasst wurden.
- **Unzureichende Tests**: Mangelnde Überprüfung von Software auf Sicherheitsanfälligkeiten vor der Veröffentlichung.

Arten von Sicherheitslücken:

- **SQL-Injection**: Angreifer nutzen Schwachstellen in Datenbankabfragen, um unbefugte Datenabfragen oder -änderungen durchzuführen.
- **Cross-Site Scripting (XSS)**: Schadcode wird in Webseiten eingebettet, um Benutzerinformationen zu stehlen oder deren Sitzungen zu übernehmen.
- **Buffer Overflow**: Überlauf von Pufferbereichen, wodurch Angreifer Code in den Speicher einschleusen können.
- **Schwache Passwörter**: Leicht zu erratende oder standardisierte Passwörter, die den Zugriff auf Systeme erleichtern.

Folgen von Sicherheitslücken:

- **Datenverlust**: Verlust oder Diebstahl vertraulicher Informationen.
- **Rufschädigung**: Vertrauensverlust bei Kunden oder Partnern.
- **Finanzielle Verluste**: Kosten für Wiederherstellung, rechtliche Schritte oder Bußgelder.
- **Betriebsunterbrechungen**: Ausfallzeiten durch Angriffe oder notwendige Sicherheitsmaßnahmen.

Prävention und Behebung:

- **Regelmäßige Updates**: Software und Systeme regelmäßig aktualisieren, um bekannte Sicherheitslücken zu schließen.
- **Sicherheitsüberprüfungen**: Regelmäßige Tests und Audits durchführen, um Schwachstellen zu identifizieren.
- **Schulung**: Mitarbeiter im Umgang mit Sicherheitsrichtlinien und -verfahren schulen.
- **Sicherheitssoftware**: Antiviren- und Firewall-Lösungen einsetzen, um Angriffe zu erkennen und abzuwehren.

Die konsequente Identifizierung und Behebung von Sicherheitslücken ist entscheidend, um die Integrität, Vertraulichkeit und Verfügbarkeit von Informationen und Systemen zu gewährleisten.

Sicherheitsrichtlinien

Sicherheitsrichtlinien sind Dokumente oder Regelwerke, die festlegen, wie Informationen und Systeme innerhalb einer Organisation geschützt werden sollen. Sie dienen dazu, Risiken zu minimieren und die Vertraulichkeit, Integrität und Verfügbarkeit von Daten zu gewährleisten. Sicherheitsrichtlinien sind besonders relevant für den IT-Bereich, wo sensible Daten und Systeme verwaltet werden.

1. Zielsetzung
   - Schutz sensibler Informationen vor unbefugtem Zugriff.
   - Sicherstellung der Datenintegrität, also dass Daten nicht unautorisiert verändert werden.
   - Gewährleistung der Verfügbarkeit von Systemen und Daten, sodass diese bei Bedarf jederzeit zugänglich sind.
2. Bestandteile von Sicherheitsrichtlinien
   - **Zugriffsrechte:** Regeln, wer auf welche Informationen und Systeme zugreifen darf. Dies

umfasst die Definition von Benutzerrollen und -
rechten.

- o **Passwortsicherheit:** Anforderungen an die
  Erstellung und Verwaltung von Passwörtern,
  einschließlich der Regelungen zur Häufigkeit der
  Passwortänderung und zur Komplexität.
- o **Datenschutz:** Vorgaben zur Handhabung
  personenbezogener Daten, die den rechtlichen
  Anforderungen entsprechen müssen, wie der
  Datenschutz-Grundverordnung (DSGVO).
- o **Sicherheitsvorfälle:** Verfahren zur Meldung und
  Bearbeitung von Sicherheitsvorfällen, um schnell
  und effektiv auf Bedrohungen reagieren zu können.
- o **Schulungen:** Regelmäßige Schulungen für
  Mitarbeiter, um das Bewusstsein für
  Sicherheitsrisiken und die Bedeutung der
  Sicherheitsrichtlinien zu schärfen.

3. Umsetzung

- o **Dokumentation:** Alle Sicherheitsrichtlinien müssen
  schriftlich festgehalten und regelmäßig aktualisiert
  werden, um den aktuellen Bedrohungen und
  Technologien Rechnung zu tragen.
- o **Überwachung:** Kontinuierliche Überprüfung der
  Einhaltung der Richtlinien durch Audits und
  Monitoring-Tools, um sicherzustellen, dass die
  festgelegten Regeln befolgt werden.
- o **Anpassung:** Regelmäßige Evaluierung und
  Anpassung der Richtlinien basierend auf neuen
  Bedrohungen, technologischen Entwicklungen oder
  Änderungen in der Gesetzgebung.

4. Bedeutung für Fachinformatiker

- o Fachinformatiker müssen Sicherheitsrichtlinien
  verstehen und umsetzen, um die IT-Infrastruktur des
  Unternehmens zu schützen.
- o Sie sind oft dafür verantwortlich,
  Sicherheitsrichtlinien in der Praxis anzuwenden,

beispielsweise durch die Implementierung technischer Maßnahmen wie Firewalls oder Verschlüsselung.

- o Die Fähigkeit, Sicherheitsrichtlinien zu interpretieren und anzupassen, ist entscheidend für die Arbeit in der IT-Sicherheit.

Software Testing

Software Testing bezieht sich auf den Prozess, in dem Softwareprodukte systematisch überprüft werden, um sicherzustellen, dass sie die festgelegten Anforderungen erfüllen und fehlerfrei funktionieren. Dieser Prozess wird in verschiedenen Phasen und mit unterschiedlichen Methoden durchgeführt.

1. **Ziele des Software-Testings**
   - o Identifikation von Fehlern und Mängeln in der Software.
   - o Überprüfung, ob die Software den Spezifikationen und Anforderungen entspricht.
   - o Sicherstellung der Benutzerfreundlichkeit und Funktionalität.
   - o Validierung der Softwareleistung unter unterschiedlichen Bedingungen.

2. **Testarten**
   - o **Unit Testing**: Überprüfung einzelner Komponenten oder Module der Software. Ziel ist die frühzeitige Erkennung von Fehlern in den kleinsten Bausteinen.
   - o **Integration Testing**: Test der Schnittstellen und Interaktionen zwischen mehreren Modulen. Hier wird überprüft, ob die Module zusammenarbeiten.
   - o **System Testing**: Test der gesamten Softwareanwendung in einer Umgebung, die der Produktionsumgebung ähnelt. Alle Funktionalitäten werden hier getestet.

- Akzeptanztesting: Endbenutzer testen die Software, um sicherzustellen, dass sie ihren Anforderungen entspricht und bereit für die Produktion ist.

3. **Testmethoden**
   - **Manuelles Testing**: Tester führen die Tests manuell durch, indem sie die Software bedienen und verschiedene Szenarien durchspielen.
   - **Automatisiertes Testing**: Einsatz von speziellen Tools und Skripten, um Tests automatisch auszuführen. Dies ermöglicht eine schnellere und wiederholbare Testdurchführung.

4. **Testdokumentation**
   - Erstellung von Testplänen, die die Teststrategie, die zu testenden Anforderungen und die Testressourcen umfassen.
   - Testfälle beschreiben spezifische Bedingungen, unter denen die Software getestet wird, einschließlich der Eingaben und erwarteten Ergebnisse.
   - Testberichte dokumentieren die Ergebnisse der Tests, identifizieren gefundene Fehler und bieten eine Grundlage für die Behebung dieser.

5. **Fehlerbehandlung**
   - Fehler, die während des Testens gefunden werden, werden dokumentiert und priorisiert.
   - Entwickler arbeiten an der Behebung dieser Fehler, und die Software wird anschließend erneut getestet, um sicherzustellen, dass die Korrekturen erfolgreich waren.

6. **Testumgebungen**
   - Tests sollten in einer kontrollierten Umgebung durchgeführt werden, um die Auswirkungen externer Faktoren zu minimieren.
   - Verschiedene Umgebungen können eingerichtet werden, um unterschiedliche Plattformen,

Betriebssysteme oder Hardwarekonfigurationen zu simulieren.

7. **Werkzeuge und Technologien**
   - o Es gibt zahlreiche Tools, die den Testprozess unterstützen, wie Testmanagement-Tools, Automatisierungstools und Fehlerverfolgungssysteme.
   - o Die Auswahl der richtigen Werkzeuge hängt von der Art des Projekts und den spezifischen Anforderungen ab.

Software Testing ist ein kontinuierlicher Prozess, der während des gesamten Softwareentwicklungszyklus durchgeführt wird. Der Fokus liegt darauf, die Qualität der Software sicherzustellen und die Zufriedenheit der Benutzer zu gewährleisten.

Software-Deployment

Software-Deployment bezeichnet den Prozess, bei dem eine Softwareanwendung von der Entwicklungsumgebung in eine Produktionsumgebung überführt wird, sodass sie von den Endbenutzern verwendet werden kann. Dieser Prozess umfasst mehrere Phasen und Schritte, die sorgfältig geplant und ausgeführt werden müssen, um einen reibungslosen Übergang und die Funktionalität der Software sicherzustellen.

Phasen des Software-Deployments:

1. **Vorbereitung**
   - o **Umgebungsanalyse**: Ermittlung der Anforderungen an die Produktionsumgebung, einschließlich Hardware, Betriebssystem und Software-Abhängigkeiten.
   - o **Konfiguration**: Anpassung der Software an die spezifischen Gegebenheiten der Zielumgebung,

dazu gehört das Setzen von Konfigurationsparametern.

2. **Testphase**

  ○ **Testumgebung**: Einrichten einer Testumgebung, die der Produktionsumgebung möglichst ähnlich ist.

  ○ **Integrationstests**: Durchführung von Tests, um sicherzustellen, dass alle Komponenten der Software korrekt zusammenarbeiten.

  ○ **Benutzertests**: Einbeziehen von Endbenutzern, um die Benutzerfreundlichkeit und Funktionalität der Software zu überprüfen.

3. **Deployment**

  ○ **Übertragung der Software**: Physische oder digitale Übertragung der Software in die Produktionsumgebung. Dies kann manuell oder automatisiert erfolgen.

  ○ **Installation**: Ausführen von Installationsroutinen, um die Software auf den Zielsystemen bereitzustellen.

  ○ **Datenmigration**: Übertragung von notwendigen Daten aus alten Systemen in die neue Software, falls erforderlich.

4. **Inbetriebnahme**

  ○ **Monitoring**: Überwachung der Software nach dem Deployment, um sicherzustellen, dass sie wie erwartet funktioniert.

  ○ **Fehlerbehebung**: Identifikation und Behebung von Problemen, die nach dem Deployment auftreten können.

5. **Wartung**

  ○ **Updates**: Regelmäßige Aktualisierungen der Software, um neue Funktionen hinzuzufügen oder Sicherheitslücken zu schließen.

  ○ **Support**: Bereitstellung von technischem Support für die Benutzer, um bei Fragen oder Problemen zu helfen.

Methoden des Deployments:

- **Manuelles Deployment**: Der Prozess wird von einem Administrator oder Entwickler manuell durchgeführt, was zeitaufwändig sein kann.
- **Automatisiertes Deployment**: Einsatz von Tools und Skripten, um den Deployment-Prozess zu automatisieren, was die Effizienz erhöht und Fehler reduziert.
- **Continuous Deployment**: Eine Praxis, bei der neue Softwareversionen kontinuierlich und automatisch in die Produktionsumgebung überführt werden, sobald sie bereit sind.

Herausforderungen beim Software-Deployment:

- **Kompatibilität**: Sicherstellen, dass die neue Softwareversion mit bestehenden Systemen und Datenbanken kompatibel ist.
- **Downtime**: Minimierung der Ausfallzeiten während des Deployments, um den Betrieb nicht zu stören.
- **Ressourcenmanagement**: Ausreichende Ressourcen (z. B. Serverkapazität) bereitstellen, um die Software effizient auszuführen.

Software-Deployment erfordert eine enge Zusammenarbeit zwischen Entwicklern, Systemadministratoren und anderen Stakeholdern, um einen erfolgreichen Übergang von der Entwicklung zur Produktion zu gewährleisten.

Software-Frameworks

Software-Frameworks sind strukturierte Sammlungen von Code-Bibliotheken, Tools und Best Practices, die Entwicklern helfen, Anwendungen effizienter zu erstellen. Sie bieten eine Grundlage, auf der spezifische Softwarelösungen aufgebaut werden können, und erleichtern die Entwicklung durch vorgefertigte Komponenten und Funktionen.

1. **Hauptbestandteile eines Software-Frameworks**
   o **Bibliotheken**: Vorgefertigte Code-Schnipsel, die häufig benötigte Funktionen bereitstellen, z.B. zur Datenbankanbindung oder Benutzeroberflächengestaltung.
   o **Werkzeuge**: Software, die den Entwicklungsprozess unterstützt, wie Debugger, Compiler oder Build-Tools.
   o **Konventionen**: Vorgaben oder Standards, die die Struktur und Organisation des Codes festlegen, um die Lesbarkeit und Wartbarkeit zu verbessern.

2. **Typen von Software-Frameworks**
   o **Web-Frameworks**: Diese Frameworks sind speziell für die Entwicklung von Webanwendungen konzipiert. Beispiele sind Django (Python) und Ruby on Rails (Ruby).
   o **Mobile Frameworks**: Sie unterstützen die Entwicklung von Anwendungen für mobile Geräte, wie React Native oder Flutter.
   o **Desktop-Frameworks**: Diese Frameworks sind für die Erstellung von Desktop-Anwendungen gedacht, z.B. Electron oder Qt.

3. **Vorteile der Nutzung von Software-Frameworks**
   o **Zeitersparnis**: Durch die Wiederverwendbarkeit von Code und vorgefertigten Komponenten wird die Entwicklungszeit verkürzt.
   o **Standardisierung**: Die Verwendung von Konventionen und Best Practices führt zu einem einheitlicheren Code-Stil, der die Zusammenarbeit im Team erleichtert.
   o **Wartbarkeit**: Frameworks fördern eine klare Struktur, was die Pflege und Erweiterung der Software vereinfacht.

- **Community und Support**: Viele Frameworks haben große Entwicklergemeinschaften, die Unterstützung bieten und regelmäßig Updates bereitstellen.

4. **Nachteile von Software-Frameworks**
   - **Abhängigkeiten**: Die Verwendung eines Frameworks kann die Software von dessen Updates und Änderungen abhängig machen.
   - **Lernkurve**: Neue Entwickler müssen sich oft mit den spezifischen Eigenheiten und der Dokumentation des Frameworks vertraut machen, was Zeit in Anspruch nehmen kann.
   - **Performance**: In einigen Fällen kann die Abstraktionsebene eines Frameworks dazu führen, dass die Anwendung langsamer läuft als eine maßgeschneiderte Lösung.

5. **Beispiele für bekannte Software-Frameworks**
   - **Spring**: Ein Framework für die Java-Entwicklung, das sich auf die Erstellung von Unternehmensanwendungen konzentriert.
   - **Angular**: Ein Framework zur Entwicklung von Webanwendungen mit TypeScript, das von Google unterstützt wird.
   - **Flask**: Ein leichtgewichtiges Web-Framework für Python, das Flexibilität und einfache Erweiterbarkeit bietet.

Software-Frameworks stellen somit eine wertvolle Ressource für Entwickler dar, um effizientere, wartbare und qualitativ hochwertige Softwarelösungen zu erstellen.

Software-Lifecycle

Der Software-Lifecycle beschreibt die verschiedenen Phasen, die eine Software von der Idee bis zu ihrer endgültigen Stilllegung durchläuft.

Diese Phasen sind entscheidend für die Planung, Entwicklung, Implementierung und Wartung von Softwareanwendungen.

1. **Anforderungsanalyse**
   - Sammlung der Anforderungen, die die Software erfüllen muss.
   - Interaktion mit Stakeholdern, um deren Bedürfnisse zu verstehen.
   - Dokumentation der Anforderungen in Form von Lastenheften oder Pflichtenheften.

2. **Planung**
   - Erstellung eines Projektplans, der Zeitrahmen, Ressourcen und Budget umfasst.
   - Risikoanalyse zur Identifikation potenzieller Probleme während des Entwicklungsprozesses.

3. **Entwicklung**
   - Programmierung der Software basierend auf den gesammelten Anforderungen.
   - Verwendung von Programmiersprachen, Frameworks und Tools.
   - Durchführung von Code-Reviews und Tests, um die Qualität der Software sicherzustellen.

4. **Testen**
   - Durchführung von verschiedenen Testarten, um sicherzustellen, dass die Software fehlerfrei funktioniert.
   - Unit-Tests, Integrationstests, Systemtests und Abnahmetests sind gängige Methoden.
   - Fehlerbehebung und Optimierung basierend auf den Testergebnissen.

5. **Implementierung**
   - Bereitstellung der Software in der Produktionsumgebung.
   - Schulung der Endbenutzer und Bereitstellung von Dokumentationen.

- ○ Überwachung der Software nach der Einführung, um sicherzustellen, dass sie den Anforderungen entspricht.

6. **Wartung**
    - ○ Regelmäßige Updates und Patches zur Behebung von Fehlern und zur Verbesserung der Funktionalität.
    - ○ Anpassung an sich ändernde Anforderungen oder technologische Entwicklungen.
    - ○ Unterstützung der Benutzer bei Fragen oder Problemen.

7. **Stilllegung**
    - ○ Geplante Abschaltung der Software, wenn sie nicht mehr benötigt wird oder durch eine neuere Version ersetzt wird.
    - ○ Sicherstellung der Datenmigration oder - archivierung, falls erforderlich.
    - ○ Evaluierung der Software-Nutzung und der Erfahrungen aus dem gesamten Lebenszyklus.

Diese Phasen sind nicht immer linear und können sich überschneiden. Ein iterativer Ansatz, wie er in agilen Methoden verwendet wird, ermöglicht es, während des gesamten Prozesses flexibel auf Änderungen zu reagieren.

Software-Tools

Software-Tools sind Programme oder Anwendungen, die entwickelt wurden, um spezifische Aufgaben oder Funktionen innerhalb der Softwareentwicklung, Systemadministration oder IT-Management zu unterstützen. Diese Tools erleichtern die Arbeit von Fachinformatikern und Fachinformatikerinnen, indem sie Prozesse automatisieren, die Effizienz steigern und die Qualität der Softwareprodukte verbessern.

Kategorisierung von Software-Tools:

1. **Entwicklungstools**
   - ○ **IDE (Integrated Development Environment)**: Eine integrierte Umgebung, die Code-Editor, Debugger und Compiler in einer Anwendung vereint. Beispiele sind Visual Studio und Eclipse.
   - ○ **Versionierungssysteme**: Tools, die es ermöglichen, Änderungen am Quellcode zu verfolgen und verschiedene Versionen eines Projekts zu verwalten. Git ist das bekannteste Beispiel.

2. **Testwerkzeuge**
   - ○ **Automatisierte Test-Tools**: Programme, die Tests automatisieren, um sicherzustellen, dass Software fehlerfrei funktioniert. Selenium und JUnit sind gängige Beispiele.
   - ○ **Performance-Testing-Tools**: Diese Tools messen die Leistung von Anwendungen unter verschiedenen Bedingungen, wie JMeter oder LoadRunner.

3. **Projektmanagement-Tools**
   - ○ **Task-Management-Software**: Anwendungen zur Planung und Verfolgung von Aufgaben und Projekten, wie Jira oder Trello.
   - ○ **Collaboration-Tools**: Plattformen, die die Zusammenarbeit im Team fördern, beispielsweise Slack oder Microsoft Teams.

4. **Datenbank-Tools**
   - ○ **Datenbankmanagementsysteme (DBMS)**: Software zur Verwaltung von Datenbanken, wie MySQL oder PostgreSQL.
   - ○ **Datenanalyse-Tools**: Programme, die zur Analyse und Visualisierung von Daten verwendet werden, wie Tableau oder Power BI.

5. **Sicherheits-Tools**
   - ○ **Antiviren-Software**: Programme, die Computer vor Malware und anderen Bedrohungen schützen.

- o **Firewall-Software**: Tools, die den Datenverkehr zwischen einem internen Netzwerk und dem Internet überwachen und kontrollieren.

Funktionen von Software-Tools:

- **Automatisierung**: Reduzierung des manuellen Aufwands durch automatisierte Prozesse.
- **Integration**: Ermöglicht die nahtlose Zusammenarbeit verschiedener Anwendungen und Systeme.
- **Fehlervermeidung**: Minimierung von menschlichen Fehlern durch strukturierte und überprüfte Prozesse.
- **Dokumentation**: Unterstützung bei der Erstellung und Pflege von Dokumentationen, um Informationen festzuhalten und zugänglich zu machen.

Wahl von Software-Tools:

Die Auswahl der richtigen Software-Tools hängt von verschiedenen Faktoren ab, wie zum Beispiel:

- Projektanforderungen: Die spezifischen Bedürfnisse und Ziele eines Projekts bestimmen die Auswahl.
- Teamgröße und -struktur: Kleinere Teams benötigen möglicherweise einfachere Tools, während größere Teams komplexere Lösungen erfordern.
- Budget: Kosten können eine entscheidende Rolle bei der Auswahl der Tools spielen, insbesondere bei kommerziellen Software-Lösungen.

Einsatz von Software-Tools ist ein fortlaufender Prozess, der regelmäßige Schulungen und Anpassungen erfordert, um mit den sich ständig ändernden Technologien und Anforderungen Schritt zu halten.

Software-Upgrade

Ein Software-Upgrade bezeichnet den Prozess, bei dem eine bestehende Softwareanwendung auf eine neuere Version aktualisiert wird. Dies kann verschiedene Ziele verfolgen, darunter die Verbesserung der Funktionalität, die Behebung von Sicherheitsanfälligkeiten oder die Anpassung an neue Hardwareanforderungen.

Typen von Software-Upgrades:

- **Funktionsupgrade**: Hierbei werden neue Funktionen und Features hinzugefügt, die die Nutzung der Software erweitern. Dies kann beispielsweise neue Werkzeuge zur Datenanalyse oder verbesserte Benutzeroberflächen umfassen.

- **Sicherheitsupgrade**: Diese Art von Upgrade konzentriert sich auf die Behebung von Sicherheitslücken. Regelmäßige Updates sind notwendig, um die Software vor potenziellen Bedrohungen zu schützen und die Integrität der Daten zu gewährleisten.

- **Leistungsupgrade**: Ziel ist es, die Geschwindigkeit und Effizienz der Software zu steigern. Dies kann durch Optimierungen im Code oder die Verbesserung von Algorithmen erreicht werden.

- **Kompatibilitätsupgrade**: Dieses Upgrade stellt sicher, dass die Software mit neuen Betriebssystemversionen oder Hardwarekonfigurationen kompatibel bleibt. Dies ist besonders wichtig, um die Nutzung der Software auf aktuellen Geräten zu gewährleisten.

Prozess eines Software-Upgrades:

1. **Vorbereitung**: Bevor ein Upgrade durchgeführt wird, ist eine Analyse der aktuellen Softwareversion notwendig. Hierbei werden die bestehenden Funktionen und Sicherheitslücken dokumentiert.

2. **Backup**: Vor dem Upgrade sollte ein vollständiges Backup der aktuellen Software und ihrer Daten erstellt werden. Dies ermöglicht eine Wiederherstellung im Falle von Problemen während des Upgrade-Prozesses.

3. **Durchführung**: Das eigentliche Upgrade erfolgt in der Regel durch das Herunterladen der neuen Softwareversion und deren Installation. Dies kann manuell oder automatisch über Update-Management-Tools geschehen.

4. **Tests**: Nach der Installation ist es erforderlich, die neue Version auf ihre Funktionalität und Stabilität zu testen. Hierbei werden alle wesentlichen Funktionen überprüft, um sicherzustellen, dass sie wie erwartet arbeiten.

5. **Dokumentation**: Alle durchgeführten Änderungen, Probleme und Lösungen sollten dokumentiert werden. Diese Dokumentation ist wichtig für zukünftige Upgrades und zur Analyse von Problemen.

Risiken und Herausforderungen:

- **Inkompatibilität**: Bei einem Upgrade kann es vorkommen, dass bestimmte Funktionen oder Schnittstellen nicht mehr wie gewohnt funktionieren. Dies erfordert möglicherweise Anpassungen an bestehenden Systemen.

- **Datenverlust**: Ohne ein korrekt durchgeführtes Backup kann es zu einem Verlust von Daten kommen, falls das Upgrade fehlschlägt oder Probleme auftreten.

- **Benutzerakzeptanz**: Neue Funktionen und Änderungen in der Benutzeroberfläche können bei den Anwendern auf Widerstand stoßen, was Schulungsmaßnahmen erforderlich machen kann.

Ein Software-Upgrade ist somit ein notwendiger Schritt, um die Software aktuell, sicher und leistungsfähig zu halten.

Softwarearchitektur

Softwarearchitektur beschreibt die grundlegende Struktur und Organisation von Softwareanwendungen. Sie legt fest, wie verschiedene Komponenten einer Software miteinander interagieren und welche Technologien und Standards verwendet werden.

- Komponenten: Dies sind die einzelnen Teile einer Software, wie Module, Klassen oder Dienste. Jede Komponente hat eine spezifische Funktion und trägt zur Gesamtheit der Anwendung bei.

- Beziehungen: Hierbei handelt es sich um die Art und Weise, wie die Komponenten miteinander kommunizieren. Dies kann durch Schnittstellen, APIs oder Datenflüsse geschehen. Die Beziehungen können synchron oder asynchron sein.

- Muster: Es gibt verschiedene Architektur-Designmuster, die als Vorlagen für die Strukturierung von Software dienen. Zu den bekanntesten gehören:

  o Schichtenarchitektur: Unterteilung in verschiedene Schichten, z. B. Präsentation, Logik und Datenzugriff.
  o Microservices: Aufteilung einer Anwendung in kleine, unabhängige Dienste, die über APIs kommunizieren.

- Ereignisgesteuerte Architektur: Komponenten reagieren auf Ereignisse und kommunizieren durch Ereignisse.

- Qualitätseigenschaften: Diese beziehen sich auf die Merkmale der Software, die nicht direkt mit der Funktionalität zu tun haben, aber dennoch wichtig sind. Dazu gehören:

  - Skalierbarkeit: Fähigkeit, mit wachsendem Daten- oder Verkehrsaufkommen umzugehen.
  - Wartbarkeit: Leichtigkeit, mit der Änderungen und Updates an der Software durchgeführt werden können.
  - Sicherheit: Maßnahmen, die ergriffen werden, um Daten und Benutzer vor unbefugtem Zugriff zu schützen.

- Dokumentation: Eine klare und umfassende Dokumentation der Architektur ist unerlässlich. Sie hilft Entwicklern, die Struktur und die Entscheidungen zu verstehen und erleichtert die Wartung und Weiterentwicklung.

- Entscheidungsfindung: Bei der Gestaltung der Softwarearchitektur müssen verschiedene Faktoren berücksichtigt werden, wie die Anforderungen des Projekts, die verwendeten Technologien und die Bedürfnisse der Benutzer. Entscheidungen müssen oft abgewogen werden, um die bestmögliche Lösung für die Software zu finden.

Die Softwarearchitektur bildet somit das Fundament für die Entwicklung, den Betrieb und die Wartung einer Softwareanwendung.

Softwareentwicklung

Softwareentwicklung bezeichnet den Prozess der Erstel ung, Planung, Implementierung und Wartung von Softwareanwendungen. Dieser Prozess umfasst mehrere Phasen, die in der Regel strukturiert und systematisch ablaufen.

1. **Anforderungsanalyse**
   - o Identifikation und Dokumentation der Bedürfnisse und Erwartungen der Benutzer.
   - o Klärung der Funktionalitäten, die die Software bieten soll.
   - o Erstellung von Spezifikationen, die als Grundlage für die weitere Entwicklung dienen.

2. **Entwurf**
   - o Strukturierung der Softwarearchitektur, also der grundlegenden Komponenten und deren Interaktionen.
   - o Erarbeitung von Benutzeroberflächen und Datenmodellen.
   - o Festlegung von Programmiersprachen und Technologien, die verwendet werden.

3. **Implementierung**
   - o Programmierung der Software anhand der im Entwurf festgelegten Spezifikationen.
   - o Verwendung von Programmierwerkzeugen und -umgebungen, um den Code zu schreiben, zu testen und zu debuggen.
   - o Integration von verschiedenen Modulen und Komponenten.

4. **Test**
   - o Durchführung von Tests, um sicherzustellen, dass die Software den Anforderungen entspricht und fehlerfrei funktioniert.
   - o Anwendung von verschiedenen Testmethoden, wie Unit-Tests, Integrationstests und Systemtests.

- o Identifikation und Behebung von Fehlern (Bugs).

5. **Deployment**
   - o Bereitstellung der Software für die Benutzer, häufig durch Installation auf Servern oder Bereitstellung über das Internet.
   - o Sicherstellung, dass die Software in der vorgesehenen Umgebung korrekt funktioniert.

6. **Wartung**
   - o Regelmäßige Aktualisierung und Verbesserung der Software, um neue Anforderungen zu berücksichtigen oder Sicherheitslücken zu schließen.
   - o Behebung von eventuell auftretenden Fehlern nach der Bereitstellung.
   - o Anpassung der Software an sich ändernde Nutzerbedürfnisse oder technologische Entwicklungen.

7. **Dokumentation**
   - o Erstellung von Benutzerhandbüchern, technischen Dokumentationen und Kommentaren im Code.
   - o Unterstützung der Benutzer und Entwickler bei der Nutzung und Wartung der Software.

8. **Methoden der Softwareentwicklung**
   - o Agile Methoden (z.B. Scrum, Kanban) betonen iterative Prozesse und enge Zusammenarbeit mit den Benutzern.
   - o Wasserfallmodell beschreibt einen linearen Ansatz, bei dem jede Phase vollständig abgeschlossen sein muss, bevor die nächste beginnt.
   - o DevOps fördert die Zusammenarbeit zwischen Entwicklung und IT-Betrieb, um die Software schneller und effizienter bereitzustellen.

Softwareentwicklung erfordert sowohl technisches Wissen als auch Fähigkeiten in der Problemlösung und Kommunikation. Ein gutes Verständnis der Anforderungen und der kontinuierliche Austausch

mit den Benutzern sind entscheidend für den Erfolg eines
Softwareprojekts.

Softwarelizenzierung

Softwarelizenzierung bezeichnet den rechtlichen Rahmen, der die
Nutzung von Software regelt. Dabei wird festgelegt, unter welchen
Bedingungen eine Software verwendet, kopiert, verteilt oder
verändert werden darf. Es gibt verschiedene Arten von Lizenzen, die
sich in ihren Rechten und Pflichten unterscheiden.

Arten der Softwarelizenzierung:

- **Proprietäre Lizenzen**:
    - Der Softwareanbieter behält alle Rechte an der
      Software.
    - Der Nutzer erhält nur ein Nutzungsrecht, oft gegen
      Bezahlung.
    - Änderungen an der Software sind in der Regel nicht
      erlaubt.
- **Open Source Lizenzen**:
    - Der Quellcode der Software ist öffentlich
      zugänglich.
    - Nutzer dürfen die Software frei verwenden, ändern
      und verteilen.
    - Es gibt verschiedene Open Source Lizenzen, wie die
      GNU General Public License (GPL) oder die MIT-
      Lizenz, die unterschiedliche Bedingungen an die
      Weiterverbreitung knüpfen.
- **Freemium-Modelle**:
    - Grundfunktionen der Software sind kostenlos.
    - Zusätzliche Funktionen oder Premium-Features sind
      kostenpflichtig.

- o Nutzer können entscheiden, ob sie für die erweiterten Funktionen zahlen möchten.
- **Shareware**:
  - o Eine Software wird kostenlos angeboten, jedoch mit eingeschränkten Funktionen oder Zeitlimits.
  - o Nach einer Testphase muss der Nutzer eine Lizenz erwerben, um die vollständige Version zu nutzen.

Wichtige Elemente der Softwarelizenzierung:

- **Nutzungsrechte**:
  - o Festlegung, wie viele Kopien der Software installiert werden dürfen.
  - o Definition, ob die Software nur für private oder auch für kommerzielle Zwecke eingesetzt werden darf.
- **Verbreitungsrechte**:
  - o Bestimmungen, ob und wie die Software an Dritte weitergegeben werden darf.
  - o Regeln zur Verteilung von Updates oder neuen Versionen.
- **Haftungsbeschränkungen**:
  - o Der Anbieter kann in den Lizenzbedingungen festlegen, dass er nicht für Schäden haftet, die durch die Nutzung der Software entstehen.
- **Lizenzlaufzeit**:
  - o Angabe, ob die Lizenz zeitlich befristet ist oder unbefristet genutzt werden kann.
  - o Regelungen zur Verlängerung oder Kündigung der Lizenz.

Die Einhaltung der Lizenzbedingungen ist für Unternehmen und Einzelpersonen von Bedeutung, da Verstöße rechtliche Konsequenzen nach sich ziehen können, wie zum Beispiel Abmahnungen oder Schadensersatzforderungen. Die korrekte Lizenzierung trägt dazu bei, die Rechte von Entwicklern zu schützen und Innovationsanreize zu schaffen.

Softwarewartung

Softwarewartung umfasst alle Maßnahmen, die notwendig sind, um Software nach ihrer Bereitstellung funktionsfähig und aktuell zu halten. Sie wird in verschiedene Kategorien unterteilt, die jeweils unterschiedliche Ziele verfolgen.

1. **Korrektive Wartung**
   - Behebt Fehler oder Bugs, die während der Nutzung der Software auftreten.
   - Umfasst das Testen und Identifizieren von Problemen sowie das Implementieren von Lösungen.
   - Beispiel: Ein Programm stürzt ab, wenn ein bestimmter Button gedrückt wird. Die korrekte Wartung würde das Problem analysieren und einen Fix bereitstellen.

2. **Adaptive Wartung**
   - Passt die Software an neue Umgebungen oder Anforderungen an.
   - Notwendig, wenn sich das Betriebssystem oder andere Softwarekomponenten ändern.
   - Beispiel: Eine Anwendung, die ursprünglich für Windows 10 entwickelt wurde, muss an Windows 11 angepasst werden.

3. **Perfektionierende Wartung**
   - Verbessert die Leistung und Effizienz der Software.
   - Kann neue Funktionen hinzufügen oder bestehende Funktionen optimieren.
   - Beispiel: Eine Anwendung wird so umgestaltet, dass sie schneller lädt und weniger Speicher benötigt.

4. **Präventive Wartung**
   - Zielt darauf ab, zukünftige Probleme zu vermeiden.

- o Umfasst regelmäßige Updates, Sicherheitsüberprüfungen und Code-Optimierungen.
- o Beispiel: Sicherheitsupdates, die Schwachstellen schließen, bevor sie ausgenutzt werden können.

Prozess der Softwarewartung - **Planung**: Erstellen eines Wartungsplans, der die erforderlichen Maßnahmen und Zeitrahmen festlegt. - **Durchführung**: Implementierung der Wartungsmaßnahmen, einschließlich Tests und Validierung. - **Dokumentation**: Festhalten aller Änderungen in der Softwaredokumentation, um Nachvollziehbarkeit zu gewährleisten. - **Überwachung**: Kontinuierliche Überprüfung der Softwareleistung und der Benutzerfeedbacks zur Identifizierung neuer Wartungsbedarfe.

Ressourcen und Tools - Oft werden spezielle Software-Tools eingesetzt, um Wartungsarbeiten effizient zu planen und durchzuführen. - Monitoring-Tools helfen dabei, die Software in Echtzeit zu überwachen und Probleme frühzeitig zu erkennen.

Die Softwarewartung ist ein fortlaufender Prozess, der sicherstellt, dass Softwareprodukte ihre Funktionalität und Sicherheit über ihre gesamte Lebensdauer hinweg behalten.

SQL

SQL (Structured Query Language) ist eine standardisierte Programmiersprache zur Verwaltung und Manipulation von relationalen Datenbanken. Sie ermöglicht es Benutzern, Daten zu erstellen, zu lesen, zu aktualisieren und zu löschen (CRUD-Operationen). SQL wird in vielen Datenbankmanagementsystemen (DBMS) verwendet, darunter MySQL, PostgreSQL, Microsoft SQL Server und Oracle Database.

Grundlegende Komponenten:

1. **Datenbank**: Eine organisierte Sammlung von Daten, die in Tabellen strukturiert sind. Jede Tabelle besteht aus Zeilen (Datensätzen) und Spalten (Feldnamen).

2. **Tabellen**: Die grundlegendste Struktur in einer Datenbank. Jede Tabelle hat einen eindeutigen Namen und enthält Daten zu einem bestimmten Thema.

3. **Datentypen**: Bestimmen die Art der Daten, die in einer Spalte gespeichert werden können, z.B. INTEGER für Ganzzahlen, VARCHAR für Zeichenfolgen und DATE für Datumsangaben.

Wichtige SQL-Befehle:

1. **SELECT**: Dient zum Abrufen von Daten aus einer oder mehreren Tabellen. Beispiel: SELECT * FROM Kunden; zeigt alle Daten aus der Tabelle „Kunden" an.

2. **INSERT**: Fügt neue Datensätze in eine Tabelle ein. Beispiel: INSERT INTO Kunden (Name, Stadt) VALUES ('Max Mustermann', 'Berlin'); fügt einen neuen Kunden hinzu.

3. **UPDATE**: Ändert bestehende Datensätze in einer Tabelle. Beispiel: UPDATE Kunden SET Stadt = 'Hamburg' WHERE Name = 'Max Mustermann'; ändert die Stadt für einen bestimmten Kunden.

4. **DELETE**: Löscht Datensätze aus einer Tabelle. Beispiel: DELETE FROM Kunden WHERE Name = 'Max Mustermann'; entfernt den Kunden mit diesem Namen.

5. **WHERE-Klausel**: Wird verwendet, um Bedingungen für Abfragen festzulegen. Beispiel: SELECT * FROM Kunden

WHERE Stadt = 'Berlin'; zeigt nur die Kunden aus Berlin an.

6. **JOINs**: Verknüpfen Daten aus mehreren Tabellen. Beispiel: Ein INNER JOIN kombiniert Datensätze, die in beiden Tabellen übereinstimmen.

7. **Aggregation**: Funktionen wie COUNT, SUM, AVG, MIN und MAX ermöglichen die Zusammenfassung von Daten. Beispiel: SELECT COUNT(*) FROM Kunden; zählt die Anzahl der Kunden.

8. **Gruppierung**: Die GROUP BY-Klausel wird verwendet, um Datensätze zu gruppieren und aggregierte Werte zu berechnen. Beispiel: SELECT Stadt, COUNT(*) FROM Kunden GROUP BY Stadt; zeigt die Anzahl der Kunden pro Stadt.

Transaktionen:

- Ein Transaktionsmanagement stellt sicher, dass eine Gruppe von SQL-Befehlen als eine einzige Einheit behandelt wird. Entweder werden alle Befehle erfolgreich ausgeführt, oder keiner wird ausgeführt. Dies garantiert die Datenintegrität.

Datenbankdesign:

- Ein effektives Datenbankdesign berücksichtigt Normalisierung, um Redundanzen zu vermeiden und die Datenkonsistenz zu gewährleisten. Normalisierung umfasst die Aufteilung von Daten in mehrere Tabellen und das Festlegen von Beziehungen zwischen ihnen.

Sicherheit:

- SQL umfasst auch Sicherheitsaspekte, wie die Implementierung von Benutzerrechten und die Verwendung von Prepared Statements zur Verhinderung von SQL-Injection-Angriffen.

Die Beherrschung von SQL ist für Fachinformatiker und Fachinformatikerinnen unerlässlich, da sie oft mit Datenbanken arbeiten, sei es zur Datenanalyse, zur Entwicklung von Anwendungen oder zur Verwaltung von Datenbeständen.

SSH

SSH steht für Secure Shell und ist ein Netzwerkprotokoll, das es ermöglicht, sicher über ein unsicheres Netzwerk zu kommunizieren. Es wird hauptsächlich für den sicheren Zugriff auf entfernte Computer und Server verwendet. Hier sind die wichtigsten Aspekte von SSH:

- **Sicherheit**: SSH bietet eine verschlüsselte Verbindung zwischen einem Client und einem Server. Diese Verschlüsselung schützt vor Abhörversuchen und Man-in-the-Middle-Angriffen. Die Daten, die über SSH übertragen werden, sind für Dritte unlesbar.

- **Authentifizierung**: SSH unterstützt verschiedene Methoden der Authentifizierung, um sicherzustellen, dass nur autorisierte Benutzer Zugriff auf den Server erhalten. Die gängigsten Methoden sind die Passwortauthentifizierung und die öffentliche Schlüssel-Authentifizierung. Bei der öffentlichen Schlüssel-Authentifizierung wird ein Schlüsselpaar verwendet: ein privater Schlüssel, der geheim bleibt, und ein öffentlicher Schlüssel, der auf dem Server hinterlegt wird.

- **Portweiterleitung**: SSH ermöglicht die Portweiterleitung, auch als Tunneling bekannt. Dabei können andere

Netzwerkprotokolle über die sichere SSH-Verbindung transportiert werden. Dies ist besonders nützlich, um auf Dienste zuzugreifen, die normalerweise nicht über das Internet erreichbar sind.

- **Kommandozeileninteraktion**: SSH wird häufig verwendet, um über die Kommandozeile auf Server zuzugreifen und dort Befehle auszuführen. Dies ermöglicht Systemadministratoren und Entwicklern, remote zu arbeiten und Server zu verwalten, ohne physisch anwesend sein zu müssen.

- **Dateiübertragung**: SSH bietet auch die Möglichkeit, Dateien sicher zwischen Computern zu übertragen. Hierfür werden häufig Protokolle wie SCP (Secure Copy Protocol) oder SFTP (SSH File Transfer Protocol) verwendet.

- **Konfiguration**: SSH kann auf den meisten Betriebssystemen konfiguriert werden. Die Konfigurationsdateien, wie die sshd_config für den Server und die config für den Client, ermöglichen die Anpassung von Sicherheitseinstellungen, Authentifizierungsmethoden und Verhaltensweisen des Dienstes.

- **Verwendung in der Praxis**: SSH wird in vielen IT-Umgebungen eingesetzt, insbesondere in Server- und Cloud-Umgebungen. IT-Profis nutzen SSH zur Wartung von Systemen, zum Deployment von Anwendungen und zur Durchführung von Sicherheitsüberprüfungen.

- **Alternativen**: Obwohl SSH weit verbreitet ist, gibt es auch andere Protokolle wie Telnet, das jedoch keine Verschlüsselung bietet und daher als unsicher gilt. SSH gilt als der Standard für sicheren Remote-Zugriff.

Support

Support bezeichnet die Unterstützung und Hilfe, die Anwender oder Kunden bei der Nutzung von Software, Hardware oder IT-Diensten erhalten. Diese Unterstützung kann in verschiedenen Formen erfolgen und ist ein wesentlicher Bestandteil der IT-Branche.

Arten von Support:

1. **Technischer Support**
   - Beinhaltet die Behebung von technischen Problemen, die bei der Nutzung von IT-Systemen auftreten können.
   - Umfasst die Diagnose von Fehlern, die Behebung von Software- und Hardwareproblemen sowie die Anleitung zur Nutzung bestimmter Funktionen.
2. **Benutzersupport**
   - Fokussiert sich auf die Unterstützung von Endbenutzern, die Fragen oder Schwierigkeiten bei der Nutzung von Anwendungen haben.
   - Beinhaltet die Schulung und Anleitung zur effektiven Nutzung von Software oder Systemen.
3. **Remote-Support**
   - Ermöglicht es Technikern, auf die Systeme von Nutzern zuzugreifen, um Probleme aus der Ferne zu beheben.
   - Reduziert die Notwendigkeit, physisch vor Ort zu sein, und beschleunigt die Problemlösung.
4. **Vor-Ort-Support**
   - Techniker besuchen den Standort des Kunden, um Probleme direkt zu beheben.
   - Oft notwendig bei komplexen Hardwareproblemen oder Installationen.
5. **Wartung und Updates**

- Umfasst regelmäßige Aktualisierungen von Software und Systemen, um die Sicherheit und Funktionalität zu gewährleisten.
- Beinhaltet auch präventive Wartungsmaßnahmen, um potenzielle Probleme zu vermeiden.

Prozesse im Support:

- **Ticket-Systeme**
  - Anfragen werden in einem System erfasst, um den Status und die Bearbeitung nachverfolgen zu können.
  - Jeder Anfrage wird eine eindeutige Nummer zugewiesen, die es ermöglicht, den Fortschritt zu überwachen.
- **Fehlerbehebung**
  - Schritt-für-Schritt-Verfahren zur Identifizierung und Lösung von Problemen.
  - Techniker nutzen oft Checklisten und Diagnosetools, um systematisch vorzugehen.
- **Dokumentation**
  - Alle durchgeführten Schritte, Lösungen und häufige Probleme werden dokumentiert.
  - Hilft zukünftigen Supportmitarbeitern, schneller Lösungen zu finden.

Rollen im Support:

- **Supportmitarbeiter**
  - Erste Anlaufstelle für Kundenanfragen.
  - Verantwortlich für die Klassifizierung und Bearbeitung von Anfragen.
- **Technische Spezialisten**
  - Experten in bestimmten Bereichen, die komplexe Probleme lösen.
  - Unterstützen die Supportmitarbeiter bei schwierigen Anfragen.

261

- **Support-Manager**
  - Verantwortlich für die Organisation und Effizienz des Support-Teams.
  - Überwacht die Qualitätsstandards und sorgt für Schulungen der Mitarbeiter.

Ziele des Supports:

- Sicherstellung einer hohen Kundenzufriedenheit durch schnelle und effektive Problemlösungen.
- Minimierung von Ausfallzeiten, um die Produktivität der Nutzer nicht zu beeinträchtigen.
- Bereitstellung von klaren, verständlichen Informationen und Anleitungen, um den Nutzern die selbstständige Problemlösung zu ermöglichen.

Systemadministration

Systemadministration bezeichnet die Verwaltung und Wartung von IT-Systemen, Netzwerken und Servern innerhalb einer Organisation. Die Aufgabe umfasst verschiedene Tätigkeiten, die darauf abzielen, die Funktionalität, Sicherheit und Effizienz der IT-Infrastruktur sicherzustellen.

1. Aufgabenbereiche
   - **Installation und Konfiguration**: Einrichten von Hardware und Software, einschließlich Betriebssystemen, Anwendungssoftware und Netzwerkkomponenten.
   - **Überwachung des Systems**: Kontinuierliche Kontrolle der Systemleistung, um Probleme frühzeitig zu erkennen. Dazu gehört das Monitoring von Servern, Netzwerken und Anwendungen.
   - **Fehlerbehebung**: Identifikation und Behebung von Störungen, sei es durch Softwarefehler, Hardwareausfälle oder Netzwerkprobleme.

- **Sicherheitsmanagement**: Implementierung und Pflege von Sicherheitsmaßnahmen, einschließlich Firewalls, Antivirensoftware und Zugangskontrollen, um Daten und Systeme vor unbefugtem Zugriff zu schützen.

2. Benutzerverwaltung

- **Benutzerkonten**: Erstellung, Verwaltung und Löschung von Benutzerkonten, einschließlich der Zuweisung von Rechten und Zugriffsrechten.
- **Schulung der Benutzer**: Unterstützung von Mitarbeitern bei der Nutzung von IT-Systemen, einschließlich Einweisung in neue Software oder Sicherheitsrichtlinien.

3. Backup und Wiederherstellung

- **Datensicherung**: Regelmäßige Sicherung von Daten, um Datenverlust zu vermeiden. Dies kann lokale Sicherungen oder Cloud-basierte Lösungen umfassen.
- **Wiederherstellung**: Entwicklung und Implementierung von Plänen zur Wiederherstellung von Systemen und Daten nach einem Ausfall oder Datenverlust.

4. Dokumentation

- **Protokollierung**: Führen von Aufzeichnungen über Systemkonfigurationen, Änderungen und Vorfälle zur Nachverfolgbarkeit und für zukünftige Referenzen.
- **Erstellung von Handbüchern**: Dokumentation von Prozessen und Verfahren, um eine einheitliche Durchführung von Aufgaben zu gewährleisten und Wissen im Team zu teilen.

5. Aktualisierung und Wartung

- **Software-Updates**: Regelmäßige Installation von Updates und Patches, um Sicherheitslücken zu schließen und die Systemleistung zu verbessern.

- o **Hardware-Wartung**: Überprüfung und gegebenenfalls Austausch von Hardwarekomponenten, um die Langlebigkeit und Effizienz der Systeme sicherzustellen.

6. Netzwerkverwaltung

   - o **Netzwerkkonfiguration**: Einrichtung und Pflege von Netzwerken, einschließlich Router, Switches und Access Points, um eine stabile und sichere Netzwerkverbindung zu gewährleisten.
   - o **Fehlerdiagnose im Netzwerk**: Analyse von Netzwerkproblemen und deren Behebung, um die Kommunikation zwischen Geräten und Benutzern sicherzustellen.

7. Planung und Strategie

   - o **Kapazitätsplanung**: Einschätzung der zukünftigen Anforderungen an die IT-Infrastruktur, um rechtzeitig Ressourcen bereitzustellen.
   - o **Technologische Trends**: Beobachtung von Entwicklungen in der IT, um neue Technologien zu bewerten und gegebenenfalls in die bestehende Infrastruktur zu integrieren.

Die Tätigkeiten in der Systemadministration erfordern technisches Wissen, Problemlösungsfähigkeiten sowie ein hohes Maß an Verantwortungsbewusstsein, um einen reibungslosen Betrieb der IT-Systeme sicherzustellen.

Systemanalyse

Systemanalyse bezeichnet den Prozess der Untersuchung und Bewertung von Systemen, um deren Struktur, Funktionalität und deren Interaktionen zu verstehen. Dies geschieht häufig im Kontext von Informationssystemen, Softwareentwicklung oder Unternehmensprozessen. Die Systemanalyse ist ein entscheidender Schritt im Softwareentwicklungszyklus, um die Anforderungen und

Bedürfnisse der Benutzer zu erfassen und in technische Spezifikationen umzusetzen.

1. Ziel der Systemanalyse
   - Identifikation von Anforderungen: Erfassung der Bedürfnisse der Benutzer und Stakeholder.
   - Problemerkennung: Aufdeckung von Schwächen oder Ineffizienzen im bestehenden System.
   - Lösungsentwicklung: Vorschläge für neue Systeme oder Verbesserungen bestehender Systeme.

2. Methoden der Systemanalyse
   - Interviews: Gespräche mit Benutzern und Stakeholdern, um deren Anforderungen und Erwartungen zu verstehen.
   - Fragebögen: Schriftliche Erhebungen, um Daten von einer größeren Benutzergruppe zu sammeln.
   - Beobachtungen: Analyse der tatsächlichen Nutzung eines Systems, um Schwächen und Verbesserungspotenziale zu identifizieren.
   - Dokumentenanalysen: Überprüfung vorhandener Dokumentationen, um Anforderungen und Prozesse zu verstehen.

3. Phasen der Systemanalyse
   - Anforderungsdefinition: Detaillierte Beschreibung der funktionalen und nicht-funktionalen Anforderungen.
   - Systemmodellierung: Erstellung von Modellen (z.B. Flussdiagramme, UML-Diagramme), um die Struktur und Abläufe des Systems visuell darzustellen.
   - Machbarkeitsstudie: Bewertung der technischen, wirtschaftlichen und zeitlichen Umsetzbarkeit der vorgeschlagenen Lösungen.

4. Werkzeuge und Techniken
   - Diagramm-Tools: Software zur Erstellung von Flussdiagrammen oder UML-Diagrammen.

- o Prototyping: Entwicklung von Prototypen, um Benutzerfeedback frühzeitig in den Entwicklungsprozess einzubeziehen.
- o Software-Tools zur Anforderungsverwaltung: Systeme zur Dokumentation und Nachverfolgung von Anforderungen.

5. Bedeutung der Systemanalyse

- o Verbesserung der Benutzerzufriedenheit: Durch präzise Erfassung der Anforderungen wird sichergestellt, dass das Endprodukt den Bedürfnissen der Benutzer entspricht.
- o Reduzierung von Fehlern: Eine gründliche Analyse minimiert das Risiko von Missverständnissen und Fehlern in der späteren Entwicklungsphase.
- o Kosten- und Zeitersparnis: Eine sorgfältige Planung und Analyse kann spätere Nachbesserungen und damit verbundene Kosten reduzieren.

Die Systemanalyse ist ein integraler Bestandteil der Softwareentwicklung und trägt entscheidend dazu bei, dass Systeme effizient, benutzerfreundlich und wirtschaftlich sind.

Systemdiagnose

Systemdiagnose bezeichnet den Prozess, durch den der Zustand und die Funktionsfähigkeit eines Systems überprüft und bewertet werden. Dieser Vorgang ist besonders relevant in der Informationstechnik, wo Systeme aus Hardware, Software und Netzwerken bestehen.

1. Ziel der Systemdiagnose
- o Erkennung von Fehlern und Störungen
- o Analyse der Systemleistung
- o Identifikation von Schwachstellen

2. Methoden der Systemdiagnose

- Manuelle Diagnosetools: Techniker verwenden spezielle Software oder Hardware, um Daten zu sammeln und zu analysieren.
- Automatisierte Diagnosesysteme: Software, die in Echtzeit Probleme erkennt und Lösungen vorschlägt.
- Protokollanalyse: Untersuchung von Log-Dateien, um Fehlerquellen zu identifizieren.

3. Schritte der Systemdiagnose

- Datensammlung: Erfassung von Informationen über das System, wie Hardware- und Softwarekonfigurationen.
- Analyse: Auswertung der gesammelten Daten zur Identifizierung von Anomalien.
- Fehlerbehebung: Entwicklung und Implementierung von Lösungen zur Behebung der identifizierten Probleme.

4. Werkzeuge für die Systemdiagnose

- Diagnosetools: Software, die spezifische Tests durchführt, um die Funktionalität von Hardwarekomponenten zu prüfen.
- Monitoring-Software: Programme, die Systemressourcen überwachen und Warnungen bei Problemen ausgeben.
- Netzwerkanalysetools: Anwendungen, die den Datenverkehr im Netzwerk analysieren, um Engpässe oder Sicherheitsprobleme aufzudecken.

5. Anwendungsgebiete

- IT-Support: Unterstützung bei der Fehlersuche und -behebung in Unternehmen.
- Systemadministration: Regelmäßige Überprüfung von Systemen, um deren Stabilität und Sicherheit zu gewährleisten.
- Entwicklung: Testen von Software und Hardware während des Entwicklungsprozesses, um sicherzustellen, dass alles ordnungsgemäß funktioniert.

Die Systemdiagnose ist ein fortlaufender Prozess, der sowohl präventive als auch reaktive Maßnahmen umfasst. Techniker müssen oft schnell reagieren, um den Betrieb von Systemen aufrechtzuerhalten und Ausfallzeiten zu minimieren.

Systemintegration

Systemintegration beschreibt den Prozess, verschiedene Subsysteme und Komponenten zu einem funktionierenden Gesamtsystem zu verbinden. Dies betrifft sowohl Hardware als auch Software und wird häufig in der Informationstechnologie angewendet.

- **Ziele der Systemintegration**
  - Gewährleistung der Interoperabilität zwischen unterschiedlichen Systemen
  - Optimierung von Geschäftsprozessen durch nahtlose Datenübertragung
  - Steigerung der Effizienz und Reduzierung von redundanten Systemen
- **Komponenten der Systemintegration**
  - **Hardware**: Physische Geräte wie Server, Computer, Netzwerkgeräte
  - **Software**: Anwendungen, Betriebssysteme, Datenbanken
  - **Netzwerke**: Verbindungsinfrastruktur, die den Datenaustausch ermöglicht
- **Methoden der Systemintegration**
  - **Punkt-zu-Punkt-Integration**: Direkte Verbindung zwischen zwei Systemen, oft einfach, aber schwer skalierbar.
  - **Middleware**: Software, die als Vermittler zwischen verschiedenen Systemen agiert und deren Kommunikation erleichtert.

- o **Serviceorientierte Architektur (SOA)**: Struktur, bei der Dienste unabhängig voneinander agieren und über standardisierte Schnittstellen kommunizieren.
- **Phasen der Systemintegration**
  - o **Planung**: Analyse der bestehenden Systeme und Definition der Integrationsziele.
  - o **Entwicklung**: Programmierung der notwendigen Schnittstellen und Anpassungen.
  - o **Testen**: Überprüfung der integrierten Systeme auf Funktionalität und Leistungsfähigkeit.
  - o **Implementierung**: Rollout der integrierten Lösung in der Produktionsumgebung.
  - o **Wartung**: Regelmäßige Überprüfung und Aktualisierung der Systeme, um deren Funktionalität sicherzustellen.
- **Herausforderungen bei der Systemintegration**
  - o Unterschiedliche Datenformate und Protokolle der einzelnen Systeme
  - o Komplexität der bestehenden Infrastruktur
  - o Sicherheitsaspekte, die bei der Verbindung von Systemen berücksichtigt werden müssen
  - o Notwendigkeit der Schulung von Mitarbeitern, um neue Systeme effektiv nutzen zu können

Systemintegration spielt eine entscheidende Rolle in der Optimierung von Unternehmensabläufen und der Verbesserung der Zusammenarbeit zwischen verschiedenen Abteilungen und Systemen. Das Verständnis und die Anwendung dieser Konzepte sind für Fachinformatiker und Fachinformatikerinnen von großer Bedeutung, um effektive IT-Lösungen zu entwickeln und bereitzustellen.

Technische Dokumentation

Technische Dokumentation umfasst alle schriftlichen und visuellen Materialien, die Informationen über ein Produkt, ein System oder einen Prozess bereitstellen. Sie dient dazu, die Nutzung, Wartung und Entwicklung dieser Elemente zu unterstützen.

Arten der technischen Dokumentation:

- Benutzerhandbücher: Diese Anleitung richtet sich an Endbenutzer und erklärt, wie man ein Produkt oder eine Software effektiv nutzt. Sie enthalten oft Schritt-für-Schritt-Anleitungen, Screenshots und häufige Fehlerbehebungen.

- Technische Spezifikationen: Diese Dokumente beschreiben die technischen Anforderungen und Eigenschaften eines Systems oder Produkts. Sie beinhalten Details zu Hardware- und Softwareanforderungen, Schnittstellen und Funktionen.

- Systemarchitektur-Dokumentation: Hierbei handelt es sich um eine Beschreibung der Struktur und der Komponenten eines Systems. Sie zeigt, wie verschiedene Teile miteinander interagieren und welche Technologien verwendet werden.

- Installationsanleitungen: Diese Dokumente führen den Benutzer durch den Installationsprozess eines Produkts oder einer Software. Sie enthalten oft Informationen zu Systemanforderungen, Vorbereitungen und Schritt-für-Schritt-Anleitungen.

- Wartungs- und Servicehandbücher: Diese Dokumentation richtet sich an Techniker und beschreibt, wie man ein Produkt wartet oder repariert. Sie enthält oft Fehlerdiagnosen, Wartungsanleitungen und Teilelisten.

- API-Dokumentation: Diese Art von Dokumentation erläutert, wie Entwickler auf Programmierschnittstellen zugreifen und diese verwenden können. Sie enthält Beispiele, Funktionsbeschreibungen und Anwendungsfälle.

Ziele der technischen Dokumentation:

- Wissensvermittlung: Sie stellt sicher, dass alle Benutzer und Entwickler die notwendigen Informationen haben, um effektiv mit einem Produkt oder System zu arbeiten.

- Fehlervermeidung: Durch klare Anleitungen und Informationen wird das Risiko von Fehlern während der Nutzung oder Entwicklung minimiert.

- Effizienzsteigerung: Gut strukturierte Dokumentation ermöglicht es, Prozesse schneller zu verstehen und Probleme effizient zu lösen.

- Nachvollziehbarkeit: Dokumentation sorgt dafür, dass alle Entscheidungen und Änderungen im Entwicklungsprozess dokumentiert sind, was die Nachvollziehbarkeit erhöht.

Wichtige Elemente in der technischen Dokumentation:

- Klarheit: Die Informationen sollten klar und verständlich formuliert sein, um Missverständnisse zu vermeiden.

- Struktur: Eine logische Gliederung hilft den Benutzern, die gesuchten Informationen schnell zu finden.

- Aktualität: Die Dokumentation muss regelmäßig aktualisiert werden, um sicherzustellen, dass sie den neuesten Stand der Technik widerspiegelt.

- Zielgruppenorientierung: Die Inhalte sollten an die Bedürfnisse der jeweiligen Zielgruppe angepasst sein, sei es ein Endbenutzer, ein Entwickler oder ein Techniker.

Technische Dokumentation ist ein unverzichtbarer Bestandteil des gesamten Lebenszyklus eines Produkts oder Systems. Sie unterstützt nicht nur die Benutzer in der Anwendung, sondern auch Entwickler und Techniker in der Wartung und Verbesserung.

Technische Schulung

Definition: Technische Schulung bezeichnet den strukturierten Prozess, in dem Fachkräfte Wissen und Fähigkeiten zu spezifischen technischen Themen erlernen. Diese Schulungen sind auf die Bedürfnisse von Unternehmen und deren Mitarbeiter abgestimmt und können in verschiedenen Formaten wie Präsenzseminaren, Online-Kursen oder Workshops durchgeführt werden.

Ziele: - Vermittlung von Fachwissen zu bestimmten Technologien, Software oder Hardware. - Verbesserung der praktischen Fertigkeiten, um die Effizienz und Qualität der Arbeit zu steigern. - Vorbereitung auf neue Aufgaben oder Veränderungen in der Technologie. - Unterstützung bei der Einhaltung von Sicherheitsstandards und rechtlichen Vorschriften.

Inhalte: - Theoretische Grundlagen: Vermittlung von Konzepten und Prinzipien der Technik. - Praktische Übungen: Anwendung des erlernten Wissens in realistischen Szenarien. - Fallstudien: Analyse von konkreten Beispielen aus der Praxis, um Lösungsansätze zu entwickeln. - Software- und Systemschulungen: Erlernen der Bedienung spezifischer Programme oder Systeme, die im Arbeitsalltag genutzt werden.

Methoden: - Präsenzschulungen: Face-to-Face-Interaktionen, oft mit praktischen Übungen und Gruppenarbeiten. - E-Learning: Online-Kurse, die zeit- und ortsunabhängig absolviert werden können, oft mit interaktiven Elementen. - Workshops: Intensives Lernen in kleinen Gruppen, häufig mit einem praktischen Fokus. - Webinare: Live-Online-Seminare, die eine direkte Kommunikation mit dem Dozenten ermöglichen.

Zielgruppen: - Auszubildende: Grundlagen und spezifische Kenntnisse, die für den Einstieg in die berufliche Praxis notwendig sind. - Fachkräfte: Vertiefung des Wissens und Anpassung an neue Technologien oder Methoden. - Führungskräfte: Schulungen zur strategischen Anwendung technischer Lösungen im Unternehmen.

Evaluation: - Feedback der Teilnehmer: Einschätzung der Schulungsinhalte und der Präsentation. - Prüfung des erlernten Wissens: Tests oder praktische Aufgaben zur Überprüfung des Verständnisses. - Langzeitbeobachtung: Analyse der Anwendung des gelernten Wissens im Arbeitsalltag und dessen Einfluss auf die Arbeitsqualität.

Bedeutung: Technische Schulungen fördern die kontinuierliche Weiterbildung und Anpassungsfähigkeit der Mitarbeiter. Sie tragen zur Innovationskraft eines Unternehmens bei und sichern die Wettbewerbsfähigkeit in einem sich schnell verändernden technischen Umfeld.

Technische Unterstützung

Technische Unterstützung umfasst alle Maßnahmen und Dienstleistungen, die dazu dienen, technische Probleme zu lösen, Systeme zu warten oder Anwendern bei der Nutzung von Technologien zu helfen. Diese Unterstützung kann in verschiedenen Kontexten auftreten, wie zum Beispiel in Unternehmen, Bildungseinrichtungen oder im privaten Bereich.

Arten der technischen Unterstützung:

1. **Helpdesk und Support-Services**

- Bereitstellung von Unterstützung über Telefon, E-Mail oder Chat.
- Unterstützung bei Software- und Hardwareproblemen.
- Hilfe bei der Installation und Konfiguration von Systemen.

2. **Remote Support**
- Zugriff auf Computer oder Systeme über das Internet zur Problemlösung.
- Durchführung von Diagnosen und Reparaturen ohne physische Anwesenheit.
- Nutzung von Software-Tools, um Benutzer bei der Fehlerbehebung zu unterstützen.

3. **Vor-Ort-Service**
- Techniker besucht den Standort des Kunden zur Behebung von Problemen.
- Durchführung von Hardware-Reparaturen oder -Installationen.
- Schulung der Benutzer direkt am Arbeitsplatz.

4. **Wartung und Updates**
- Regelmäßige Überprüfung und Aktualisierung von Software und Hardware.
- Durchführung von Sicherheitsupdates und Systemoptimierungen.
- Planung von Wartungsfenstern zur Minimierung von Ausfallzeiten.

5. **Schulung und Dokumentation**
- Bereitstellung von Schulungen für Benutzer zur effektiven Nutzung von Systemen.
- Erstellung von Benutzerhandbüchern und technischen Dokumentationen.
- Durchführung von Workshops zur Vertiefung des technischen Wissens.

Wichtige Fähigkeiten in der technischen Unterstützung:

- **Problemlösungsfähigkeiten**: Fähigkeit, technische Probleme systematisch zu analysieren und Lösungen zu finden.
- **Kommunikationsfähigkeiten**: Klare und verständliche Erklärung technischer Konzepte an nicht-technische Benutzer.
- **Technisches Wissen**: Fundierte Kenntnisse über Software, Hardware und Netzwerktechnologien.
- **Geduld und Empathie**: Verständnis für die Herausforderungen, die Benutzer bei technischen Problemen erleben.

Bedeutung der technischen Unterstützung:

- Erhöhung der Produktivität durch schnelle Problemlösung.
- Minimierung von Ausfallzeiten durch effektive Wartung.
- Verbesserung der Benutzerzufriedenheit durch gezielte Schulungen und Unterstützung.

Technologie-Stack

Ein Technologie-Stack bezeichnet die Kombination verschiedener Technologien, die zusammen verwendet werden, um eine Softwareanwendung zu entwickeln, zu betreiben und zu warten. Der Stack setzt sich typischerweise aus mehreren Schichten zusammen, die jeweils spezifische Funktionen und Aufgaben erfüllen.

1. **Frontend-Technologien**
   - Diese Schicht betrifft alles, was der Benutzer sieht und mit dem er interagiert. Dazu gehören:
     - **HTML (Hypertext Markup Language)**: Grundstruktur der Webseite.
     - **CSS (Cascading Style Sheets)**: Gestaltung und Layout der Webseite.

- **JavaScript**: Interaktive Elemente und dynamische Inhalte.

2. **Backend-Technologien**
    - Diese Schicht umfasst alles, was im Hintergrund abläuft und nicht direkt vom Benutzer wahrgenommen wird. Sie ist verantwortlich für die Verarbeitung von Daten und die Logik der Anwendung. Wichtige Bestandteile sind:
        - **Server**: Hardware oder Software, die Anfragen verarbeitet und Daten bereitstellt.
        - **Datenbank**: Speicherung von Daten, z.B. MySQL, PostgreSQL oder MongoDB.
        - **Programmiersprachen**: z.B. Python, Java, Ruby oder PHP, die für die Erstellung der Logik verwendet werden.

3. **Middleware**
    - Diese Schicht verbindet Frontend und Backend. Sie ermöglicht die Kommunikation zwischen verschiedenen Anwendungen oder zwischen einer Anwendung und einer Datenbank. Beispiele sind:
        - **APIs (Application Programming Interfaces)**: Schnittstellen, die den Datenaustausch zwischen verschiedenen Systemen ermöglichen.
        - **Webserver**: Software, die HTTP-Anfragen verarbeitet und Webseiten ausliefert, z.B. Apache oder Nginx.

4. **DevOps-Tools**
    - Diese Werkzeuge unterstützen die Entwicklung und den Betrieb der Software. Sie helfen beim Automatisieren von Prozessen, beim Testen und beim Bereitstellen von Anwendungen. Beispiele sind:
        - **Versionskontrollsysteme**: z.B. Git, zur Nachverfolgung von Änderungen im Code.
        - **Container-Technologien**: z.B. Docker, zur Isolierung von Anwendungen in Containern.

- **CI/CD-Tools (Continuous Integration/Continuous Deployment)**: z.B. Jenkins oder GitLab CI, zur Automatisierung des Testens und der Bereitstellung.

5. **Cloud-Dienste**
   - Diese bieten Infrastruktur und Plattformen, die über das Internet zugänglich sind. Sie ermöglichen es, Anwendungen zu hosten, ohne eigene Server betreiben zu müssen. Beispiele sind:
     - **Infrastructure as a Service (IaaS)**: z.B. Amazon Web Services (AWS) oder Microsoft Azure, die virtuelle Server bereitstellen.
     - **Platform as a Service (PaaS)**: z.B. Heroku oder Google App Engine, die eine Umgebung für die Entwicklung und Bereitstellung bieten.

Die Auswahl der Technologien innerhalb eines Technologie-Stacks hängt von verschiedenen Faktoren ab, wie den Anforderungen des Projekts, den Fähigkeiten des Teams und den langfristigen Wartungs- und Skalierbarkeitszielen. Ein gut definierter Technologie-Stack trägt zur Effizienz der Entwicklung und zur Qualität der Software bei.

Technologiebewertung

Technologiebewertung ist ein systematischer Prozess, der darauf abzielt, die Vor- und Nachteile einer Technologie zu analysieren und zu bewerten. Dies geschieht in verschiedenen Kontexten, wie beispielsweise in der Industrie, im Gesundheitswesen oder in der Informations- und Kommunikationstechnologie. Die Bewertung kann sich auf verschiedene Aspekte beziehen, darunter wirtschaftliche, technische, soziale und ökologische Faktoren.

- **Ziele der Technologiebewertung**

- o Unterstützung bei Entscheidungsprozessen zur Einführung neuer Technologien.
- o Identifikation von Risiken und Chancen, die mit der Technologie verbunden sind.
- o Analyse der langfristigen Auswirkungen auf Unternehmen, Gesellschaft und Umwelt.

- **Methoden der Technologiebewertung**
  - o **Kosten-Nutzen-Analyse**: Vergleicht die Kosten einer Technologie mit den erwarteten Vorteilen.
  - o **Risikoanalyse**: Identifiziert potenzielle Risiken und bewertet deren Wahrscheinlichkeit und Auswirkungen.
  - o **Technologische Szenario-Analyse**: Untersucht verschiedene Zukunftsszenarien, um die Auswirkungen einer Technologie unter unterschiedlichen Bedingungen zu bewerten.

- **Faktoren bei der Bewertung**
  - o **Technische Machbarkeit**: Wie gut funktioniert die Technologie in der Praxis? Ist sie zuverlässig und benutzerfreundlich?
  - o **Wirtschaftliche Aspekte**: Welche Kosten entstehen durch die Implementierung und den Betrieb? Wie sieht die Rentabilität aus?
  - o **Soziale Auswirkungen**: Welche Auswirkungen hat die Technologie auf Mitarbeiter, Kunden und die Gesellschaft insgesamt?
  - o **Ökologische Nachhaltigkeit**: Welche Umweltauswirkungen sind mit der Technologie verbunden? Trägt sie zur Nachhaltigkeit bei oder verschärft sie Umweltprobleme?

- **Anwendungsgebiete**
  - o **Forschung und Entwicklung**: Bewertung neuer Technologien, bevor sie auf den Markt kommen.
  - o **Unternehmensstrategien**: Entscheidungshilfen für Investitionen in neue Technologien.

- o **Politikgestaltung**: Unterstützung von Entscheidungsträgern bei der Regulierung von Technologien.

Die Technologiebewertung ist ein interdisziplinärer Prozess, der Fachwissen aus verschiedenen Bereichen erfordert, um eine fundierte Entscheidung über den Einsatz oder die Entwicklung von Technologien zu treffen.

Test Driven Development

Test Driven Development (TDD) ist eine Softwareentwicklungsmethode, die darauf abzielt, die Qualität des Codes durch einen strukturierten und systematischen Ansatz zu verbessern. Bei TDD wird der Entwicklungsprozess durch Tests gesteuert, die vor dem eigentlichen Programmieren geschrieben werden.

1. **Phasen von TDD**
   - o **Test schreiben**: Zu Beginn wird ein automatisierter Test erstellt, der eine bestimmte Funktionalität beschreibt, die implementiert werden soll. Dieser Test schlägt zunächst fehl, da die Funktionalität noch nicht implementiert ist.
   - o **Code implementieren**: Anschließend wird der notwendige Code geschrieben, um den Test bestehen zu lassen. Der Fokus liegt darauf, nur so viel Code zu schreiben, wie nötig ist, um den Test erfolgreich auszuführen.
   - o **Refactoring**: Nachdem der Test besteht, wird der Code überarbeitet, um die Struktur zu verbessern, ohne die Funktionalität zu verändern. Hierbei wird darauf geachtet, dass alle Tests weiterhin erfolgreich sind.
2. **Vorteile von TDD**

- o **Frühe Fehlererkennung**: Da Tests vor der Implementierung geschrieben werden, werden Fehler frühzeitig im Entwicklungsprozess erkannt.
- o **Dokumentation**: Tests dienen als Dokumentation der Anforderungen und des Verhaltens der Software. Sie zeigen, wie die Software benutzt werden soll.
- o **Erhöhte Flexibilität**: Durch die Tests kann der Code leichter verändert werden, da die Tests sicherstellen, dass bestehende Funktionen weiterhin korrekt arbeiten.

3. **Herausforderungen bei TDD**
   - o **Zeitaufwand**: Zu Beginn kann TDD zeitintensiver erscheinen, da die Erstellung von Tests vor der Implementierung erfolgt.
   - o **Testabdeckung**: Es besteht die Herausforderung, eine ausreichende Testabdeckung zu erreichen, damit alle wichtigen Funktionalitäten abgedeckt sind.
   - o **Komplexität**: In komplexen Systemen kann es schwierig sein, sinnvolle Tests zu formulieren, die alle möglichen Szenarien abdecken.

4. **Werkzeuge für TDD**
   - o **Test-Frameworks**: Verschiedene Tools wie JUnit für Java oder NUnit für .NET erleichtern das Schreiben und Ausführen von Tests.
   - o **Continuous Integration (CI)**: CI-Tools automatisieren das Testen und den Build-Prozess, sodass bei jeder Änderung im Code die Tests automatisch ausgeführt werden.

Test Driven Development fördert eine disziplinierte Herangehensweise an die Softwareentwicklung, die sich positiv auf die Codequalität und die Wartbarkeit der Software auswirkt.

Testautomatisierung

Testautomatisierung bezeichnet den Prozess, bei dem Softwaretests mithilfe von speziellen Tools und Skripten automatisiert durchgeführt werden. Dies geschieht, um die Effizienz, Konsistenz und Wiederholbarkeit von Tests zu erhöhen.

Ziele der Testautomatisierung: - Reduzierung des manuellen Testaufwands - Erhöhung der Testabdeckung - Schnellere Feedbackzyklen für Entwickler - Minimierung menschlicher Fehler

Arten von Tests, die automatisiert werden können: - Unit-Tests: Überprüfen einzelne Komponenten oder Funktionen einer Software. - Integrationstests: Testen das Zusammenspiel mehrerer Komponenten. - Systemtests: Prüfen die gesamte Anwendung auf ihre Funktionalität. - Akzeptanztests: Validieren, ob die Software den Anforderungen der Endbenutzer entspricht.

Vorteile der Testautomatisierung: - Schnelligkeit: Automatisierte Tests können schneller ausgeführt werden als manuelle Tests. - Wiederholbarkeit: Tests können jederzeit und beliebig oft durchgeführt werden, ohne dass manuelle Eingriffe nötig sind. - Dokumentation: Automatisierte Tests sind oft besser dokumentiert, da sie in Form von Skripten vorliegen.

Herausforderungen der Testautomatisierung: - Initialer Aufwand: Die Erstellung von Testskripten erfordert Zeit und Know-how. - Wartung: Änderungen an der Software können Anpassungen der Testskripte notwendig machen. - Nicht alle Tests sind geeignet: Einige Tests, insbesondere solche, die menschliches Verhalten erfordern, lassen sich schwer automatisieren.

Werkzeuge für die Testautomatisierung: - Selenium: Ein weit verbreitetes Tool für Webanwendungen. - JUnit/TestNG: Frameworks für Unit-Tests in Java. - Appium: Für mobile Anwendungen. - Cucumber: Unterstützt Behavior-Driven Development (BDD) und ermöglicht die Definition von Tests in natürlicher Sprache.

Testautomatisierung ist ein zentraler Bestandteil moderner Softwareentwicklung, insbesondere im Kontext von Continuous Integration und Continuous Deployment (CI/CD), wo häufige Änderungen an der Software schnell getestet werden müssen.

Testing-Strategien

Testing-Strategien beziehen sich auf die systematischen Ansätze, die in der Softwareentwicklung verwendet werden, um die Qualität und Funktionalität von Software zu überprüfen. Diese Strategien helfen dabei, Fehler zu identifizieren, bevor die Software in die Produktion geht, und umfassen verschiedene Methoden und Techniken.

1. Arten von Testing-Strategien
    - **Manuelles Testing**: Tester führen die Tests ohne automatisierte Hilfsmittel durch. Dies ermöglicht eine flexible und intuitive Prüfung von Benutzeroberflächen und Funktionalitäten.
    - **Automatisiertes Testing**: Hierbei werden Testfälle mit speziellen Tools und Skripten automatisiert. Dies erhöht die Effizienz, insbesondere bei wiederholten Tests.
    - **Unit-Testing**: Fokussiert sich auf die kleinsten Teile des Codes (Einheiten), um sicherzustellen, dass jede einzelne Funktion wie erwartet arbeitet.
    - **Integrationstests**: Überprüfen, ob verschiedene Module oder Komponenten der Software korrekt zusammenarbeiten.
    - **Systemtests**: Testen die gesamte Anwendung in einer Umgebung, die der Produktionsumgebung ähnlich ist, um die vollständige Funktionalität zu überprüfen.
    - **Akzeptanztests**: Diese Tests werden durchgeführt, um zu bestätigen, dass die Software die Anforderungen der Endbenutzer erfüllt.

2. Testmethoden
   - ○ **Black-Box-Testing**: Tester haben keinen Zugriff auf den Code und prüfen die Funktionalität basierend auf den Anforderungen und Spezifikationen.
   - ○ **White-Box-Testing**: Tester haben Zugang zum Quellcode und testen die internen Strukturen und Abläufe der Software.
   - ○ **Graue-Box-Testing**: Eine Kombination aus Black- und White-Box-Testing, bei der Tester sowohl Zugang zu den Anforderungen als auch zum Code haben.
3. Testplanung
   - ○ **Teststrategie entwickeln**: Definition der allgemeinen Testziele, Ressourcen und Zeitpläne.
   - ○ **Testfälle entwerfen**: Detaillierte Beschreibungen von Szenarien, die getestet werden sollen, einschließlich Eingaben, erwarteten Ausgaben und Bedingungen.
   - ○ **Testumgebung einrichten**: Vorbereitung der benötigten Hardware, Software und Netzwerke, um die Tests durchzuführen.
4. Testdurchführung
   - ○ **Tests ausführen**: Durchführung der geplanten Tests gemäß den festgelegten Testfällen.
   - ○ **Fehlerdokumentation**: Alle gefundenen Fehler und Probleme werden dokumentiert, um sie später zu beheben.
5. Testbewertung und -berichterstattung
   - ○ **Ergebnisse analysieren**: Überprüfung der Testergebnisse, um zu bestimmen, ob die Software die Qualitätsstandards erfüllt.
   - ○ **Berichte erstellen**: Zusammenfassung der Testergebnisse, einschließlich gefundener Fehler und Empfehlungen für Verbesserungen.
6. Kontinuierliche Verbesserung

- o **Feedback einholen**: Rückmeldungen von Testern und Entwicklern sammeln, um die Testprozesse zu optimieren.
- o **Anpassungen vornehmen**: Basierend auf dem Feedback und den Testergebnissen die Teststrategie anpassen, um die Effektivität zu steigern.

Durch diese strukturierten Ansätze können Softwareentwickler sicherstellen, dass die Produkte den Anforderungen der Benutzer entsprechen und in der Praxis zuverlässig funktionieren.

Testumgebungen

Testumgebungen sind spezielle, isolierte Systeme, die dazu dienen, Software oder Hardware zu testen, ohne dass dies Auswirkungen auf die Produktionsumgebung hat. Sie ermöglichen es Entwicklern und Testern, neue Funktionen, Fehlerbehebungen oder Änderungen zu überprüfen, bevor sie in die Live-Umgebung integriert werden.

Arten von Testumgebungen:

- Entwicklungsumgebung (Dev): Hier arbeiten Entwickler an neuen Funktionen und Änderungen. Diese Umgebung ist oft instabil, da sie ständig aktualisiert wird.

- Testumgebung (Test): In dieser Umgebung wird die Software auf Fehler und Funktionalität getestet. Sie spiegelt die Produktionsumgebung wider, um realistische Bedingungen zu schaffen.

- Staging-Umgebung: Diese Umgebung dient als letzte Testphase, bevor die Software live geschaltet wird. Sie ist eine exakte Kopie der Produktionsumgebung und ermöglicht abschließende Tests unter realistischen Bedingungen.

Wichtige Komponenten einer Testumgebung:

- Hardware: Die physische oder virtuelle Infrastruktur, auf der die Software läuft. Sie sollte die Anforderungen der Software erfüllen, um realistische Testergebnisse zu gewährleisten.

- Software: Die Anwendungen und Tools, die für den Testprozess benötigt werden, einschließlich Betriebssysteme, Datenbanken und Testframeworks.

- Daten: Testdaten sollten realistisch und repräsentativ für die tatsächlichen Nutzerdaten sein. Sie helfen dabei, das Verhalten der Software unter verschiedenen Bedingungen zu überprüfen.

- Netzwerk: Die Netzwerkarchitektur muss so konfiguriert sein, dass sie reale Bedingungen simuliert, einschließlich Bandbreite, Latenz und Fehlerbedingungen.

Vorteile von Testumgebungen:

- Risikominderung: Durch das Testen in isolierten Umgebungen können potenzielle Probleme identifiziert und behoben werden, bevor die Software in die Produktionsumgebung gelangt.

- Kosteneffizienz: Fehler, die in der Testphase entdeckt werden, sind in der Regel weniger kostspielig zu beheben als solche, die in der Produktionsumgebung auftreten.

- Qualitätssicherung: Testumgebungen tragen zur Verbesserung der Softwarequalität bei, indem sie sicherstellen, dass neue Funktionen ordnungsgemäß funktionieren und bestehende Funktionen nicht beeinträchtigt werden.

- Zusammenarbeit: Sie ermöglichen es verschiedenen Teams, an der Software zu arbeiten und Tests durchzuführen, ohne sich gegenseitig zu stören.

Eine gut konfigurierte Testumgebung ist entscheidend für den Erfolg des Softwareentwicklungsprozesses und trägt dazu bei, die Zuverlässigkeit und Benutzerfreundlichkeit der finalen Produkte zu gewährleisten.

Troubleshooting

Troubleshooting bezieht sich auf den systematischen Prozess zur Identifizierung, Diagnose und Behebung von Problemen in technischen Systemen, insbesondere in der Informationstechnologie. Dieser Vorgang ist entscheidend für die Aufrechterhaltung der Funktionalität von Software, Hardware und Netzwerken.

1. **Problemidentifikation**
   - Zunächst wird das Problem erkannt. Dies kann durch Fehlermeldungen, Benutzerberichte oder durch Monitoring-Tools erfolgen.
   - Eine klare Definition des Problems ist notwendig, um die Ursachen zu verstehen.
2. **Ursachenanalyse**
   - Hierbei wird untersucht, warum das Problem aufgetreten ist. Dies umfasst:
     - Überprüfung von Logdateien
     - Analyse von Systemkonfigurationen
     - Berücksichtigung von Änderungen, die kürzlich vorgenommen wurden (z.B. Software-Updates oder Hardware-Änderungen).
3. **Diagnose**

- Die Diagnose erfolgt durch Tests und Experimente, um die genaue Ursache des Problems zu ermitteln. Methoden können sein:
  - Reproduzieren des Fehlers unter kontrollierten Bedingungen
  - Vergleich mit bekannten Lösungen oder Fehlerdatenbanken.

4. **Lösungsentwicklung**
   - Nachdem die Ursache identifiziert wurde, wird eine Lösung erarbeitet. Dies kann Folgendes umfassen:
     - Software-Patches
     - Hardware-Austausch oder -Reparatur
     - Anpassungen in der Konfiguration.

5. **Implementierung der Lösung**
   - Die entwickelte Lösung wird nun umgesetzt. Dies erfordert oft:
     - Tests, um sicherzustellen, dass die Lösung funktioniert.
     - Dokumentation der Änderungen für zukünftige Referenzen.

6. **Überprüfung und Nachverfolgung**
   - Nach der Implementierung wird das System weiterhin überwacht, um sicherzustellen, dass das Problem nicht erneut auftritt.
   - Es kann auch nützlich sein, Feedback von Benutzern einzuholen, um die Effektivität der Lösung zu bewerten.

7. **Dokumentation**
   - Alle Schritte des Troubleshooting-Prozesses sollten dokumentiert werden. Dazu gehört:
     - Beschreibung des Problems
     - Die durchgeführten Analysen
     - Die implementierten Lösungen und deren Ergebnisse.

Diese strukturierte Vorgehensweise hilft, technische Probleme effizient zu lösen und die Betriebsbereitschaft von IT-Systemen zu gewährleisten.

UI/UX Design

UI/UX Design umfasst zwei zentrale Bereiche in der Gestaltung von digitalen Produkten und Dienstleistungen: User Interface (UI) und User Experience (UX).

User Interface (UI)

- Definition: UI bezieht sich auf die Gestaltung der Benutzeroberfläche eines Produkts. Dazu gehören alle visuellen Elemente, die Nutzer sehen und mit denen sie interagieren, wie Buttons, Menüs, Icons und Layouts.
- Gestaltungselemente:
  - Farben: Bestimmte Farbschemata können Emotionen hervorrufen und die Nutzererfahrung beeinflussen.
  - Typografie: Die Auswahl von Schriftarten und deren Anordnung beeinflusst die Lesbarkeit und das visuelle Erscheinungsbild.
  - Icons: Symbole, die Funktionen oder Aktionen repräsentieren, müssen intuitiv und leicht verständlich sein.
  - Layout: Die Anordnung von Elementen auf dem Bildschirm sollte logisch und benutzerfreundlich sein.

User Experience (UX)

- Definition: UX bezieht sich auf das Gesamterlebnis eines Nutzers bei der Interaktion mit einem Produkt. Dies umfasst alle Aspekte der Nutzererfahrung, von der ersten Nutzung bis hin zur langfristigen Interaktion.

- Faktoren, die die Nutzererfahrung beeinflussen:
  - Usability: Wie einfach und intuitiv ein Produkt zu bedienen ist. Dies beinhaltet die Effizienz, mit der Nutzer ihre Ziele erreichen können.
  - Zugänglichkeit: Die Möglichkeit, dass alle Nutzer, einschließlich Menschen mit Behinderungen, auf das Produkt zugreifen und es nutzen können.
  - Interaktion: Die Art und Weise, wie Nutzer mit dem Produkt interagieren, einschließlich der Reaktionsgeschwindigkeit und der Feedbackmechanismen.
  - Emotionale Aspekte: Die Gefühle, die Nutzer während der Interaktion empfinden, spielen eine entscheidende Rolle in der Gesamtbewertung des Produkts.

Zusammenarbeit von UI und UX

- Synergie: UI und UX arbeiten Hand in Hand, um ein ansprechendes und funktionales Produkt zu schaffen. Eine ansprechende Benutzeroberfläche kann die Nutzererfahrung erheblich verbessern, während eine durchdachte Nutzererfahrung sicherstellt, dass die Benutzeroberfläche effektiv genutzt wird.
- Designprozess:
  - Forschung: Verständnis der Zielgruppe, ihrer Bedürfnisse und Verhaltensweisen.
  - Prototyping: Erstellung von Modellen, um Konzepte zu testen und Feedback zu sammeln.
  - Testing: Durchführung von Usability-Tests, um zu überprüfen, wie gut das Design funktioniert und wo Verbesserungen notwendig sind.

Ziel des UI/UX Designs ist es, Produkte zu schaffen, die nicht nur visuell ansprechend, sondern auch funktional und benutzerfreundlich sind.

Usability

Usability bezieht sich auf die Benutzerfreundlichkeit und die Nutzererfahrung von Software, Websites oder anderen digitalen Produkten. Der Fokus liegt darauf, wie einfach und intuitiv ein Benutzer mit einem System interagieren kann. Eine hohe Usability führt dazu, dass Nutzer effizient und zufriedenstellend ihre Ziele erreichen können.

Definition: - Usability beschreibt die Qualität der Nutzung eines Produktes durch den Endanwender. - Sie umfasst die Erlernbarkeit, Effizienz, Merkfähigkeit, Fehlerfreundlichkeit und Zufriedenheit.

Unterkapitel:

1. Erlernbarkeit
   o Bezieht sich darauf, wie schnell ein neuer Benutzer das System verstehen und effektiv nutzen kann.
   o Eine benutzerfreundliche Oberfläche sollte klare Anweisungen und eine logische Struktur bieten.
2. Effizienz
   o Maß für die Geschwindigkeit, mit der erfahrene Benutzer ihre Aufgaben erledigen können.
   o Optimierte Arbeitsabläufe und Funktionen, die häufig genutzt werden, tragen zur Effizienz bei.
3. Merkfähigkeit
   o Bezieht sich darauf, wie leicht Benutzer nach einer gewissen Zeit ohne Nutzung die gelernten Funktionen wieder abrufen können.
   o Eine konsistente Benutzeroberfläche und wiederkehrende Navigationselemente unterstützen die Merkfähigkeit.
4. Fehlerfreundlichkeit
   o beschreibt, wie gut das System mit Fehlern umgeht, die Benutzer während der Nutzung machen können.
   o Eine gute Usability bietet klare Fehlermeldungen und einfache Möglichkeiten zur Fehlerbehebung.

5. Zufriedenheit

   o Reflektiert, wie angenehm die Nutzung für den Benutzer ist.

   o Positive visuelle Gestaltung, ansprechende Interaktionen und ein angenehmes Nutzungserlebnis tragen zur Zufriedenheit bei.

Methoden zur Verbesserung der Usability: - Usability-Tests: Nutzer werden beobachtet, während sie Aufgaben im System ausführen, um Probleme zu identifizieren. - Umfragen: Feedback von Benutzern wird gesammelt, um ihre Erfahrungen und Wünsche zu verstehen. - Prototyping: Erstellung von frühen Modellen des Produkts, um Designideen zu testen und zu verfeinern.

Werkzeuge zur Unterstützung: - Wireframing-Tools: Hilfreich, um Layouts und Benutzeroberflächen zu skizzieren. - Usability-Analyse-Software: Ermöglicht die Auswertung von Nutzerinteraktionen und das Aufdecken von Verbesserungspotentialen.

Diese Aspekte helfen dabei, digitale Produkte so zu gestalten, dass sie den Bedürfnissen der Benutzer entsprechen und eine positive Interaktion fördern.

Versionskontrolle

Versionskontrolle ist ein System, das Änderungen an Dateien und Projekten über die Zeit verfolgt. Es ermöglicht Nutzern, verschiedene Versionen von Dokumenten oder Code zu speichern, zu verwalten und bei Bedarf wiederherzustellen. Die Hauptziele der Versionskontrolle sind die Nachverfolgbarkeit von Änderungen, die Zusammenarbeit zwischen mehreren Personen und die Möglichkeit, frühere Versionen eines Projekts wiederherzustellen.

Funktionen der Versionskontrolle:

- **Änderungsverfolgung**: Jede Änderung, die an einer Datei vorgenommen wird, wird protokolliert. Dies umfasst Informationen über den Autor der Änderung, das Datum und eine Beschreibung der vorgenommenen Änderungen.

- **Versionshistorie**: Das System speichert eine vollständige Historie aller Änderungen. Nutzer können jederzeit auf frühere Versionen zugreifen und diese bei Bedarf wiederherstellen.

- **Branching und Merging**: Branching erlaubt es, von der Hauptentwicklungslinie abzuweichen, um neue Funktionen oder Experimente zu testen, ohne die stabile Version zu beeinträchtigen. Merging ist der Prozess, bei dem Änderungen von verschiedenen Branches zusammengeführt werden.

- **Konfliktlösung**: Bei der Zusammenarbeit mehrerer Personen an denselben Dateien können Konflikte entstehen, wenn zwei Personen gleichzeitig Änderungen vornehmen. Versionskontrollsysteme bieten Werkzeuge zur Identifizierung und Lösung solcher Konflikte.

- **Backup und Wiederherstellung**: Durch die Speicherung aller Versionen in einem zentralen Repository wird eine Art Backup erstellt, das im Falle von Datenverlust oder Problemen eine Wiederherstellung ermöglicht.

Typische Systeme der Versionskontrolle:

- **Git**: Ein verteiltes Versionskontrollsystem, das es Nutzern ermöglicht, lokal zu arbeiten und Änderungen in einem zentralen Repository zusammenzuführen. Git ist besonders beliebt in der Softwareentwicklung.

- **Subversion (SVN)**: Ein zentrales Versionskontrollsystem, das eine einfache Handhabung für Projekte bietet, bei denen eine zentrale Kontrolle notwendig ist.

- **Mercurial**: Ein weiteres verteiltes System, das ähnlich wie Git funktioniert, aber einen anderen Ansatz für die Benutzeroberfläche und die Befehle verfolgt.

Vorteile der Versionskontrolle:

- **Effiziente Zusammenarbeit**: Mehrere Entwickler können gleichzeitig an einem Projekt arbeiten, ohne sich gegenseitig in die Quere zu kommen.

- **Rückverfolgbarkeit**: Änderungen können leicht nachverfolgt werden, was die Identifikation von Fehlerquellen erleichtert.

- **Experimentierfreiheit**: Entwickler können neue Funktionen oder Ideen ausprobieren, ohne die Hauptversion des Projekts zu gefährden.

- **Dokumentation von Änderungen**: Die Historie der Änderungen dient als Dokumentation, die bei der Wartung und Weiterentwicklung des Projekts hilfreich ist.

Einsatzgebiete:

- Softwareentwicklung: Bei der Erstellung von Softwareanwendungen ist Versionskontrolle unerlässlich, um Codeänderungen zu verwalten und die Zusammenarbeit zu erleichtern.

- Webentwicklung: Auch in der Webentwicklung wird Versionskontrolle eingesetzt, um Änderungen an Websites und Webanwendungen zu dokumentieren und zu verwalten.

- Dokumentenmanagement: In vielen Unternehmen werden Versionskontrollsysteme verwendet, um Änderungen an wichtigen Dokumenten nachzuvollziehen.

Versionskontrolle ist somit ein unerlässliches Werkzeug in der modernen Software- und Projektentwicklung, das die Effizienz und Qualität der Arbeit steigert.

Verteilte Systeme

Verteilte Systeme sind Netzwerke von unabhängigen Computern, die zusammenarbeiten, um eine gemeinsame Aufgabe zu erfüllen. Diese Systeme sind so konzipiert, dass sie als ein einzelnes System agieren, obwohl sie aus mehreren physischen und logischen Komponenten bestehen.

Merkmale verteilter Systeme:

- **Komponenten**: Die einzelnen Computer oder Knoten sind oft geografisch verteilt und können unterschiedliche Hardware und Betriebssysteme verwenden. Sie kommunizieren über ein Netzwerk, um Informationen auszutauschen und Aufgaben zu koordinieren.

- **Transparenz**: Benutzer und Anwendungen sollten nicht wissen müssen, wo sich die Ressourcen befinden oder wie sie organisiert sind. Diese Transparenz kann in verschiedenen Formen auftreten, wie z.B. Zugriffstransparenz (Zugriff auf Ressourcen unabhängig von deren Standort) und Fehlertoleranz (System bleibt funktionsfähig, selbst wenn einzelne Komponenten ausfallen).

- **Skalierbarkeit**: Verteilte Systeme können leicht erweitert werden, indem zusätzliche Knoten hinzugefügt werden. Dies ermöglicht eine flexible Anpassung an wachsende Anforderungen und steigende Benutzerzahlen.

- **Fehlertoleranz**: Durch die Verteilung der Komponenten kann ein System weiterhin funktionieren, auch wenn einige Teile ausfallen. Mechanismen zur Fehlererkennung und -behebung sind oft integriert, um die Stabilität des Systems zu gewährleisten.

- **Konsistenz**: In einem verteilten System müssen Mechanismen vorhanden sein, um sicherzustellen, dass alle Knoten die gleichen Daten sehen und verarbeiten, auch wenn sie gleichzeitig auf dieselben Informationen zugreifen.

- **Kommunikation**: Die Knoten eines verteilten Systems kommunizieren über Netzwerke, oft mithilfe von Protokollen, die den Datenaustausch regeln. Häufig verwendete Protokolle sind TCP/IP für die Kommunikation über das Internet oder RPC (Remote Procedure Call) für die Kommunikation zwischen Anwendungen.

Anwendungsbeispiele:

- **Cloud-Computing**: Dienste wie Amazon Web Services oder Microsoft Azure nutzen verteilte Systeme, um Rechenleistung und Speicherplatz bereitzustellen, die von überall zugänglich sind.

- **Datenbanken**: Verteilte Datenbanksysteme ermöglichen die Speicherung und Verarbeitung von Daten über mehrere Standorte hinweg, was die Verfügbarkeit und Leistung verbessert.

- **Peer-to-Peer-Netzwerke**: In solchen Netzwerken fungieren alle Knoten sowohl als Client als auch als Server, was eine dezentrale Struktur schafft. Beispiele sind File-Sharing-Dienste oder Blockchain-Technologien.

Verteilte Systeme stellen eine komplexe und dynamische Umgebung dar, die eine Vielzahl von Technologien und Konzepten integriert, um eine effiziente und robuste Zusammenarbeit zwischen den beteiligten Komponenten zu gewährleisten.

Virtual Private Network

Ein Virtual Private Network (VPN) ist eine Technologie, die es ermöglicht, eine sichere und verschlüsselte Verbindung über das Internet herzustellen. Diese Verbindung wird genutzt, um Daten zwischen einem Endgerät und einem Netzwerk, meist einem Unternehmensnetzwerk, zu übertragen.

Funktionsweise: - **Verschlüsselung:** VPNs verwenden verschiedene Verschlüsselungsprotokolle (z. B. OpenVPN, L2TP/IPsec), um Daten zu schützen. Diese Verschlüsselung sorgt dafür, dass Informationen nicht von Dritten eingesehen werden können. - **Tunneling:** Bei der Verwendung eines VPNs wird ein „Tunnel" zwischen dem Endgerät und dem VPN-Server geschaffen. Dieser Tunnel ermöglicht es, Daten sicher zu übertragen, indem er den Datenverkehr in einem geschützten Format kapselt. - **IP-Adressen:** Bei der Verbindung zu einem VPN wird die IP-Adresse des Endgeräts durch die IP-Adresse des VPN-Servers ersetzt. Dies erhöht die Anonymität des Nutzers und schützt seine Identität im Internet.

Anwendungsgebiete: - **Fernzugriff:** Mitarbeitende können von externen Standorten auf das Unternehmensnetzwerk zugreifen, als wären sie vor Ort. Dies ist besonders wichtig für Homeoffice-Lösungen oder für Reisen. - **Sicherheitssteigerung:** VPNs bieten eine zusätzliche Sicherheitsebene, insbesondere bei der Nutzung öffentlicher WLAN-Netzwerke, wo Daten leicht abgefangen werden könnten. - **Geografische Einschränkungen umgehen:** Durch die Verbindung zu Servern in anderen Ländern können Nutzer auf

Inhalte zugreifen, die in ihrem eigenen Land möglicherweise blockiert sind.

Vorteile: - Datenschutz: Durch die Anonymisierung der IP-Adresse und die Verschlüsselung der Daten bleibt die Privatsphäre der Nutzer gewahrt. - **Sicherheit:** VPNs schützen sensible Informationen, insbesondere bei der Übertragung vertraulicher Daten, wie z. B. in der Finanz- oder Gesundheitsbranche. - **Flexibilität:** Nutzer können von verschiedenen Standorten aus auf ihre Unternehmensressourcen zugreifen, was die Mobilität und Flexibilität erhöht.

Nachteile: - Geschwindigkeit: Die Verwendung eines VPN kann die Internetgeschwindigkeit verringern, da die Daten durch den VPN-Server geleitet werden, was zusätzliche Latenz verursachen kann. - **Kosten:** Einige VPN-Dienste sind kostenpflichtig, und die Implementierung eines eigenen VPN-Servers kann zusätzliche Ressourcen erfordern. - **Komplexität:** Die Einrichtung und Verwaltung eines VPNs kann technisches Wissen erfordern, was für einige Unternehmen eine Herausforderung darstellen kann.

Zusammenarbeit mit anderen Technologien: - Firewall: VPNs können in Kombination mit Firewalls eingesetzt werden, um den Zugriff auf das Netzwerk weiter zu kontrollieren und zu sichern. - **Zwei-Faktor-Authentifizierung:** Um die Sicherheit zu erhöhen, kann die Verbindung zu einem VPN durch zusätzliche Authentifizierungsmechanismen abgesichert werden.

Die Implementierung eines VPNs sollte sorgfältig geplant werden, um sicherzustellen, dass die Sicherheitsanforderungen und die Benutzerfreundlichkeit sowohl für die Endnutzer als auch für die IT-Abteilung erfüllt werden.

Virtualisierung

Virtualisierung bezeichnet den Prozess, bei dem physische Ressourcen in virtuelle Ressourcen umgewandelt werden. Dies ermöglicht die Erstellung von virtuellen Maschinen (VMs), die wie eigenständige Computer agieren, obwohl sie auf einem physischen Server laufen. Diese Technik wird häufig in Rechenzentren und Cloud-Umgebungen eingesetzt.

Arten der Virtualisierung:

- **Servervirtualisierung**: Hierbei wird ein physischer Server in mehrere virtuelle Server aufgeteilt. Jeder virtuelle Server kann ein eigenes Betriebssystem und Anwendungen betreiben. Dies optimiert die Ressourcennutzung und senkt die Betriebskosten.

- **Desktop-Virtualisierung**: Diese Form ermöglicht es, Desktops in einer zentralen Umgebung zu hosten. Benutzer können von verschiedenen Geräten auf ihre virtuellen Desktops zugreifen. Dies erleichtert die Verwaltung und erhöht die Flexibilität.

- **Anwendungsvirtualisierung**: Anwendungen laufen auf einem Server und werden über das Netzwerk an die Endgeräte der Benutzer übertragen. Das bedeutet, dass die Software nicht lokal installiert werden muss.

- **Netzwerkvirtualisierung**: Hierbei werden physische Netzwerkressourcen in virtuelle Netzwerke aufgeteilt. Dies ermöglicht eine effizientere Nutzung der Netzwerkressourcen und vereinfacht die Netzwerkverwaltung.

Vorteile der Virtualisierung:

- **Ressourcenauslastung**: Durch die Nutzung virtueller Maschinen kann die Hardware besser ausgelastet werden, da mehrere VMs auf einem physischen Server betrieben werden.

- **Kostenersparnis**: Weniger physische Server führen zu geringeren Anschaffungs- und Betriebskosten, einschließlich Strom und Kühlung.

- **Flexibilität und Skalierbarkeit**: Neue virtuelle Maschinen können schnell und einfach erstellt werden, um den sich ändernden Anforderungen gerecht zu werden.

- **Schnelle Wiederherstellung**: Bei einem Ausfall einer virtuellen Maschine kann diese schnell auf einem anderen Server wiederhergestellt werden, was die Ausfallzeiten minimiert.

Nachteile der Virtualisierung:

- **Komplexität**: Die Verwaltung virtueller Umgebungen kann komplex sein und erfordert entsprechendes Fachwissen.

- **Leistungsengpässe**: Wenn zu viele VMs auf einem physischen Server laufen, kann dies die Leistung beeinträchtigen.

- **Lizenzierung**: Die Lizenzierung von Software in virtualisierten Umgebungen kann kompliziert sein und zusätzliche Kosten verursachen.

Anwendungsgebiete:

- **Cloud-Computing**: Virtualisierung ist die Grundlage für viele Cloud-Dienste, da sie Ressourcen effizient bereitstellt.

- **Test- und Entwicklungsumgebungen**: Entwickler können schnell neue Umgebungen erstellen, um Software zu testen, ohne physische Hardware zu benötigen.

- **IT-Sicherheit**: Durch Isolation von Anwendungen in virtuellen Maschinen kann das Risiko eines Sicherheitsvorfalls verringert werden.

Technologien:

- **Hypervisor**: Eine Software, die die Virtualisierung ermöglicht. Es gibt Typ-1-Hypervisoren, die direkt auf der Hardware laufen, und Typ-2-Hypervisoren, die auf einem Betriebssystem basieren.

- **Container-Technologie**: Eine Form der Virtualisierung, bei der Anwendungen in Containern isoliert werden. Container sind leichter als virtuelle Maschinen und ermöglichen eine schnellere Bereitstellung.

- **Virtualisierungsmanagement-Tools**: Software, die hilft, virtuelle Umgebungen zu verwalten, Ressourcen zu überwachen und Backups durchzuführen.

Die Virtualisierung hat die Art und Weise, wie IT-Ressourcen bereitgestellt und verwaltet werden, revolutioniert. Sie ermöglicht eine effizientere Nutzung von Hardware und bietet Unternehmen viele Vorteile in Bezug auf Flexibilität, Kosten und Sicherheit.

Webanwendungen

Webanwendungen sind Programme, die über das Internet bereitgestellt und genutzt werden. Sie laufen auf einem Server und werden über einen Webbrowser aufgerufen. Nutzer können auf diese Anwendungen von verschiedenen Geräten, wie Desktop-Computern, Laptops, Tablets oder Smartphones zugreifen, solange sie eine Internetverbindung haben.

Merkmale von Webanwendungen:

- **Interaktivität**: Webanwendungen ermöglichen eine aktive Interaktion mit dem Nutzer. Eingaben werden verarbeitet, und die Anwendung reagiert entsprechend, beispielsweise durch das Anzeigen von Informationen oder das Durchführen von Berechnungen.

- **Plattformunabhängigkeit**: Da sie über einen Webbrowser zugänglich sind, sind Webanwendungen nicht an ein bestimmtes Betriebssystem gebunden. Sie können auf verschiedenen Plattformen und Geräten verwendet werden, solange ein kompatibler Browser vorhanden ist.

- **Echtzeit-Datenverarbeitung**: Webanwendungen können Daten in Echtzeit verarbeiten. Änderungen, die ein Nutzer vornimmt, können sofort für alle anderen Nutzer sichtbar sein, was besonders in kollaborativen Umgebungen wichtig ist.

- **Zentralisierte Wartung**: Updates und Wartungsarbeiten erfolgen zentral auf dem Server. Nutzer müssen keine Software auf ihren Geräten installieren oder aktualisieren, da sie immer die neueste Version der Anwendung verwenden.

- **Datenbankintegration**: Viele Webanwendungen sind mit Datenbanken verbunden, die zur Speicherung und Verwaltung von Informationen dienen. Diese Daten können von Nutzern eingegeben, abgerufen oder bearbeitet werden.

Typen von Webanwendungen:

- **E-Commerce-Anwendungen**: Plattformen, die den Online-Verkauf von Produkten oder Dienstleistungen ermöglichen, wie Online-Shops.

- **Content Management Systeme (CMS)**: Anwendungen, die es Nutzern ermöglichen, Inhalte zu erstellen, zu verwalten und zu veröffentlichen, beispielsweise Blogs oder Unternehmenswebseiten.

- **Soziale Netzwerke**: Plattformen, die den Austausch von Informationen und die Interaktion zwischen Nutzern fördern, wie Facebook oder Twitter.

- **Webbasierte Büroanwendungen**: Programme, die Funktionen wie Textverarbeitung, Tabellenkalkulation oder Präsentation in einem Webbrowser bereitstellen, wie Google Docs oder Microsoft Office Online.

Technologien hinter Webanwendungen:

- **Frontend-Technologien**: Technologien, die für die Benutzeroberfläche verantwortlich sind, wie HTML, CSS und JavaScript. Diese Sprachen gestalten das Layout und die Interaktivität der Anwendung.

- **Backend-Technologien**: Programmiersprachen und Frameworks, die für die Server-seitige Logik und Datenverarbeitung zuständig sind, wie PHP, Python, Ruby oder Node.js.

- **Datenbanken**: Systeme zur Speicherung von Daten, die über Abfragen angesprochen werden können, wie MySQL, PostgreSQL oder MongoDB.

- **Webserver**: Software oder Hardware, die Anfragen von Nutzern entgegennimmt und die entsprechenden Daten oder Webseiten zurückliefert. Beispiele sind Apache oder Nginx.

Sicherheit in Webanwendungen:

302

- **Authentifizierung**: Verfahren zur Identifizierung von Nutzern, um sicherzustellen, dass nur berechtigte Personen Zugriff auf bestimmte Bereiche der Anwendung haben.

- **Verschlüsselung**: Schutz von Daten durch Umwandlung in ein nicht lesbares Format, um sie während der Übertragung zu sichern. Ein Beispiel hierfür ist HTTPS, das eine sichere Verbindung zwischen dem Nutzer und dem Server herstellt.

- **Sicherheitsupdates**: Regelmäßige Aktualisierungen der Software, um bekannte Schwachstellen zu schließen und die Anwendung vor Angriffen zu schützen.

Webanwendungen haben sich zu einem wesentlichen Bestandteil der digitalen Landschaft entwickelt. Sie bieten Flexibilität, Zugänglichkeit und Benutzerfreundlichkeit und sind in vielen Bereichen des täglichen Lebens und der Geschäftswelt von Bedeutung.

Webentwicklung

Webentwicklung bezieht sich auf den Prozess der Erstellung und Wartung von Websites und Webanwendungen. Dieser Bereich der Informatik umfasst verschiedene Aspekte, die von der Gestaltung der Benutzeroberfläche bis zur Programmierung der serverseitigen Logik reichen.

1. Frontend-Entwicklung
   - Bezieht sich auf den Teil der Webentwicklung, der für die Benutzer sichtbar ist.
   - Technologien: HTML (Hypertext Markup Language) für die Struktur der Seiten, CSS (Cascading Style Sheets) für das Design und die Gestaltung, JavaScript für interaktive Elemente.

- o Responsives Design: Anpassung der Website an verschiedene Bildschirmgrößen und Geräte, um eine optimale Benutzererfahrung zu gewährleisten.

2. Backend-Entwicklung
    - o Umfasst die serverseitige Programmierung, die für die Verarbeitung von Anfragen, Datenbankinteraktionen und die Logik der Anwendung verantwortlich ist.
    - o Programmiersprachen: PHP, Python, Ruby, Java oder Node.js.
    - o Datenbanken: Speicherung und Verwaltung von Daten, häufig verwendete Systeme sind MySQL, PostgreSQL und MongoDB.

3. Full-Stack-Entwicklung
    - o Kombination aus Frontend- und Backend-Entwicklung. Full-Stack-Entwickler sind in der Lage, sowohl die Benutzeroberfläche als auch die serverseitige Logik zu erstellen und zu betreuen.
    - o Kenntnisse in beiden Bereichen sind erforderlich, um eine ganzheitliche Sicht auf die Webanwendung zu haben und Probleme effizient zu lösen.

4. Content Management Systeme (CMS)
    - o Software, die es ermöglicht, Inhalte auf einer Website ohne tiefgehende technische Kenntnisse zu verwalten.
    - o Beispiele sind WordPress, Joomla und Drupal.
    - o CMS erleichtern die Aktualisierung und Pflege von Websites, insbesondere für Benutzer ohne Programmierkenntnisse.

5. Webdesign
    - o Umfasst die visuelle Gestaltung und Benutzererfahrung (User Experience, UX) einer Website.
    - o Wichtige Aspekte sind Layout, Farbgestaltung, Typografie und Navigation, die alle darauf abzielen,

die Interaktion der Benutzer mit der Website zu verbessern.

6. Web-Sicherheit

   o Bezieht sich auf die Schutzmaßnahmen, die ergriffen werden, um Webanwendungen vor Bedrohungen wie Hacking, Datenverlust und Malware zu schützen.

   o Wichtige Maßnahmen sind die Implementierung von HTTPS, sichere Authentifizierung und regelmäßige Sicherheitsupdates.

7. Web-Hosting

   o Der Prozess, bei dem die Website auf einem Server gespeichert wird, der sie für Benutzer im Internet zugänglich macht.

   o Anbieter von Webhosting-Diensten stellen die notwendige Infrastruktur bereit, um Websites online zu betreiben.

8. Optimierung

   o Umfasst Techniken zur Verbesserung der Leistung und Ladegeschwindigkeit von Websites sowie zur Suchmaschinenoptimierung (SEO).

   o Ziel ist es, die Sichtbarkeit in Suchmaschinen zu erhöhen und die Benutzererfahrung zu verbessern.

Webentwicklung erfordert ein breites Spektrum an Fähigkeiten und Kenntnissen, die sich ständig weiterentwickeln, um den Anforderungen neuer Technologien und Benutzererwartungen gerecht zu werden.

Webservices

Webservices sind standardisierte Programme, die über das Internet kommunizieren und Daten austauschen. Sie ermöglichen es verschiedenen Anwendungen, unabhängig von ihrer Programmiersprache oder Plattform, miteinander zu interagieren.

Hier sind die wesentlichen Merkmale und Komponenten von Webservices:

- **Architektur**: Webservices basieren häufig auf der Service-orientierten Architektur (SOA). SOA ermöglicht die Entwicklung von Softwareanwendungen, die aus verschiedenen, lose gekoppelten Diensten bestehen. Diese Dienste können unabhängig voneinander entwickelt und bereitgestellt werden.

- **Kommunikationsprotokolle**: Webservices nutzen standardisierte Protokolle wie HTTP (Hypertext Transfer Protocol) oder HTTPS (sichere Version von HTTP) für die Kommunikation. Diese Protokolle sind weit verbreitet und ermöglichen den Datenaustausch über das Internet.

- **Datenformate**: Webservices verwenden häufig XML (Extensible Markup Language) oder JSON (JavaScript Object Notation) als Datenformate. XML ist ein textbasiertes Format, das hierarchische Datenstrukturen unterstützt, während JSON eine leichtere und einfachere Struktur hat, die besonders in modernen Webanwendungen beliebt ist.

- **WSDL (Web Services Description Language)**: WSDL ist eine XML-basierte Sprache, die beschreibt, wie ein Webservice funktioniert. Sie definiert die verfügbaren Funktionen, die benötigten Parameter und die Rückgabewerte. Dies erleichtert Entwicklern die Nutzung des Webservices, da sie genau wissen, wie sie ihn ansprechen können.

- **SOAP (Simple Object Access Protocol)**: SOAP ist ein Protokoll, das für den Austausch strukturierter Informationen in Webservices verwendet wird. Es definiert ein standardisiertes Format für Anfragen und Antworten und arbeitet häufig mit WSDL zusammen. SOAP ist

plattformunabhängig und unterstützt verschiedene
Programmiersprachen.

- **REST (Representational State Transfer)**: REST ist ein
  Architekturstil, der häufig für Webservices verwendet wird.
  Im Gegensatz zu SOAP nutzt REST einfache HTTP-Anfragen,
  um auf Ressourcen zuzugreifen und diese zu manipulieren.
  RESTful Webservices sind leichtgewichtig und verwenden in
  der Regel JSON als Datenformat.

- **Sicherheit**: Webservices müssen sicher sein, um Daten vor
  unbefugtem Zugriff zu schützen. Dazu werden verschiedene
  Sicherheitsmechanismen eingesetzt, wie z.B.
  Authentifizierung (Überprüfung der Identität eines
  Benutzers) und Autorisierung (Festlegung, welche
  Ressourcen ein Benutzer nutzen darf).

- **Anwendungsbereiche**: Webservices finden in vielen
  Bereichen Anwendung, wie z.B. beim Zugriff auf
  Datenbanken, bei der Integration von Softwarelösungen
  oder beim Austausch von Informationen zwischen
  verschiedenen Systemen, z.B. in der Cloud.

Diese Merkmale und Komponenten machen Webservices zu einer
flexiblen Lösung für die Interaktion zwischen verschiedenen
Softwareanwendungen im Internet.

Zertifikate

Zertifikate sind offizielle Dokumente, die die Qualifikationen,
Fähigkeiten oder Kenntnisse einer Person bescheinigen. Sie werden
häufig von Bildungseinrichtungen, Fachverbänden oder
Unternehmen ausgestellt und dienen dazu, die erworbenen
Kompetenzen nachzuweisen. In der IT-Branche, insbesondere für

Fachinformatiker und Fachinformatikerinnen, spielen Zertifikate eine bedeutende Rolle.

- Arten von Zertifikaten:
  - **Berufszertifikate**: Diese werden oft von Bildungseinrichtungen oder Ausbildungsstätten vergeben, um den erfolgreichen Abschluss einer Ausbildung oder eines Kurses zu bestätigen.
  - **Herstellerzertifikate**: Große Software- oder Hardwarehersteller bieten spezielle Zertifizierungen an, die Kenntnisse über ihre Produkte oder Technologien bescheinigen. Beispiele sind Microsoft, Cisco oder Oracle.
  - **Fachverbandszertifikate**: Verbände in der IT-Branche stellen Zertifikate aus, die bestimmte Standards oder Kenntnisse in einem Fachbereich bestätigen, wie zum Beispiel ITIL für IT-Service-Management.
- Bedeutung von Zertifikaten:
  - **Karriereförderung**: Zertifikate können die Chancen auf eine Anstellung erhöhen oder den Aufstieg innerhalb eines Unternehmens fördern. Arbeitgeber legen häufig Wert auf nachgewiesene Qualifikationen.
  - **Fachliche Anerkennung**: Ein Zertifikat signalisiert, dass eine Person über spezifisches Wissen und Fähigkeiten verfügt, die in der Branche anerkannt sind.
  - **Lebenslanges Lernen**: Zertifikate ermutigen Fachkräfte, sich kontinuierlich weiterzubilden und aktuelle Entwicklungen in der Technologie zu verfolgen.
- Voraussetzungen für den Erhalt:
  - **Prüfungen**: Oft müssen Fachkräfte Prüfungen ablegen, um ihre Kenntnisse zu bestätigen. Diese Prüfungen können theoretische und praktische Teile umfassen.

- **Kursbesuche**: Viele Zertifikate erfordern den Besuch von Schulungen oder Kursen, in denen die notwendigen Kenntnisse vermittelt werden.
- **Berufserfahrung**: Einige Zertifikate setzen eine gewisse Berufserfahrung voraus, um sicherzustellen, dass die Prüflinge die theoretischen Kenntnisse auch in der Praxis anwenden können.
- Gültigkeit und Aktualisierung:
  - Zertifikate haben häufig eine begrenzte Gültigkeit. Um sicherzustellen, dass die Kenntnisse auf dem neuesten Stand sind, müssen Fachkräfte regelmäßig an Fortbildungen teilnehmen oder Auffrischungsprüfungen ablegen.

Zertifikate sind somit ein wichtiges Mittel zur Dokumentation von Fähigkeiten und zur Förderung der beruflichen Entwicklung in der IT-Branche. Sie helfen Fachinformatikern und Fachinformatikerinnen, sich von anderen Bewerbern abzuheben und ihre Expertise zu belegen.

Zielarchitektur

Zielarchitektur bezeichnet ein strukturiertes Konzept, das die zukünftige Ausrichtung und Gestaltung eines Systems oder einer IT-Infrastruktur beschreibt. Sie dient als Leitfaden für die Entwicklung und Implementierung von Softwarelösungen, Systemen und Prozessen innerhalb eines Unternehmens.

Definition und Zweck: - Zielarchitektur stellt die gewünschten Eigenschaften und Funktionen eines Systems dar, die erreicht werden sollen. - Sie bildet die Grundlage für Entscheidungen bezüglich Technologien, Tools und Methoden, die eingesetzt werden.

Komponenten der Zielarchitektur: 1. **Architekturvision**: - Umreißt die langfristigen Ziele und strategischen Vorgaben des

Unternehmens. - Bezieht sich auf die übergreifenden Anforderungen und Erwartungen an das System.

2. **Technologische Basis**:
   - o Bestimmt die Technologien, Programmiersprachen und Plattformen, die verwendet werden sollen.
   - o Berücksichtigt aktuelle Trends und Standards in der Softwareentwicklung.
3. **Systemkomponenten**:
   - o Legt fest, welche Module oder Komponenten Teil des Systems sind und wie sie miteinander interagieren.
   - o Definiert Schnittstellen und Kommunikationsprotokolle.
4. **Datenarchitektur**:
   - o Behandelt, wie Daten gespeichert, verarbeitet und abgerufen werden.
   - o Umfasst die Datenmodelle, Datenbanken und Datenflüsse innerhalb des Systems.
5. **Sicherheitsarchitektur**:
   - o Definiert Sicherheitsanforderungen und Schutzmaßnahmen, um Daten und Systeme vor Bedrohungen zu schützen.
   - o Berücksichtigt Authentifizierung, Autorisierung und Verschlüsselung.
6. **Betriebsarchitektur**:
   - o Umreißt, wie das System betrieben und gewartet wird, einschließlich der benötigten Ressourcen und Infrastruktur.
   - o Bezieht sich auf Aspekte wie Hochverfügbarkeit, Skalierbarkeit und Performance.

Prozess der Erstellung: - Erstellung einer Ist-Analyse, um den aktuellen Zustand der IT-Landschaft zu verstehen. - Durchführung von Workshops und Interviews mit Stakeholdern, um Anforderungen zu sammeln. - Dokumentation der Zielarchitektur in einem verständlichen Format, oft unterstützt durch Diagramme und Modelle.

Anwendung: - Dient als Referenz für die Entwicklungsteams, um sicherzustellen, dass die Implementierung mit den strategischen Zielen übereinstimmt. - Hilft bei der Identifikation von Lücken zwischen der aktuellen und der gewünschten Architektur, was die Planung von Maßnahmen zur Verbesserung erleichtert.

Die Zielarchitektur ist ein lebendiges Dokument, das regelmäßig aktualisiert werden sollte, um Veränderungen in der Unternehmensstrategie, Technologie und Marktbedingungen Rechnung zu tragen.

Zugriffsprotokolle

Zugriffsprotokolle sind spezielle Dateien oder Datenbanken, die Informationen über Zugriffsversuche auf ein System, eine Anwendung oder eine Datenbank aufzeichnen. Diese Protokolle sind entscheidend für die Überwachung und Analyse von Benutzeraktivitäten und helfen dabei, Sicherheitsvorfälle zu erkennen und zu verhindern.

- **Inhalt der Zugriffsprotokolle**
  - **Benutzeridentifikation**: Protokolle enthalten oft Angaben, welcher Benutzer auf ein System zugegriffen hat. Dies geschieht in der Regel durch Benutzernamen oder ID-Nummern.
  - **Zeitstempel**: Jeder Zugriff wird mit einem Zeitstempel versehen, der angibt, wann der Zugriff stattgefunden hat. Dies ermöglicht eine chronologische Nachverfolgung von Aktivitäten.
  - **Zugriffsart**: Protokolle unterscheiden zwischen verschiedenen Arten von Zugriffen, wie z.B. Lesen, Schreiben oder Löschen von Daten.

- o **Zugriffsquelle**: Informationen darüber, von welchem Gerät oder Standort aus auf das System zugegriffen wurde, sind ebenfalls enthalten. Dies kann IP-Adressen oder geografische Standorte umfassen.
- o **Ergebnis des Zugriffs**: Protokolle zeigen auch, ob der Zugriff erfolgreich war oder nicht. Bei fehlgeschlagenen Zugriffen werden oft Fehlermeldungen oder Gründe für die Ablehnung aufgezeichnet.

- **Funktionen von Zugriffsprotokollen**
  - o **Sicherheitsüberwachung**: Sie helfen, unautorisierte Zugriffsversuche zu erkennen, indem sie verdächtige Aktivitäten identifizieren.
  - o **Fehlerdiagnose**: Bei technischen Problemen können Zugriffsprotokolle verwendet werden, um herauszufinden, was schiefgelaufen ist und welche Benutzer betroffen waren.
  - o **Compliance und Auditing**: In vielen Branchen sind Unternehmen verpflichtet, Zugriffsprotokolle zu führen, um gesetzlichen Anforderungen oder internen Richtlinien zu entsprechen.

- **Arten von Zugriffsprotokollen**
  - o **Systemprotokolle**: Diese protokollieren Zugriffe auf Betriebssystemebene, z.B. Anmeldungen oder Systemänderungen.
  - o **Anwendungsprotokolle**: Protokollieren Zugriffe auf spezifische Anwendungen oder Datenbanken, oft detaillierter als Systemprotokolle.
  - o **Netzwerkprotokolle**: Erfassen Zugriffe, die über das Netzwerk stattfinden, und können Informationen über den Netzwerkverkehr enthalten.

- **Verwaltung und Analyse**
  - o **Protokollierung**: Die Protokollierung muss so konfiguriert sein, dass relevante Informationen

erfasst werden, ohne dabei die Systemleistung zu
beeinträchtigen.

- o **Datenanalyse**: Die gesammelten Protokolle können
  mit speziellen Tools analysiert werden, um Muster
  zu erkennen oder anomale Aktivitäten zu
  identifizieren.
- o **Archivierung**: Ältere Protokolle sollten regelmäßig
  archiviert werden, um Speicherplatz zu sparen,
  während sie dennoch für Analysen verfügbar
  bleiben.

Zugriffsprotokolle spielen eine zentrale Rolle in der IT-Sicherheit und
im Systemmanagement, indem sie eine transparente Aufzeichnung
von Benutzeraktivitäten bereitstellen und helfen, potenzielle
Sicherheitsrisiken frühzeitig zu erkennen.

Zugriffssteuerung

Zugriffssteuerung bezieht sich auf die Methoden und Technologien,
die dazu dienen, den Zugang zu Informationen und Ressourcen in
einem Computer- oder Netzwerkumfeld zu kontrollieren. Sie stellt
sicher, dass nur autorisierte Benutzer auf bestimmte Daten und
Funktionen zugreifen können.

Definitionen und Konzepte:

1. **Authentifizierung**
   - o Überprüfung der Identität eines Benutzers.
   - o Methoden: Benutzername und Passwort,
     biometrische Daten (z. B. Fingerabdruck),
     Smartcards oder Tokens.
2. **Autorisierung**
   - o Bestimmung der Berechtigungen eines
     authentifizierten Benutzers.

- o Vergabe von Rechten basierend auf Rollen (Role-Based Access Control, RBAC) oder individuellen Benutzerkonten.

3. **Zugriffsarten**
   - o **Physischer Zugriff**: Kontrolle über den Zugang zu physischen Geräten, wie Serverräumen oder Computern.
   - o **Logischer Zugriff**: Kontrolle über den Zugang zu digitalen Ressourcen, wie Datenbanken oder Anwendungen.

4. **Zugriffssteuerungsmodelle**
   - o **Discretionary Access Control (DAC)**: Benutzer können selbst bestimmen, wer auf ihre Ressourcen zugreifen kann.
   - o **Mandatory Access Control (MAC)**: Zugriff wird durch ein zentrales System geregelt, unabhängig von den Benutzerwünschen.
   - o **Role-Based Access Control (RBAC)**: Benutzer erhalten Zugriffsrechte basierend auf ihrer Rolle im Unternehmen.

5. **Zugriffsprotokollierung und Überwachung**
   - o Aufzeichnung von Zugriffen auf Ressourcen zur Überprüfung und zur Erkennung von unbefugtem Zugriff.
   - o Nutzung von Logs zur Analyse von Sicherheitsvorfällen.

6. **Sicherheitsrichtlinien**
   - o Dokumentation von Regeln und Verfahren zur Zugriffssteuerung.
   - o Definition von Verantwortlichkeiten und Verfahren zur Gewährleistung der Sicherheit.

7. **Technologische Implementierungen**
   - o Nutzung von Firewalls, VPNs (Virtual Private Networks) und Zugangskontrolllisten (ACLs).

o   Software-Lösungen, die Zugriffssteuerung
automatisieren und vereinfachen.

Zugriffssteuerung ist ein wesentlicher Bestandteil der IT-Sicherheit
und spielt eine zentrale Rolle beim Schutz sensibler Informationen.
Sie ermöglicht eine strukturierte und kontrollierte Umgebung, in der
Informationen sicher verarbeitet und gespeichert werden.

IMPRESSUM
Angaben gemäß § 5 TMG:
Markus Gohlke
c/o IP-Management #16265
Ludwig-Erhard-Str. 18
20459 Hamburg
Kontakt:
E-Mail: elcamondobeach@gmail.com
Telefon: +491751555847
Imprint: Independently published